1년 1독을 위한

300일 성경통독

1년 1독을 위한

# 300일 성경통독

윤 석 지음

**300일 성경통독**

1판 1쇄 발행 | 2019년 10월 25일

저　　자 | 윤 석
발 행 인 | 윤 석
발 행 처 | 로뎀의 뜰
출판등록 | 809-93-00146

주　　소 | 전라북도 전주시 덕진구 와룡 1길 11-13(송천동 2가)
전화번호 | 063-272-2382, 010-7601-2382

값 12,000원

ISBN 979-11-956953-2-4 03230

# 인사말

'88일 성경통독'(1년 3독)과 '150일 성경통독'(1년 2독)에 이어 이번에는 '300일 성경통독'(1년 1독)을 출판하게 됨을 하나님께 감사드립니다. 많은 사람들이 통독을 시도하지만 도중에 포기하는 이유는 통독이 어렵거나 지루하기 때문일 것입니다. 무작정 읽으면 된다는 생각으로 하루에 몇 장씩 목표를 세워 읽기를 시도하지만 본인이 경험한 바에 의하며 하루하루 묵상이 되지 않으면 통독은 실패하는 것입니다. 의무감으로 읽는 성경은 지루하여 끝까지 완주하기란 결코 쉬운 일이 아닐 것입니다.

**88 · 150 · 300 성경통독은 '쉽고 깊고 재미있음'**을 추구합니다. 매일 읽는 범위를 내용별로 분류하였기 때문에 매일 묵상이 가능하며, 그 날의 분량을 요약 정리하여 이해를 돕고, 함께하는 통독이 재미있으니 완독을 이루는 것은 어렵지 않음을 경험합니다. 이 책 한 권이면 누구든지 본인 또는 그룹 통독을 진행할 수 있으며, 통독을 하는 많은 사람들을 인도할 수 있는 유용한 교재가 되도록 편집에 노력을 기울였습니다.

통독의 전문가 육성을 위하여 '디모데316'에서는 통독을 카톡방에서 진행하고 있습니다. 2개의 순으로 시작되어 지금은 300여개의 순으로 늘어났는데 각 순마다 10~20여명으로 구성되어 있으며, 96% 이상의 완독율과 97% 이상의 정착율을 보이고 있습니다. 순원들 중 일부는 주일학교 학생이나 구역식구 또는 교회 전체 성도를 인도하는 분들이 많은 것으로 보아, **88 · 150 · 300일 성경통독**이 이미 우리 사회에 깊숙이 자리한 것 같습니다.

통독 책이 출판되기까지 도움을 주신 강남 제일교회 문성모 목사님 · 예은교회 이병우 목사님 · 전주대학교 선교학 김은수 교수님 · 신약학 조재천 교수님 · 교의학 한병수 교수님 · 구약학 이순태 교수님께 감사드립니다. 또한 매일같이 열정적으로 섬김의 본을 보여주시는 디모데316의 간사님들과 순장님들과 순원들에게 감사드리며, 이 책을 통하여서 통독이 세상에 널리 보급되며 그리스도의 선한 영향력이 끼쳐지기를 기도드립니다.

디모데316 대표 윤 석

## 추천의 글

# '300일 성경통독' 교재 발행을 축하합니다!

믿음은 들음에서 나고 들음은 하나님의 말씀에서 비롯됩니다. 하나님의 말씀인 성경은 영의 양식이고 매일 먹어야 하는 신령한 만나와 같습니다. 그럼에도 불구하고 한국교회는 언제부터인가 성경 읽는 것을 등한시하고 주일 예배에 듣는 설교로 만족하는 경향이 심화되고 있습니다.

하나님의 말씀을 읽고 듣고 가까이 하는 것은 신앙의 기본이고 믿음을 고양시키는 지름길입니다. 하나님의 말씀을 가까이 하고자 하는 열심이 식어지고 있는 이때에 윤 석 대표님을 통하여 **300일 성경통독** 교재가 발행됨을 진심으로 격려하며 축하를 드립니다.

윤 석 대표님은 이미 **88일 성경통독**과 **150일 성경통독** 교재를 발행하여 한국 성도들에게 많은 유익을 주고 있습니다. 위의 교재는 주로 기존 성도들을 위해 사용되었다면 이번 300일 통독 교재는 초신자나 학생들을 대상으로 만든 교육용 교재라는데 큰 의미가 있습니다.

이 교재는 단순한 이론서가 아니라 이미 임상실험을 통하여 증명된 효과적인 성경통독 교재라는데 장점이 있습니다. 통독 정착율 97%가 증명하듯이 이 교재를 통하여 성경통독이 재미가 붙고 말씀의 진리를 깨닫게 되며 신앙생활의 변화와 열매가 맺혀지는 놀라운 열매들이 참여자들을 통하여 나타나고 있습니다.

이 교재가 한국 교회에 성경통독에 대한 관심과 열의를 더욱 높여 말씀 위에 바로 선 주님의 자녀들이 많아지기를 소원합니다. 그리고 성경통독을 통하여 건강한 한국교회의 모습이 점점 더 선명해지는 축복이 있기를 바랍니다.

문 성 모 목사

(전 서울 장신대 총장, 현 강남제일교회 목사)

# 추천의 글

해가 바뀔 때 기독교이라면 성경 일독을 새해맞이 목표로 세우곤 합니다. 하지만 하나님의 말씀이 꿀송이보다 더 달다던 시인의 노래는(시 19:10) 아련히 잊혀지고 성경 통독은 어느새 자신과의 외로운 싸움이 되어 버립니다. 때로 모래알 씹듯 억지로 성경을 읽은 경험이 있는 분이라면 **〈300일 성경통독〉**과 같은 책을 긴요한 가이드로 삼을 수 있을 것입니다. 이 책을 받아 보고 나서 특장점 몇 가지가 바로 눈에 띕니다.

첫째, 저자 윤 석 대표님의 열정과 지혜가 돋보입니다. 처음에 뜻을 같이 한 열 명 남짓의 사람들과 시작했던 성경통독 동아리 **'디모데 316'**이 300여 개의 순으로 자라났습니다. 성경에 대한 순전한 사랑, 다른 이들의 통독을 독려하는 섬김이 이 성공적인 사역의 밑거름이었을 것입니다.

둘째, 이 책은 혼자 도서관에서 읽는 책이 아닙니다. 이 책을 읽는다는 말은 곧 성경을 통독하기로 한 것이고, 서로 격려하고 도전하는 신앙의 우정은 성경 통독에 더해서 얻는 보너스입니다.

셋째, 저자는 이 책을 **'쉽게, 깊게, 재미있게'** 통독할 수 있게 만들었습니다. 하루 몇 페이지, 일용할 양식을 먹듯 성경을 읽으며 소화할 수 있는 생각의 도우미들이 들어 있습니다. 오늘의 키워드가 방향을 설정해 주고 성경 해설이 내용을 채워줍니다. 성경의 진리를 머리로만이 아니라 가슴으로 느끼고 고백하도록 묵상시가 마련되어 있습니다.

성경 통독 스케줄을 보면 365일 52주의 시간 중 2주간을 여분의 시간으로 정하고 나머지 50주간 중 매 주일을 비워두었습니다. 통독의 꾸준한 리듬 속에 숨 돌릴 공간을 마련해 둔 지혜가 느껴집니다. 통독의 결심을 꼭 연 초에만 하란 법이 없습니다. 오늘부터 1년 300일 통독 여정에 이 책과 함께 나서면 됩니다.

조 재 천 교수
(전주대학교 선교신학대학원)

## 성경에 대하여

- 하나님의 감동에 의하여 쓰여진 성경은 1400여년의 서로 다른 시기에 40명의 서로 다른 사람들에 의하여 히브리어 헬라어 아람어로 쓰여진 책입니다.
- 성경 전체의 주제 : 하나님 나라의 회복이며
  구약 : 오실 예수 그리스도에 대하여
  신약 : 오신 예수 그리스도에 대하여 쓰인 것으로서 하나님 나라의 완성에 이릅니다.
- 읽는 방법 : 종합적인 접근 – 성경을 앞뒤 연결하여 이해하고
  분석적인 접근 – 성경을 깊이있게 연구합니다.

## 300통독은...

- 쉽고 · 깊고 · 즐거움을 추구합니다.
- 내용별 분류와 순차적인 흐름으로 성경말씀의 이해가 쉽고
- 하나님 마음으로 깊이 있게 읽으며
- 가슴으로 받아들이며 하나님의 선교를 실천합니다.

## 300일 성경 통독(카톡에서 그룹별 진행 시 적용) 방법

- 요약글 · 묵상글 · 기도글 등을 읽고 성경 본문을 읽습니다.
- 매일 완독 보고를 올리고, 기도합니다.
- 순장은 통독 외의 다른 내용을 삼가(본질을 벗어날 수 있음)합니다.
- 지속된 미완독자는 자격상실(통독 분위기 위하여)합니다.
- 선행통독이 유익 (밀리지 않고 온종일 성령충만)합니다.
- 수련회 · 단기선교 시 미리 읽는 것이 유익합니다.
- 특별한 사정 생기면 순장님께 보고하여 통계표에서 잠시 제외함으로 다이나믹하게 통독을 즐깁니다.

※ 규칙 준수는 약간의 긴장감을 유발하며 그리스도의 훈련된 군사로 만들기에 유익합니다.

# 성경통독의 맥

| | | | | |
|---|---|---|---|---|
| 아브라함 언약<br><br>창<br>~<br>룻기 | 다윗 언약<br><br>삼<br>~<br>에스더 | 지혜와 노래<br><br>욥<br>~<br>아가서 | 심판과 구원<br><br>사<br>~<br>다니엘 | 새시대를 소망<br><br>호<br>~<br>말라기 |
| 공관복음<br><br>복음과 전도<br><br>마<br>~<br>요한 | 사도행전<br><br>서신서 해석의 열쇠<br><br>사도행전 | 바울서신<br><br>이신칭의<br><br>롬<br>~<br>히브리서 | 일반서신<br><br>완전한 신앙<br><br>약<br>~<br>유다서 | 묵시록<br><br>새하늘과 새땅<br><br>계시록 |

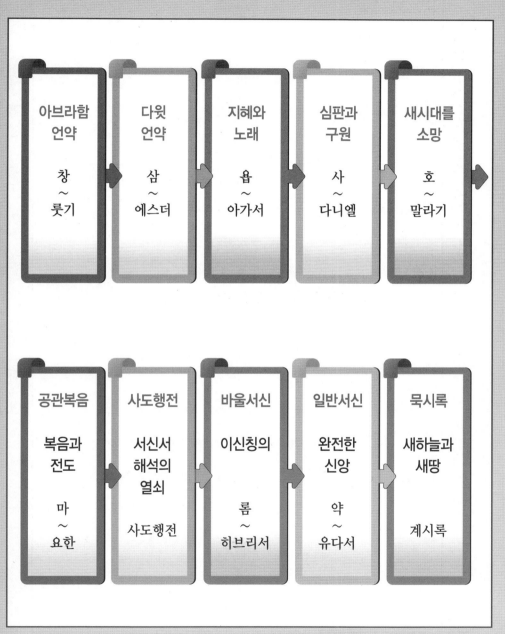

도표 1. 300일 성경통독 2019. 윤 석

# 인류 구원의 조감도

## 창조 (창 1:26)

은혜 → 하나님(예수님) 믿음 → 구원

**은혜** - 하나님의 일방적 사랑 (창조, 출애굽, 홍해 건넘 등)
**제사** - 하나님께 나아가는 거룩 방법
**율법** - 구원받은 자에게 주신 복된 통로 (책임 물으심)
**믿음** - (노아.아브라함.야곱. 모세 히 11장)

**아담**(첫 사람) 창 1:27, 2:7
**노아**(홍수 심판) 창 7장
**아브라함**(순종) 창 12:4
**야곱**(민족의 틀) 창 28:14
**모세**(제사.계명) 출 3:10, 출 20, 28장
**다윗**(믿음) 삼상 17:47

**이사야(포로예언)** 사 5:13
**(예수예언)** 사 53장
**포로기 70년** 왕하 24장-25장 대하 36장

**예레미야(새언약)**
**에스겔(새언약)**

〈죄〉

**솔로몬**(불순종,타락) 왕상 7:8, 11:3,9,34-35
**분열왕국**(우상숭배) 왕상 12-왕하 25장 대하 11-36장
**말라기** (형식주의, 회의주의)

아담언약 창 1:28
노아언약 창 9:1
아브라함언약 창 12:2
모세언약 출 20장
다윗언약 삼하 7장
새언약 렘 31:31-34
새언약 겔 36장

〈이스라엘 구원〉

**제사장나라** 출 19:6
**택한 백성** 신 7:7 신 26:5
**하나님의 종** 사 41:8
**남은자** 사 10:20-22 미 2:12

〈이방인 구원〉

**모든 민족** 창 12:3
**다말** 창 38장
**잡족들** 출 12:38
**거류민** 레 16:29
**라합** 수 2장
**룻** 룻기
**애굽,앗수르** 사 19:23-25
**이방 나라** 사 55:5-7
**만민** 사 56:7
**다른민족** 사 66:18
**여러나라** 습 3:8

**여호와를 부르는자** 욜 2:32

## 예수 그리스도의 영원한 속죄 (히 10:10, 갈 3:13-14)

은혜 → 하나님(예수님) 믿음 → 구원

**삼위일체 하나님** 요 1:1-2 빌 2:6
**왕의 출현** 마 1장, 눅 3:16
**속죄제물 되심** 히 7:27
**할례/무할레** 갈 2:3
**율법/복음** 갈 3:23-29, 히 10:1-2
**복음** 롬 1:16, 2:13, 3:19
**복음의 승리** 고전 15:55-57
**믿음으로 구원** 갈 3:10-11, 롬 3:24,28 , 창 15:6 , 욜 2:32
**경건** 딤전 4:6-13 , 약 1:27 롬 6장
**실천** 약 2:17
**성화** 롬 6장, 살전 5:16-23

**유대의 죄** 롬 2:1-3:8, 마 23장 막 14:10
**이방인의 죄** 롬 1:18-32
**인류의 죄** 롬 3:1-8
**빌라도의 죄** 막 15장
**음행.우상숭배** 고전 5장
**이단에 속한 죄** 요일 2:22
**거짓교사** 유 4-12절

새언약 롬 8:12 고후 5:17
새언약 히 8:13
믿음 요 1:12
성화 롬 6장

**이스라엘의 남은 자** 롬 9:27

**에디오피아 내시** 행 8:26-40
**고넬료** 행 10:1-23

**남은 자** 행 15:17
**이스라엘과 이방인의 구원** 롬 11:11-25
**영접하는 자** 요 1:12
**은혜로 구원 받음** 엡 2:8
**모든 민족에게 전도** 마 28:19 엡 2:8

## 새 하늘과 새 땅 (계 21장)

도표2. 300일 성경통독 2019. 윤 석

# 목 차

1주

01

월요일

# 창세기 1~2장

**오늘의 키워드는 "시작"입니다.**

태초에 하나님이 천지를 창조하셨습니다. 말씀으로 빛을 만드시고, 하늘과 땅과 해와 달과 별과 바다와 산과 나무와 짐승들을 만들었습니다. 그리고 사람을 만드시어 땅의 모든 것을 다스리게 하셨습니다.

하나님이 말씀으로 우주를 만드심은 무에서 유를 창조하는 능력입니다. 1000억개의 신경세포와 1000조개의 접합부와 206개의 뼈와 100개의 관절과 12만 킬로미터의 혈관과 영혼으로 만들어진 인간, 그리고 지구의 자전과 중력과 아름다운 계절 등의 모습을 진화론이 어떻게 말하고 우주 빅뱅론을 어떻게 설명할 수 있습니까?

하나님을 믿으나 성경의 이적은 믿을 수 없다고 말하는 학문은 하나님이 만든 땅 위에 서있는 자신을 먼저 증명해야 할 것입니다. 자신의 머리로 이해하려는 인본주의 생각은 이제 그만! 하나님을 믿는 신앙은 하나님의 말씀을 그대로 받아들이는 것이며, 하나님의 창조를 누리는 삶의 시작입니다.

묵상시

말씀 위에 계시는 분이
하늘을 만드시고
땅을 단단하게 만드신 후
각종 실과와 육축을 만드시고
그것을 다스릴 사람을 만드셨네

인간은
과거와 현재와 미래 위에서 살지만
주님의 시간은 한 점 위에 있으니
인간의 머리로는 이해할 수 없는
창조의 현실이여
인생의 텃밭에 영혼을 가꾸는
나의 시작이여
나의 아름다움이여

1주
02
화요일

# 창세기 3~5장

오늘의 키워드는 **"인간의 역사"**입니다.

사탄의 꼬임에 넘어간 아담과 하와의 죄악은 하나님과의 관계 단절로 이어집니다. 에덴동산에서 쫓겨난 그들에게 임신의 고통과 농사의 수고가 시작됩니다. 그들의 변명과 불신의 죄악은 사라지지 않고 가인의 살인죄로 이어집니다.

하나님은 죄로 인하여 죽을 수 밖에 없는 아담과 하와를 위하여 짐승을 잡아 가죽옷을 입혀주십니다. 죄에 대한 용서는 대속의 과정을 요구하며, 인류 구원이 예수 그리스도의 십자가의 보혈에 의해 이루어짐을 예표하고 있습니다.

하나님이 아벨의 제사만 받으셨기 때문에 가인은 아벨을 죽입니다. 아벨의 제사를 받으심은 그 제사가 믿음에 근거함(히11:4)이요. 이는 성경 신학의 기초를 이룹니다. 하나님은 아벨의 빈 자리를 셋으로 채우십니다. 아담의 계보는 셋 – 에노스 – 게난 – 마할랄렐 – 야렛 – 에녹 – 므두셀라 – 라멕 – 노아로 이어졌으며 노아는 셈과 함과 야벳을 낳아 그 땅 위에서 번성합니다.

묵상시

먹음직한 선악과 앞에서
하나님과의 규약이 무너지고
아담과 이브는 쫓겨남 당했으니
에덴에서의 평온함은 사라지고
임신의 고통과 농사의 수고로움을 겪는
인간의 역사여

아버지의 품을 떠난 자는
죄악으로 이어지나니
아버지 밖에서는 죽음이요
아버지 안에서는 생명이라

죄를 저지르고 숨는 자를 위해
짐승의 가죽옷을 입혀주심은
죄로 인해 죽을 자를 위한
그리스도의 피 흘리심의 모습이니
은혜 아니면 살 수 없는
인간의 역사여

1주
03
수요일

# 창세기 6~8장

**오늘의 키워드는 "죄악"입니다.**

사람들이 땅 위에서 번성하니 하나님의 아들들이 사람의 딸들과 결혼합니다. 그들은 보암직한 선악과를 먹음 같이 육신 위주의 삶으로 죄악을 저지릅니다. 여호와께서 사람의 죄악이 땅에 가득함을 보시고 땅 위에 사람을 지으셨음을 한탄하십니다. 그리고 창조한 사람들을 지면에서 쓸어버리기를 생각하십니다.

노아는 당대에 의인이요 완전한 자입니다. 그가 하나님과 동행하였으니 하나님은 노아에게 방주를 만들게 하시어 노아의 가족과 암수 한 쌍씩의 동물을 방주 안에 넣어 구하십니다. 그리고 사십 주야 비를 내리시어 땅에 남아있는 모든 사람과 모든 동물들을 심판 하십니다.

물이 땅에서 물러가고 땅이 마르니, 노아의 가족과 방주 안의 모든 동물들이 방주 밖으로 나옵니다. 노아가 여호와께 정결한 제물로 제사 드리니 여호와께 다시는 모든 생물을 멸하지 않으리라 말씀하십니다. 그리고 노아의 가족 8명으로 인류의 역사를 다시 시작합니다.

### 묵상시

생육하고 번성하라 하심은
하나님의 그늘 아래서 행하라 하심이니
하나님을 떠난 것은 죄악이라네
해와 달과 별이 자리를 지킴은
창조의 원리 아래 순종함이요
이탈하면 혼동이 됨이라

아무리 도덕적이고 윤리적일지라도
자신을 위하는 자는 바벨탑을 쌓음이나
하나님을 위하는 자는 시온성을 쌓음이라

천지의 주인이 하나님이시니
하나님 품에 거하는 자는
창조의 원리에 순종하는 의로움이요
하나님을 모르거나 떠난 자는
태양계를 벗어난 유성과 같아
하나님의 세상을 방황하는 죄악이로다

1주

04

목요일

# 창세기 9~11절

오늘의 키워드는 **"언약"**입니다.

하나님이 노아와 그 아들들에게 복을 주시며, 생육하고 번성하며 땅에 충만하라고 말씀하시며, 무지개를 징표로 언약을 맺으십니다. 노아는 죽고 그의 세 아들이 번창하여 인류의 씨가 결정됩니다. 셈은 황인종, 함은 흑인종, 야벳은 백인종의 시작입니다.

온 땅의 언어가 하나요 말이 하나였는데, 사람들은 진흙과 역청을 쌓으며 바벨탑을 만듭니다. 탑을 하늘에 닿게 건축하여 그들의 이름을 내고 흩어짐을 면하자 하였으니 하나님은 그들의 언어를 혼잡하게 하여 온 지면에 흩으십니다.

인간의 높은 곳에 대한 선호도는 홍수의 심판을 겪었기 때문입니다. 그렇지만 하나님을 의지함으로 천국 백성의 삶을 누리기보다는, 눈에 보이는 바벨탑과 같은 인본주의 왕국을 더 원하고 있습니다. 흩어지지 않으면 자신의 의와 교만이 살아납니다. 주님, 나의 모습은 감추고 오직 하나님의 사랑과 영광만을 드러내게 하옵소서.

묵상시

물의 심판이 있은 후
무지개 언약을 주셨으니
다시는 물의 심판이 없겠다는
보호하심의 언약이요(창9장)

출애굽한 백성에게
시내산의 언약을 주셨으니
제사장 나라 삼으시려는
거룩함의 언약이요(출19장)

언약을 깨뜨린 백성에게
새 언약을 주셨으니
하나님이 우리를 자녀 삼으시는
혈연관계의 언약이요(렘31장)

예수 안에 있으면 정죄함이 없나니
생명의 성령의 법이 나를
죄와 사망의 법에서 해방함은
구원을 이루시는 언약입니다(롬8장)

1주
05
금요일

# 창세기 12~17장

**오늘의 키워드는 "순종"입니다.**

"너의 친척과 아버지 집을 떠나 내가 내게 보여 줄 땅으로 가라"는 말에 순종의 길을 걷는 아브라함을 하나님은 종족의 위험 산의 위험 강의 위험으로부터 보호하십니다.

규모가 커지면서 발생하는 충돌을 해결하는 과정에서 롯에게 우선권을 줍니다. 그의 너그러운 마음에서 혈육에 대한 사랑과 미래에 대한 믿음을 발견합니다.

그도 사람인지라 늙은 나이에 이르도록 자녀가 없으니 자신의 씨앗에서 나올 상속자를 포기하지만 하나님은 그에게 하늘의 별처럼 많은 자손이 태어날 것을 보여주십니다.

기다림에 지친 아브라함이 이스마엘을 낳는 실수를 저질렀으나 하나님은 '순종'의 길을 걸은 아브라함에게 약속의 아들인 이삭을 주실 것을 말씀하십니다. 그리고 언약의 표징으로 할례를 받게 하여 영원한 언약을 삼으십니다.

묵상시

하얀 백지 위에
그림을 그리는 화가처럼
하얀 눈길 위에
발자국 남기며
걸어가는 나그네처럼
인생의 미래를 향해
내어딛을 사람아

네게 지시할 땅으로 가라는
명령을 들은 아브라함이
종족의 위험을 무릅쓰고
순종으로 받들었을 때
하나님이 그를
모든 위험에서 보호하시고
믿음의 조상 삼으셨도다

1주 06 토요일

# 창세기 18~20장

**오늘의 키워드는 "소돔"입니다.**

여호와께서 아브라함에게 아들의 출생을 '약속'하십니다. 또한 소돔 과 고모라의 멸망 계획을 말씀하십니다. 그곳에 조카 롯이 살고 있기에 멸망 계획을 바꾸어달라는 아브라함의 요청은 간절합니다. 그러나 의인 십 명이 없어서 멸망의 계획을 바꿀 수 없습니다.

두 천사가 롯의 집을 방문하였다가 그곳 백성들의 음탕한 모습을 확인하고, 롯과 가족을 성 박으로 피신시킨 후에 소돔을 멸합니다. 롯의 아내는 소금 기둥이 되고, 두 딸은 여호와의 은혜를 입었으면서도 아버지의 씨를 받는 불륜을 저지릅니다. 그때 발생한 죄의 싹으로 인하여 모압과 암몬 자손이 생성됩니다.

아브라함이 아비멜렉에게 사라를 빼앗길 위기에서 하나님이 사라를 구하십니다. 자신의 목숨이 두려워 두 번(바로, 아비멜렉)이나 아내를 다른 사람에게 바치는 어처구니없는 상황에서도 하나님이 그를 돕습니다. 아브라함이 기도하지 않았어도 하나님은 그의 필요를 아시고 해결해주는 것 같이 하나님은 순종하는 자녀의 필요를 아시고 보호하십니다.

**묵상시**

죄악이 만연한 도성
의인 열 명이 없어서 심판을 막지 못하여
하늘의 불이 내려와
도성을 불태웠는가

앞만 보고 달려야 하는데
무슨 미련이 남아서 뒤를 돌아보는
슬픈 여인아
너의 이름은 영원토록 지워지지 않는
소금기둥이어라

물질이 풍부한 세상
사상과 과학이 홍수처럼 터져나와
신앙이 흔들리고
신학이 무너지는가

믿음으로 살아야 하는데
세상의 것을 놓지 못하여 뒤돌아보는
슬픈 인생들아
아들이 있는 자는 생명이요
아들이 없는 자는 죽음 뿐이로다

2주
07
월요일

# 창세기 21~25:18절

**오늘의 키워드는 "이삭"입니다.**

여호와의 말씀대로 이삭이 출생하니 사라-하갈, 이삭-이스마엘 사이의 갈등이 시작되어 하갈과 이스마엘은 광야로 쫓겨납니다. 그들의 잘못은 약속의 자녀를 괴롭힌 것입니다. (복음을 질식시키는 율법은 잘못된 것이요 쫓겨남 당하는 이유입니다)

아브라함은 두 번의 큰 실수를 저지르는 동안 하나님에 대한 믿음이 자라났고, 이삭을 바치라는 하나님의 명령을 듣고 순종하며 따릅니다. 하나님은 이미 이삭을 대신하여 양을 준비하셨고 그곳 이름을 여호와 이레라 하십니다.

이삭이 장성하여 리브가를 아내로 맞이합니다. 과정을 보면, 아브라함이 그의 종에게 '너는 이삭의 아내를 가나안 족속에게서 구하지 말고 내 족속에게서 구하며, 이삭을 가나안 땅으로 들어가지 말게 하라' 하였으니 그 이유는 타락한 가나안 족속과의 구별을 위함이요. 하나님이 주신 약속을 믿었기에 신앙의 순수함을 유지하기 위함입니다.

묵상시

하마터면 모리아 산에서
제물 되어 죽을뻔한 이삭을 위해
긴급히 외치시는 하나님의 음성
아브라함아
아브라함아
그 아이에게 네 손을 대지 마라
어린 양을 준비하였노라

구원의 언덕에 이르지 못하고
죄의 강에 빠져 죽을 우리를 위해
극약처방을 내놓으신 하나님이
돌아오라
돌아오라
십자가를 건너면 살리니
너희를 대신하여 예수가 죽었노라

2주
08
화요일

# 창세기 25:19~31장

**오늘의 키워드는 "웃음"입니다.**

■ 하마터면 이스마엘에 가려 나올 수 없던 이삭을,
하마터면 제물로 사라질뻔 했던 이삭을,
큰 자가 어린 자를 섬기리라는 계시를 들었는데
하마터면 장자의 축복을 에서에게 할 뻔 했던 이삭을,
하나님은 약속하신 대로 모든 것을 제자리로 돌려놓습니다.

■ 아브라함의 복이 이삭에게로 그리고 야곱에게로 이어지고 있으니
외삼촌 라반에게 헛 머슴살이 할 뻔 한 야곱에게 하나님은 모든것 되찾아 주시고
에서에게 죽을 상황에서 필사적인 기도를 드린 야곱을 보호하시고 이스라엘이라는 이름을 주시어 민족의 틀을 짜십니다.

■ 인생의 풀리지 않는 고난이 있습니까
하나님의 손에 붙들리면 다 해결 됩니다.
순종의 씨앗이 자라는 곳에는 보호의 울타리가 쳐집니다.
말씀을 믿고 '순종'하는 자에게 하나님은
슬픔이 변하여 '웃음'이 되게 만드십니다.

묵상시

초반 점수가 좋아도
9회말까지 지키지 못하면
실패하는 게임이요
인생 초반이 좋아도
인생 말년까지 지키지 못하면
실패하는 인생이니

마지막까지 성공하는 자라야
진정한 웃음의 주인 됨이라

거친 인생길을 걷는 자여
진정한 웃음을 구하여라
아브라함의 하나님이
영원한 웃음 주시나니
믿고 구하고 따르면
고난이 변하여 웃음 되리라

2주
09
수요일

# 창세기 32~36장

**오늘의 키워드는 "야곱"입니다.**

야곱이 방랑의 시간을 마무리하고 고향으로 돌아가는데 그 소식을 들은 에서는 400명의 용사를 데리고 다가옵니다. 에서에게 잘못을 저지른 야곱은 심히 두렵고 답답하기만 합니다. 형의 마음을 사기 위하여 예물을 먼저 보내고, 무리를 둘로 나누어 얍복 나루를 건너게 합니다.

에서의 손에 죽느냐?
하나님의 은혜를 입어서 사느냐?
절체절명의 시간에 홀로 남아서 기도하는 야곱은 어떤 사람과 씨름하다가 환도뼈가 상합니다. 그 사람이 이르기를 네 이름을 다시는 야곱이라 부를 것이 아니오 이스라엘이라 부를 것이니 그 뜻은 하나님과 겨루어 이겼다 입니다.

형과의 화해를 이룬 야곱은 고향으로 속히 들어가서 하나님께 약속한 '하나님의 전' 짓는 것을 잊고 세겜에 머물러 있을 때, 야곱의 딸 디나가 세겜 사람에게 겁탈 당하는 부끄러움을 당합니다.
어려웠던 날의 부르짖음을 기억하고 초심으로 돌아가자.

묵상시

발꿈치 붙들고 둘째로 태어난 야곱
치열한 순위 다툼은 끝나지 않고
팥죽 한 그릇을 무기로
장자권을 빼앗았네

형을 피해 라반의 집에 머물던 야곱
모진 고난의 시간을 보내고
고향으로 가는 길에
형과 마주칠 운명의 시간이 다가오네

라반을 피해 도망쳤지만
형은 군사를 동원해 기다리고 있으니
앞뒤 길이 꽉 막힌 절박한 야곱
얍복 나루에서 하늘 길 바라보네

천사와 씨름하는 야곱
당신이 내게 축복하지 아니하면
당신을 보내지 아니하리라
내 길을 하나님이 이끌지 아니하면
한발짝도 움직이지 아니하리라

2주

10

목요일

# 창세기 37~41장

오늘의 키워드는 **"꿈"**입니다.

하나님은 아브라함에게 약속하신 민족의 그림을 요셉을 통해 그리십니다.

요셉을 애굽의 곡창지대에 미리 보내어 자리 잡게 하시고 야곱의 가족을 이주시키며 이스라엘 민족의 터전으로 삼으십니다.

요셉을 민족 부흥의 도구로 사용하심은 그가 하나님이 보여주신 꿈을 순종으로 받들며, 음란의 유혹을 말씀으로 물리치는 믿음의 청년이기 때문입니다.

요셉의 이야기 속에 유다의 내용이 기록됨은 장차 유다가 이스라엘 지도자로 부각되기 때문입니다.

하나님이 찾는 사람은 말씀을 순종으로 받아들이는 요셉이며 유다입니다. 우리가 가꾸어야 할 세상은 말씀의 터전에서 순종의 모본이 되며 사랑과 용맹함으로 주님 나라를 가꾸는 것입니다.

묵상시

하나님은 온유한 자에게
꿈을 주시나니
하나님이 주신 꿈을
자기의 것으로 받드는 요셉
형들 앞에서 모두 말하였네

형들의 시기에 빠진 요셉
죽을 고비를 넘기고
애굽으로 팔려가며
감옥까지 들어감으로
인생의 실패자처럼 보이나
인생의 승리를 위한 과정이었네

산이 높으면 골이 깊은 법
꿈을 꾸는 자여 일어나라
태풍이 와도 무너지지 않도록
하늘에 뿌리를 내리고
나라와 민족과
주님 나라 위하여 일어나라

2주
11
금요일

# 창세기 42~45장

오늘의 키워드는 **"만남"**입니다.

기근이 심하므로 요셉의 형들이 곡식을 구하려고 애굽에 이릅니다. 애굽의 총리인 요셉은 형들을 만난 감격을 억누르며 형들을 테스트합니다. 시므온을 결박하여 인질로 잡고 형제들에게는 곡식을 주어 돌려보냄은 그동안의 분노의 표출이요, 베냐민을 보기 위함입니다.

다시 찾아온 형제들을 맞이한 요셉은 형제들에게 식사를 대접하고 곡식을 주어 돌려보냅니다. 그리고 베냐민을 다시 잡아들이니, 유다는 아버지와의 약속을 말하며 베냐민을 위해 인질이 될 것을 자청합니다. 정을 억제하지 못한 요셉은 결국 형제들 앞에서 자신을 밝히고 울음을 터트립니다.

형들은 두려워하지 말고 안심하소서. 나를 이곳으로 보낸 이는 하나님이시라. 흉년이 아직 다섯 해 남았으니 당신들은 아버지와 온 가족을 이끌고 고센 땅에 머무소서. 내가 아버지를 봉양하리이다. 요셉의 과거는 버림받은 자였으나 신앙을 놓지 않은 그는 오늘의 승리자입니다. 그동안의 고난은 성공을 위한 지름길인 것입니다.

묵상시

수십억 인구 중에서
부모와의 만남에 감사
오대양 육대주에서
대한민국에서 태어남을 감사합니다

형제들이 몹쓸 짓 했지만
요셉 때문에 생명이 보존되고
그들의 인생이 변하고
그들의 종족이 살 길이 열렸습니다

마르크스 사상을 만나면
공산주의자가 되고
예수의 복음을 만나면
예수의 생명을 얻게 되나니

비진리의 띠를 두르고
세상을 활보하며
제멋대로 사는 자를 향하여
오늘 나는 복음을 들고
참된 만남의 손을 내밉니다

2주
12
토요일

# 창세기 46~50장

오늘의 키워드는 **"공간"**입니다.

야곱 가족은 기근으로 인해 굶어죽을 위기에 있었지만 하나님은 요셉을 미리 애굽으로 보내어 생존의 길을 준비하십니다. 그리고 하나님이 야곱에게 말씀하십니다. 너는 애굽으로 내려가기를 두려워하지 말라 내가 거기서 너로 큰 민족을 이루게 하리라. 내가 너와 함께 애굽으로 내려가겠고 반드시 너를 인도하여 다시 올라오게 하리라 말씀하십니다.

야곱 가족 70명은 애굽의 고센 땅으로 이주합니다. 애굽 사람들이 곡식을 위해 토지와 가축을 팔았으나 야곱 가족은 그 가축을 관리하였으니, 흉년의 시기를 무사히 보내며 종족은 점점 번성하여갑니다.

야곱의 나이가 많아지매 자녀들의 이름을 부르며 축복합니다. 야곱이 죽으매 자녀들은 그를 조상이 묻힌 가나안 땅에 장사 지내고 애곡합니다. 요셉도 죽어 애굽 땅에 입관합니다. 꿈꾸는 자의 결국은 민족에게 유익을 끼칩니다. 꿈꾸는 요셉의 인생은 하나님이 행하시는 감동의 공간입니다.

묵상시

해와 달과 별의 꿈을 담은
요셉의 가슴은
가족과 세상을 품은
비전의 공간입니다

야곱의 가족이 의탁한
애굽의 곡창지대는
거대한 민족으로 번성케하는
비옥한 토지입니다

어둠 끝자락에서
외치는 자의 소리는
그리스도의 태양을 맞이하는
요한의 샛별입니다

주님 나라 위하여
꿈을 꾸며 달려가는 우리는
주님이 가꾸시고 거두시는
감동의 공간입니다

3주

13

월요일

# 출애굽기 1~6장

오늘의 키워드는 **"소명"**입니다.

애굽의 왕자 신분에서 도망자가 된 모세는 광야에서 하나님을 만나고 고난의 훈련을 통하여 민족을 이끌 지도자로 훈련받고 있습니다.

애굽의 핍박은 날로 심해져서 고통 받는 백성은 하나님께 부르짖고 하나님은 백성을 이끌 지도자로 연단 받은 모세를 애굽으로 보내십니다.

_나는 입이 뻣뻣하고 혀가 둔합니다
_누가 사람의 입을 지었느냐 나는 여호와가 아니냐
_이제 가라 내가 네 입에 함께 있어 할 말을 가르치리라

드디어 모세와 그를 돕는 아론이 민족해방의 소명을 품고 완악한 애굽 왕 바로의 앞으로 향하였으니

이는 민족 부흥의 '소명'이 그들의 가슴에서 요동침이요. 하나님이 그들보다 앞서 가시며 그들이 행할 것들을 미리 가르치십니다.

**묵상시**

동족을 구하려던 모세는
도망자가 되어 탈출합니다
40년의 광야학교를 졸업하고
몸은 휘고 머리는 하얗게 되었지만
민족의 현실을 외면하지 못한
빚진자의 마음으로
애굽으로
다시 들어갑니다

바쁘다는 이유로
주의 길을 외면하였으나
주님은 나를 위해 십자가를 지셨으니
나는 빚진 자 입니다
거친 광야는 이제
돌봐야 할 나의 터전이요
빈 들은 이제
채워야 할 나의 텃밭입니다

3주
14
화요일

# 출애굽기 7~11장

오늘의 키워드는 **"교육"**입니다.

430년간 애굽에서 노예 생활을 하던 백성이 하나님을 알지 못하였기 때문에 애굽인들이 섬기는 신들에게 익숙해져 있습니다. 나일강의 물줄기에서 발달한 농사에 관련된 신들을 많이 섬겼으니, 하나님은 그것들의 허탄함을 드러내며 하나님만이 참 신인 것을 보여주십니다.

하나님이 행하시는 아홉 가지 재앙은 피 • 개구리 • 이 • 파리 • 가축의 죽음 • 악성 종기 • 우박 • 메뚜기 • 흑암입니다. 개구리와 이와 파리와 메뚜기는 애굽인들이 섬기던 해충을 조롱함이요. 가축의 죽음은 동물을 섬기는 신앙을 조롱함이요. 악성 종기로 고통 받음은 애굽 수호신의 헛됨을 조롱함이요. 우박 재앙은 애굽의 농경신을 조롱하는 것입니다.

이러한 자연숭배 신들은 백성을 힘들게 하는 해악의 존재들인 것을 보여주고 있습니다. 9가지 재앙 앞에서도 완악한 바로가 굴복하지 않을 것을 아시는 하나님이 백성을 교육하십니다. 그리고 바로에게 10번째 재앙을 경고한 뒤 백성에게 애굽을 떠날 준비를 지시합니다.

묵상시

하나님이 말씀으로 창조하였으되
우주를 무로부터 지으시고
하늘과 땅과 바다를 나누시고
곤충과 동물을 무로부터 지으시고
식물을 땅에서 내었도다

사람을 흙으로 빚으시고
그 코에
하나님의 생기를 불어 넣으니
하나님의 아름다운 걸작품이 되었습니다
하나님의 형상을 따라 지음 받은 인간은
만물의 영장이요
생육하고 번성하여 땅에 충만할
하나님의 대리자입니다

애굽 사람들은 무지하여
하등동물을 섬기고
하나님은 모세를 보내시어
그것들을 짓밟게 하셨으니
하나님은 경배 받으실 분임을
만천하에 보이십니다

3주
15
수요일

# 출애굽기 12~13장

오늘의 키워드는 **"구별"**입니다.

열 번째 재앙을 실행하기에 앞서 이스라엘 백성에게 죽음을 면할 방법을 알려주십니다. "너희는 흠 없는 양이나 염소를 잡아 그 피를 집 문설주와 인방에 바르고 그 밤에 그 고기를 불에 구워 무교병과 쓴 나물과 아울러 먹되.... 발에 신을 신고 손에 지팡이를 잡고 급히 먹으라 이것이 유월절이니라".

이스라엘 백성은 여호와의 명령대로 유월절 의식을 행하고, 여호와께서는 밤중에 열 번째 재앙을 내리시니, 애굽의 왕자부터 모든 처음 난 것이 죽습니다. 바로와 모든 애굽 사람이 일어나 큰 소리로 통곡하며 이스라엘 백성을 애굽 땅에서 속히 내보냅니다.

여호와께서 이스라엘 백성을 구별하셨으니 죽음을 면한 백성이요, 노예를 벗어나 애굽의 패물과 의복을 취하여 떠나는 승리자입니다. 애굽에 거주한지 사백삼십 년 되는 해에 장정만 육십만 명이 되었습니다. 70명으로 시작한 야곱의 가족을 거대 민족으로 만드시어 아브라함에게 주신 약속을 이루십니다.

묵상시

열 번째 심판 앞에서
어린양의 피를 바르면 살리라,
그날 밤 죽음의 천사가
애굽 전역에 안개처럼 퍼져갔으니
처음 난 사람은 죽고
처음 난 동물도 죽임 당했으나
문설주에 피를 바른 집은 모두
구원 받았도다

백보좌 심판 앞에서
십자가의 피를 믿으면 살리라,
십자가 앞에서
자신의 행적이 모두 드러나나니
세상의 철학도 죽고
복음 없이 도덕이나 신념도 모두
죽임 당하지만
예수 그리스도를 믿으면 모두
구원 받으리라

3주
16
목요일

# 출애굽기 14~18장

**오늘의 키워드는 "출발"입니다.**

이스라엘은 430년 동안의 노예살이를 끝내고 여호와께서 열어주시는 길을 따라 '출발'합니다.

여호와께서 뒤를 추격하는 애굽의 전차부대로 인하여 두려움에 쌓인 백성에게 "너희는 두려워 하지 말며 여호와께서 행하시는 구원을 보라 여호와께서 너희를 위하여 싸우시리라" 말씀하시며 그들이 홍해 바다에 수장되는 모습을 목도케 합니다.

하나님은 백성을 구름과 불 기둥으로 보호하시고, 만나와 메추라기로 먹이시고, 반석에서 물을 내시며, 가나안을 향하여 진군케 하십니다.

아말렉과의 싸움에서 모세가 손을 들면 이스라엘이 이기고 손을 내리면 아말렉이 이기니, 전쟁의 주관자는 하나님이십니다. 하나님을 의지하면 이기는 것을 보여주셨으니 그 이름을 여호와'닛시'라 합니다. 광야와 같은 인생길을 걷는 자여 하나님을 붙들면 살리라.이제 일어나 하나님을 믿는 믿음에서부터 '출발'합니다.

### 묵상시

430년의 노예 살이를 뒤로하고
이제는 자유를 향한 출발입니다
애굽의 전차부대가 뒤를 따라 오고
소돔의 유황불이 뒤에서 쏟아지지만
두려워하지 말고 앞만 보고 달려갑니다

거친 광야와 같은 인생길에서
하나님이 불과 구름으로 보호하시나니
낮과 밤의 기온도 걱정할 바 아니요
하늘의 양식으로 먹이시나니
파종하지 못했음을 걱정할 것 없습니다

하나님이 길을 인도하시나니
오직 하나님만 의지하고 달려가리라
하늘의 별과 달이 길을 밝히나니
푸른 그리스도의 계절을 위하여
믿음의 닻을 올립니다

3주
17
금요일

# 출애굽기 19~24장

오늘의 키워드는 **"계명"**입니다.

애굽이라는 가마솥에서 나온 백성은 아무런 법률도 관습도 없이 허허벌판에서 우왕좌왕 하고 있습니다. 여호와께서 모세에게 십계명과 여러 법률을 주시어 하나님을 섬기는 방법과 세상 살아가는 방법을 알려주십니다.

또한 안식년과 안식일에 대하여 쉼의 법칙을 가르쳐 주시고 매년 세 번의 절기를 지키라 하십니다. 무교절은 애굽에서 나왔음을, 맥추절은 소득의 첫 열매를 여호와께 드림을, 수장절은 수확후의 감사하는 마음을 여호와께 드리는 것입니다.

이스라엘 백성에게 출애굽은 애굽에서의 노예 생활을 청산하고 약속의 땅으로 향하는 육체적인 '출발'이라면 십계명은 이스라엘 백성이 세상의 타락한 문화에 휩쓸리지 않고 오직 하나님만 경외하며 생활하라는 하나님이 주신 정신적인 '출발'입니다.

묵상시

덩치만 커져 큰 민족이 되었으나
규칙이 없어 우왕좌왕하는 백성들
하나님께서 계명을 주셨으니
시내산의 언약이라

하나님을 경외하며
이방 사람들과 구별되게 살라 하셨으니
하나님을 경외함이 우선이요
인간의 도리를 다함이 순서니라

하나님께 다가서는 자는
죄를 멀리하며 성결해야 하나니
하나님을 믿는 사람은
하나님의 계명을 준수하며
하나님의 은총을 입어야 살리라

3주
18
토요일

# 출애굽기 25~31장

**오늘의 키워드는 "성막"입니다.**

출애굽 사건 이후 하나님은 이스라엘 백성에게 율법을 주셨고 성막을 건립케 하시어 하나님이 다스리시는 '신권국가'의 면모를 갖추게 하십니다.

'율법'은 백성이 지킬 규율(성민법)이요

'성막'은 하나님이 임재를 상징하는 곳으로써 백성이 하나님께 제사를 드리는 영적 만남의 장소요. 지성소는 대제사장이 일 년에 한 번 백성의 죄를 사함 받기 위하여 제사 드리는 곳입니다.

하나님은 레위지파인 아론과 그의 아들들을 제사장으로 세우시고 백성이 여호와 앞에 나서는 법을 주관토록 하십니다. 성막 뜰의 번제단은 짐승을 잡아 하나님께 제사 드리는 곳으로 예수 그리스도의 대속의 제사를 예표하는 곳입니다. 일꾼들을 지명하시어 회막 기구들을 제작케 하시고 다시 안식일을 지키라 명령하셨으니 안식일을 지킴이 가장 우선임을 보여주십니다.

묵상시

하나님이 인간을
성막에서 만나주셨던 것처럼
지금도 만나주고 계시니
하나님의 말씀을 사모하는 곳에
하나님이 들어오심이라

절차가 사라진 자리에
주님과의 사랑의 만남이 이루어지고
격식이 사라진 자리에
주님과의 인격적인 만남이
이루어지나니

삶에 지치고 힘든 자여
아버지의 품으로 들어오라
하나님의 은혜를 아는 자여
그리스도를 믿음으로
영원한 구원에 이르리라

4주
19
월요일

# 출애굽기 32~34장

오늘의 키워드는 **"십계명"**입니다.

금송아지를 만들어 숭배하는 백성을 향한 하나님의 진노는 우상을 깨트리고, 회개하지 아니하는 백성을 향하여 레위 지파를 들어 징계를 내리십니다. 순종하는 레위지파는 영원한 제사장의 직분을 받게 됩니다.

모세의 간구와 백성의 회개로 인하여 백성에 대한 분노를 거두신 하나님은 아브라함에게 약속하신 가나안 땅으로 가라고 명령하십니다. 두 번째 돌판을 주시며 백성에게 지키라고 명령하십니다. 언약의 주체는 하나님이시요 따라야 할 객체는 백성입니다. 다른 신에게 절하지 말며, 신상들을 만들지 말며, 그 땅의 주민과 언약을 세우지 말며, 안식일을 지키라 하십니다.

또한 하나님이 구원해 주심을 기억하는 무교절과 햇 곡식을 바치는 칠칠절과 추수의 감사로 드리는 수장절을 지키라고 명령하셨으니 이는 하나님의 백성으로 구별되이 살 것을 바라는 것이요 하나님의 백성을 보호하시려는 뜻입니다.

묵상시

억압받는 백성의 해방을 위해
애굽 왕조를 누르고
홍해의 깊은 물을 가르며
출애굽을 이루셨습니다

택함 받은 백성의 거룩한 생활을 위해
40 주야를 기도하게 하시고
시내산의 바위를 조각하시어
십계명을 주셨습니다

이는 먹으로 쓴 것이 아니라
하나님의 영으로 쓴 것이요
돌판에 쓴 것이 아니라
영원히 지켜야할 마음판에 쓴 것입니다

4주
20
화요일

# 출애굽기 35~40장

오늘의 키워드는 **"봉헌"**입니다.

성막 제작을 앞두고 재료와 일꾼이 필요하여 의무감이나 맹목적인 복종이 아닌, 자발적인 헌신을 요구하십니다. 백성이 드린 예물은 풍족하게 채워졌고, 자원하는 사람들에게 지혜와 총명을 주시어 성막을 건축하게 하십니다.

성막 안에 설치할 기구들을 만들었으니 언약궤요, 상이요, 등잔대요, 분향 제단이요 번제단이요, 놋 물두멍이요, 성막 울타리요, 제사장의 옷이요, 흉패요, 성막의 다른 기구들을 만들었습니다. 성막과 제단 주위 뜰에 포장을 치고 뜰 문에 휘장을 달고 성막 공사의 역사를 마치고 여호와께 봉헌합니다.

구름이 회막을 덮고 여호와의 영광이 성막에 가득합니다. 낮에는 여호와의 구름이 밤에는 불이 그 구름 가운데 있어 이스라엘 백성의 행진하는 길을 밝히시니 이는 하나님이 이스라엘의 길을 인도하심이요. 헌신하는 성도의 길을 밝히십니다.

묵상시

성막 봉헌을 위한 백성은
줄줄이 뒤를 이어 예물을 드립니다

하나님을 만나는 곳으로
하나님이 임재하시는 곳으로
감사하는 백성은
영혼의 문을 두드립니다

등잔대를 드려라
번제단을 드려라
팔팔한 인생을 드리어라

인생의 낙엽이 떨어지기 전에
주님 나라와 의를 위하여
하얀 백지 위에 펼쳐지는
영혼의 그림을 그리어라

4주
21
수요일

# 레위기 1~7장

**오늘의 키워드는 "대속"입니다.**

제사는 하나님께 나아가는 거룩의 방법입니다. 완전하신 하나님이 불완전한 인간을 만나주시는 곳이 성막입니다.

제사의 방법으로는

*번제 : 제물 전체를 하나님 앞에 불로 태워서 드리는 제사로서 드리는 사람의 형편에 따라서 '소 · 양 · 새'로 드림.
*소제 : 곡식의 제사, 생명을 주신 하나님께 모든 삶을 드리는 의미.
*화목제 : 하나님과 인간 사이에 화평을 이루기 위함, 화목과 친교가 목적.
*속죄제 : 죄를 용서 받기 위해 드리는 제사로서 사람이 대속물의 머리에 안수 한 후 그 대속물이 인간을 대신하여 죽음.
*속건제 : 계명을 어겼거나 남의 물건을 부당하게 취한 경우 드림.

죄로 인해 죽을 아담과 하와를 짐승을 잡아 가죽옷을 입히신 것처럼 하나님은 인간을 위하여 짐승의 제사를 허락하셨습니다.

짐승의 머리에 안수함은 인간의 죄가 전가 되는 것이요,

짐승을 잡아 피를 뿌리고 가죽을 벗기고 각을 뜨는 것은 죄의 결과가 얼마나 무서운지를 적나라하게 느끼게 합니다.

묵상시

죄로 인해 눈이 밝아져
나무 뒤에 숨은 아담을 위해
하나님은
짐승의 가죽옷으로
부끄러움을 덮어주셨네

이스라엘 백성이 죄로 인하여
죽을 수 밖에 없을 때
하나님이
짐승의 제사를 허락하시어
백성의 죽음을 면제해 주셨네

암흑의 역사에서
구원자를 기다리는 인류를 위해
하나님이
독생자를 보내시어
십자가에서
구원의 길을 열어주셨네

4주
22
목요일

# 레위기 8~10장

**오늘의 키워드는 "제사"입니다.**

인간이 죄를 지으면 죽을 수밖에 없지만 하나님은 인간 대신 짐승의 죽음으로 제사를 드리게 하셨습니다.

*짐승의 머리에 안수함은 인간의 죄를 짐승에게 전가시킴이요
*짐승의 머리를 떼어냄은 나의 생각을 버리는 것이요
*짐승의 피를 제단 네 귀퉁이에 바름은 정결을 위함이요
*가죽을 벗기고 각을 뜨는 것은 사람의 뼈마디와 온 몸이 부서지는 것을 느끼는 것이요
*기름을 드려 불사름은 나의 생명을 바친다는 의미로 볼 수 있으니
이러한 마음으로 회개하며 드리는 제사를 하나님이 받으신다는 것입니다.

구약의 제사법에 의하면 지금도 지구상의 수많은 사람이 매년 수천만 톤의 피를 흘려야 하지만 하나님은 자신의 아들을 보내시어 단 한 번의 피흘림으로 인류의 살 길을 열어 주셨습니다.
이것이 '대속'이요, 이것이 하나님의 '은혜'입니다.

묵상시

죄값으로 인하여 죽을 인간을 위하여
하나님이 제사법을 허락하셨으니
죄를 지은 자가
흠없는 짐승을 제물로 제사 드리면
용서받음이라

짐승의 머리에 안수함은
인간의 죄를 뒤집어씀이요
가죽을 벗기고 각을 뜸은
인간의 온몸이 부서짐이요
기름을 드려 불사름은
생명까지 하나님께 드림이라

인간의 죄를 해결하시기 위해
예수께서 십자가에서 제물로 죽으셨으니
예수의 이름을 부르면 살것이요
예수를 믿으면 구원 얻으리라

4주 23 금요일

# 레위기 11~17장

**오늘의 키워드는 "정결"입니다.**

오랜 종살이로 인하여 법이 없어도 순수했던 이스라엘 백성이 가나안 땅에 들어가면 그곳의 타락한 문화에 빠져드는 것은 쉬운 일입니다. 그렇기 때문에 하나님은 백성을 그들과 구별되게 하시려고

*정결한 음식과 부정한 음식을 구별 *출산하는 여인에 관한 규례 *피부병에 관한 규례 *유출 병이 관한 규례 *속죄에 관한 규례 *희생 제물이 관한 규례를 정하시고 지키게 하셨으니 이러한 규례들은 이스라엘 백성이 성민으로 살아가기 위하여 지켜야 할 '성결 법전'입니다.

백성이 하나님께 드릴 희생 제물은 반드시 성막에서 드리라고 말씀하십니다. 제사 드리는 방법은 음란하게 드리는 이방인들의 행위를 따르지 말고, 피를 마시지 말 것이며 하나님 정하신 '정결의 법칙'을 준수하라 하셨으니 이는 백성이 정결해지는 방법이요 하나님의 백성으로서 구별되게 살아가는 방법을 보여주는 것입니다.

묵상시

오랜 종살이 기간 동안 백성은
먹고 자고 일만 하느라
인생의 의미도 모르고 살았으나

해방을 맞이한 백성에게 하나님이
택함 받은 자녀다운 모습으로
정결하게 살라 하시네

음식은 몸에 관한 규율이요
행동은 정신에 관한 규율이요
우상을 금하심은 영혼에 관한 규율이니

자녀의 자녀다움은
하나님의 법도 안에서 드러나며
하나님의 품에서 사는 것이로다

4주
24
토요일

# 레위기 18~22장

**오늘의 키워드는 "거룩"입니다.**

삶의 마땅한 규약이 없는 백성에게 하나님은 거룩의 법을 말씀하십니다. 어린 아이와 같은 순박한 그들의 삶이 타락한 가나안의 문화에 빠져들지 않기 위하여 성적 순결함과 영적 순결함과 이웃 사랑과 공정한 거래를 말씀하십니다.

제사장이 지켜야 할 거룩의 법은 백성보다 더 엄격합니다. 성적 순결함은 기본이요 이방인을 아내로 맞이하지 말며 동족의 처녀와 결혼해야 하니 그 자녀에게서 대제사장이 나올 수 있기 때문이요 백성에 대한 책임이 더 크기 때문입니다.

정결하지 못한 자는 성물을 먹지 말 것과 여호와께 드리는 제물은 상하거나 흠이 없어야 됨은 하나님은 거룩하시기 때문입니다. 그러므로 백성을 대신하여 제물로 드려지는 동물이 흠이 없어야 함은 거룩하게 드려져야 되기 때문입니다.

**묵상시**

나는 배우자 앞에서 순결한가
나는 하나님 앞에서 순결한가

육신의 순결은 배우자에 대한 의무요
영혼의 순결은 하나님에 대한 의무로다

육신의 타락을 좋아하는 자는 올무 되어
도살장으로 끌려가는 짐승과 같으며
영혼의 타락을 즐기는 자는 사슬 되어
지옥의 기둥을 떠나지 못하는 영혼이라

거룩은 순결함을 의미함이요
순결은 거룩의 척도이니
내가 거룩하니 너희도 거룩하여라

5주
25
월요일

# 레위기 23~27장

오늘의 키워드는 **"절기"**입니다.

매주 지켜야 할 절기로는

인간이 엿새 동안 일하고 칠일째 쉬는 것은 여호와께서 명하신 안식일이요 쉼의 날이며

연중 지켜야 할 절기로는 유월절 • 무교절 • 초실절 • 오순절 • 나팔절 • 속죄일 • 초막절이 있으니 이는 하나님이 애굽에서 구원하심과 광야에서 보호하심과 한 해 동안의 인도하심에 감사드리는 절기입니다.

안식년과 희년에 대한 규례는 노예제도의 세습 방지와 자본 분배를 통한 평등한 사회를 만드시려는 하나님의 사랑에서 기인된 것입니다.

하나님께 서원한 것은 반드시 갚아야함은 물론이요. 우리의 모든 것이 창조주 하나님께로부터 주어지는 은혜이기 때문에 수확의 전부를 바쳐야 하지만 하나님의 주인 되심을 기억하라는 의미로 십분의 일을 하나님께 드리라 하십니다.

묵상시

출애굽 이후
하나님께서 절기를 지키라 하심은
하나님이 행하신 일을
감사함으로 기억하라 하심이요

엿새 동안 일 하고
칠일 째 쉬라 하심은
생육하고 번성하며 생명을 주신
창조주 하나님께 감사하라 하심이요

안식년을 지키라 하심은
땅과 인간의 회복이니
지친 영혼의 쉼과
자본 분배의 평등함을 위함이요

십일조를 바치라 하심은
모든것이 하나님 것이로되
하나님이 주신 것에 대한
감사의 표현이라

5주
26
화요일

# 민수기 1~4장

오늘의 키워드는 **"조직"**입니다.

성막을 세운지 한 달째 되던 날에 실시한 체제 점검으로서 가나안 정복 전쟁을 실시하기 전에 실시하는 군사 조직을 정비하기 위한 인구조사입니다.

레위인이 봉사하는 회막을 중심으로 각 지파가 배치되었으니

동쪽에는 유다 • 잇사갈 • 스불론이요

남쪽에는 르우벤 • 시므온 • 갓이요

서쪽에는 에브라임 • 므낫세 • 베냐민이요

북쪽에는 갓 • 아셀 • 납달리입니다

레위지파는 제사장 아론을 시중들며 성막에서 시무하는데 고핫 자손은 성물 운반을, 게르손 자손은 천막 운반을, 므라리 자손은 허드렛일을 감당하였으니 각각 은사에 따라 정해진 것입니다.

이 조직은 싸움을 준비하는 군대 조직이라기보다 거룩을 유지함으로 하나님이 행하시는 하나님의 군대조직이니 가나안 전쟁은 하나님이 대신 싸워주시는 하나님의 전쟁입니다.

### 묵상시

하나님의 숫자는 완전하여 7을 이루니
1, 2, 3은
성부, 성자, 성령이요
4, 5, 6, 7은
동쪽, 서쪽, 남쪽, 북쪽이라

성막을 중심으로
동 서 남 북 진을 갖추니
하늘의 조직 앞에서
가나안이 벌벌 떨고
세상이 그 아래 떨고있도다

하나님의 조직을 마음에 품고
세상 깊숙이 파고드는 자
주님의 이름으로 강건하여라
거짓 이론과 악함을 무너뜨리고
진리를 건축하여라

5주
27
수요일

# 민수기 5~10장

오늘의 키워드는 **"거룩"**입니다.

하나님은 병에 걸린 자들을 진영 밖으로 내보냄과 부부간의 성적 정결함과 나실인의 정결을 말씀하십니다. 또한 제사장을 통하여 백성을 축복하게 하셨으니 하나님이 이스라엘 군대에 원하심은 '거룩'입니다.

영적 장자인 유다지파를 필두로 각 지파 모두 한 사람씩 봉헌하게 하신 후 전열을 가다듬습니다.

구름이 떠오르면 행진하고

구름이 멈추면 진을 멈추고 여호와의 명령을 따라 나팔 소리에 맞춘 군대는 일사분란하게 움직입니다.

전쟁은 하나님께 속하였나니

하나님이 원하심은 성도의 거룩입니다.

삶의 치열한 영적 전투의 현장에서 말씀을 사모하여 통독열차에 탑승한 300특공대원들의 무기는 '거룩'입니다.

여호와께서 생명으로 인도하시나니 완독 나팔 소리 울리며 거룩하고 신실하게 천국에 이르도록 진군합시다.

묵상시

군인에게 필요한 것은 용맹이요
지도자에게필요한 것은 지혜요
의사에게 필요한 것은 실력이요
백성에게 필요한 것은 거룩입니다.

가나안의 타락한 문화로부터
백성을 보호하시려고
택함 받은 자에게
거룩의 법칙을 주셨으니

몸을 정결함으로
음식을 정결함으로
마음을 정결함으로 유지하여

하나님의 명령을
순종으로 받아들이며
약한 자를 돕고
하나님 나라 이루는 것이
진정한 거룩입니다.

5주

28

목요일

# 민수기 11~14장

**오늘의 키워드는 "선택"입니다.**

가나안 땅 정탐을 마친 후 열 명은 불가능을 말하고 두 명은 가능을 말하였으니 백성은 밤새도록 통곡하며 애굽으로 돌아가자고 합니다. 이에 여호수아와 갈렙은 백성 앞에서 자신들의 옷을 찢으며 말하기를 "그들은 우리의 먹이라 그들의 보호자는 그들에게서 떠났고 여호와는 우리와 함께 하시느니라 그들을 두려워하지 말라"

이 사건이 있은 후 여호와께서는 여호수아와 갈렙 외의 이십세 이상의 모든 사람이 가나안 땅으로 들어가지 못하며 사십 년 동안 광야에서 방황할 것을 말씀하십니다.

이에 백성은 자신들이 잘못했다고 말하지만 또 다시 불순종과 맹목적인 발걸음으로 아말렉과 가나안인들을 공격하였으나 하나님이 함께 하시지 않는 전쟁에서 그들은 패배합니다.

애굽에서 인도하시고 홍해를 건너게 하시고 만나와 매추라기와 물을 내시어 백성을 먹이셨는데

아직도 하나님의 절대성을 믿지 못하여 잘못을 저지르는 백성의 모습을 보면서 인생행로의 기로에 서있는 나는 하나의 길을 선택해야 합니다.

묵상시

열 명의 정탐꾼은
가나안의 풍성한 것들을 보고서
두려움에 떨며, 원망하며
그곳에 갈 수 없음을 말하였으나

여호수아와 갈렙은
믿음의 눈으로
저들은 두려움의 대상이 아니요
우리의 밥이라 하였도다

누가 이 땅을 만들었고
누가 그것들을 운행하시더냐

믿음 없이는 갈 수 없나니
우리 인생의 가꾸어야 할 터전들
세상 가치가 아닌 오직 믿음으로,
하늘의 가치를 따라 행하리라

5주
29
금요일

# 민수기 15~19장

오늘의 키워드는 **"권위"**입니다.

고라와 몇몇이 모세의 권위에 대하여 정면으로 도전하며 뉘우치지 아니하니 하나님은 땅을 갈라 그와 가족들을 삼키고 모세의 '권위'를 지켜주십니다.

각 지파의 이름으로 12개의 지팡이를 취하여 아론의 지팡이에만 싹이 나게 하셨으니 이스라엘 앞에서 아론에게 제사장의 '권위'를 세우심입니다.

백성의 소산물 중 처음 난 것과 소출의 십일조를 하나님께 드리게 하심은 그것을 레위인에게 주기 위함이요. 레위인은 십일조를 하나님께 드렸으니 그것은 아론에게 주심이라.

하나님은 모세와 아론에게 고라 일당들의 반역으로 부정하게 된 이스라엘을 위해 온전하여 흠이 없고 아직 멍에를 메지 아니한 붉은 암송아지를 진영 밖에서 제사드리게 하였으니

이는 죄에 빠진 인류를 구원하기 위해 성문 밖에서 죽임 당하신 예수 그리스도를 생각나게 합니다.

묵상시

물에서 건져내시고
연단의 터널을 지나온 모세를
하나님이
민족의 지도자로 세우셨는데

고라와 일행은 당을 지어
모세를 정면에서 도전하고 있으니
무엇을 보았기에
무엇을 부러워하느냐

고난의 잔을 거부하고
높은 자리를 탐하는 자여
광야의 고통을 아느냐
그리스도의 대속을 아느냐

5주
30
토요일

# 민수기 20~25장

**오늘의 키워드는 "실수"입니다.**

가데스에 이르자 백성은 물이 없음을 불평합니다. 모세는 하나님으로부터 반석에게 명령하여 물을 내라는 명령을 받았지만 지팡이로 반석을 침으로 혈기를 부립니다. 하나님의 거룩함을 떠나 백성에게 분노를 표출하는 모세의 '실수'는 가나안 땅에 진입하지 못하는 결과를 초래합니다.

에돔 땅을 통과하지 못하여 먼 길로 돌아서는 백성이 모세를 원망합니다. 이에 하나님은 불뱀을 보내어 백성을 죽게하고 놋뱀을 세워 바라보는 자는 살리셨으니 이는 십자가에 달려 죽으신 주님을 믿으면 살고 믿지 않으면 죽는 것의 예표입니다.

모압 왕 발락이 선지자 발람을 초대하여 이스라엘을 저주하게 합니다. 그러나 하나님은 그의 입으로 이스라엘을 축복하게 하십니다.

싯딤에서 백성이 모압 여자들과 음행하는 죄악을 저지르므로 염병이 퍼져 죽게될 때에 하나님은 비느하스의 정의로운 행위를 보시고 염병을 멈추십니다.

묵상시

왕궁의 생활도 뿌리치고
광야의 찬바람을 맞으며
세월이 닳도록 준비하였는데

백성의 불평 소리에
혈기를 부렸으니
잠깐의 실수로 인하여
가나안 입성이 무산되었네

가시밭과 같은 인생길
잠시라도 해찰하면 넘어지나니
천성을 향해 달리는 자
오직 말씀의 지도를 보면서
조심스럽게 걸어야 하리라

6주

31

월요일

# 민수기 26~27장

오늘의 키워드는 **"후계자"**입니다.

백성의 불순종으로 인하여 염병이 생긴 이후에 하나님은 두 번째 인구 조사를 명하셨으니 유다 지파가 가장 많고 이스라엘 전체는 601,730 명입니다. 각 지파별 명 수 대로 땅을 주되 제비뽑기로 결정하도록 하셨으니 이 분배는 사람에 의함 아니요 하나님께서 주관하심 입니다.

여호수아와 갈렙을 제외한 모두는 광야에서 죽고 2세들만 가나안 땅에 들어갈 것이니 이유는 백성의 불순종 때문입니다.
하나님은 모세의 후계자로 여호수아를 지명하셨으니 여호수아는 그 안에 성령이 머물기 때문입니다. 모두가 두려움이 쌓여 울부짖을 때 그는 옷을 찢으며 저들은 우리의 밥이다 라고 외치던 자입니다.

하나님은 충성하는 사람을 가나안 정복의 주역으로 삼으시고, 충성하는 유다지파를 부유케 하시어 장차 이스라엘을 이끌 지파로 삼으심 같이, 하나님은 지금도 충성하는 성도를 찾고 계십니다.

묵상시

육의 시각으로는 불가능해 보이지만
하나님이 주신 것이라면
믿고 따르는 자
하나님이 그를 세우시고 돌보시네

육의 계산으로는 손해인것 같으나
하나님의 일이라면
손해를 감수하며 행하는 자
하나님이 그를 세우시고 돌보시나니

형제여
나의 약함을 원망하지 말고
나의 약함을 감사함으로
하나님이 행하실 공간을 만들어라

6주
32
화요일

# 민수기 28~31장

오늘의 키워드는 **"거룩"**입니다.

여호와께서 번제에 관하여 말씀하십니다. 매일 번제를 드리고, 안식일과 초하루에 드리라 하였으니 헌신과 감사의 표현입니다.

*유월절을 지킴은 첫 소생을 죽음으로부터 구하심을 기억함이요
*칠칠절을 지킴은 첫 열매를 주심을 감사함이요
*나팔절을 지킴은 한 해의 시작을 알리는 소리요
*속죄절을 지킴은 말씀의 채찍으로 내 몸을 복종케 함이요
*장막절을 지킴은 광야 생활을 기억하고 추수에 감사함이니 이 규례들은 택함 받은 백성의 피조물 의식을 가지게 함이라

여호와의 명령대로 백성이 미디안을 쳐서 완승을 거두고 군대가 돌아오매 시체를 만진 자들이 진영 밖에 머물러 깨끗해진 후에 진영으로 들어오게 하심은 하나님의 공동체는 거룩하기 때문입니다.

전쟁에 참여한 자들이 한 사람도 죽지 않고 승리하였음은 가나안 정복 전쟁은 하나님이 싸워주시는 전쟁이기 때문이요 백성에게 필요한 것은 거룩입니다.

묵상시

세상의 방법은
힘이요
돈이요
권모술수요
권력을 의지하지만

하나님의 방법은
말씀이요
순종이요
성결이요
하나님의 역사하십입니다

하나님의 방법으로 사는 자를
하나님이 세우시나니
말씀이 생명 되기까지
영혼마다
지체마다
하나님 손에 붙들림 받게 하옵소서

6주
33
수요일

# 민수기 32~36장

오늘의 키워드는 **"분배"**입니다.

가나안 정복 전쟁은 힘의 싸움이 아니요 신앙과 불신앙의 싸움입니다. 요단강을 기점으로 동서로 나누어 점령할 곳을 정하며 그 땅을 지파별로 제비뽑기로 나누어 수에 따른 분배를 지시하심이 누구에게든 공정함을 위함입니다.

너희가 가나안 땅에 들어가거든 그 땅의 원주민을 다 몰아내고 우상을 다 깨뜨리며 산당을 헐고 그곳에 거주하라 하셨으니 관능적이고 쾌락적인 그들의 문화에 넘어갈 것을 염려하기에 처음부터 배격하라는 것입니다.

레위인에게 분배되는 땅이 없음은 각 지파에서 레위인이 필요로하는 곳을 주라 하심이요 레위인은 그곳에서 제사장의 직임을 수행하며 백성의 십일조로 생활하라 하심입니다.

세상의 상식으로는 이해할 수 없는 이러한 하늘의 법칙이 세월이 흐른 지금도 적용되어야 함은 하나님은 창조주시요 만물의 주인이시기 때문입니다.

묵상시

더 좋은 것 가지려고
더 비싼 것 취하려고
더 쉬운 것 택하려고
사람들은 치열하게 경쟁하지만,

이스라엘에게 가나안 땅 분배는
모양도 다르고
가치도 달라서
누구에게나 만족을 줄 수 없지만

하나님은 제비뽑기 방법으로
이견을 잠재우고
불평 불만을 잠재우고
공평으로 인도하시네

6주
34
목요일

# 신명기 1~4장

오늘의 키워드는 **"회상"**입니다.

모세는 백성이 가나안 땅에 진입하기에 앞서 출애굽 사건을 경험하지 못한 세대들이 하나님에 대하여 잘 알지 못하기 때문에 그들에게 하나님이 어떤 분이신지와 어떻게 행하실 것인지에 대해 가르치고 있습니다.

백성이 광야길을 거닐 때 여호와께서 구름과 불로 보호하신 것과 40년 동안 광야에서 하나님의 돌보심으로 신이나 옷이 닳지 않고 배고픔 없이 지낸 것과 요단 동편을 점령한 것이 여호와께서 행하신 것임을 상기시킵니다.

가나안 땅 진입에 앞서 지켜야 할 법도는 자기를 위하여 어떤 형태로든지 우상을 새겨 만들지 말며 무엇이든 섬기지 말라 하십니다.

눈에 보이지 않는 하나님을 섬기던 백성이 눈에 보이는 우상을 신이라 하며 섬기게 될 것을 예측하시고 미리 방지하는 것입니다.

묵상시

가나안 땅에 진입하기 전에 모세는
하나님을 경험하지 못한 세대를 위하여
하나님의 돌보심을 말씀하시네

열 가지 재앙을 내리시어
애굽 왕의 마음을 움직이심과
홍해를 마른 땅 건너듯 지나게 하신 일과
바위를 터트려 물을 내심과
만나로 먹이시고 불기둥과 구름기둥으로 보호하신
하나님의 행하심에 대한 회상이니

여호와는 보이지 않으시나
보이는 모든 것을 주관하시며
자연계의 모든 것들을 다스리시나니
영혼 없는 우상을 섬기지 말며
창조주 하나님만 바라보라

6주

# 35 금요일

# 신명기 5~11장

오늘의 키워드는 **"명령"**입니다.

여호와께서 백성에게 십계명을 주셨으니 1~4계명은 하나님과의 관계를, 5~10계명은 인간의 도리를 말 함으로 언약의 기초를 이루며 이 말씀을 마음에 새기고 자녀에게 부지런히 가르치며 지킬 것을 명령하십니다.

가나안 정복을 명령하시면서 그들을 진멸하며 어떤 언약도 하지 말며 불쌍히 여기지도 말며 그들과 혼인하지 말라고 명령하십니다. 백성이 그들과 접촉하면 그들의 우상에 찌든 종교 문화의 유혹에 물들기 때문입니다.

하나님이 백성을 40년간 광야 길을 걷게 하심은 백성의 마음을 낮추심이요. 만나를 먹이시고 의복이 해어지지 아니하고 발이 부르트지 아니함을 회고하였으니 백성이 이러한 하나님의 은혜를 기억하고 말씀을 먹으며 정성을 다하여 여호와를 섬기라 하십니다.

묵상시

아장아장 거니는 아이를 볼 때
행복에 젖은 부모는
안아주며
흔들어주며
더 좋은 것을 주고 싶어 하시네

위험한 길로 향하면
그 길을 가로막고
선한 길로 인도하는 것처럼
하나님은 자신의 백성에게
계명을 주시고 지키라 하시네

하나님이 주시는 명령은
자녀를 사랑하기 때문이요.
바르기 키우기 위함이니
사람아
사람아
부모들 바램같이
하늘의 명령을 준행 하여라

6주
36
토요일

# 신명기 12~15장

**오늘의 키워드는 "예배"입니다.**

여호와께서 백성에게 평생 지킬 규례와 법도를 주십니다.

장차 쫓아낼 가나안 족속들에 대하여 그들이 섬기는 신들을 파멸하라 명하심은 이 일이 백성의 생존을 위해 필수적인 요소이기 때문입니다.

세상의 모든 것이 하나님의 것이지만 택함 받은 백성이 하나님의 소유를 사용함에 있어서 자신의 수확물 중 십일조를 드리라 하심은 하나님의 것을 아는 피조물의 인식이요. 분깃이 없는 레위인이나 성 중에 거하는 객과 고아와 과부들을 먹이기 위함입니다.

약한 자들을 위하여는 7년을 주기로 마지막 해에 동족의 빚을 탕감해주고 종으로 팔린 동족을 해방시켜줄 것을 말씀하시니 이는 하나님의 거룩한 공동체 안에서 사랑의 실천과 결속을 이루는 방법이요 삶으로 드리는 예배입니다.

묵상시

말씀과
기도와
찬송을 부르지만
주님은 먼저 도리를 행하라 하시네

거룩한 의식
거룩한 율법
거룩한 절기를 지키지만
주님은 먼저 참된 예배 드리라 하시네

도시마다 거리마다
주님을 향한 불빛 찬란하지만
주님은 계실 곳 없으시나니

참된 예배는
이웃과 먼저 화해하고
하나님의 것을 하나님께 드리며
영과 진리로 하나님께 다가서는 것이네

7주
**37**
월요일

# 신명기 16~20장

오늘의 키워드는 **"시민법"**입니다.

재판장이나 지도자들에게는 재판을 굽게 하지 말며, 사람을 외모로 보지 말며, 뇌물을 받지 말고 공의로 재판할 것을 명하십니다. 이는 직분 맡은 자들의 정직을 강조함이요.

왕에게는 병마와 아내를 많이 두 말며, 자기를 위하여 은 금을 쌓지 말며, 평생 율법책을 옆에 두고 읽으며 규례를 지키라 하셨으니 전쟁은 하나님이 주관하심이요 여인에 빠지지 말고 검소하며 말씀을 가까이 함으로 모본이 되라 함입니다.

백성에게는 다른 민족의 가증한 행위를 따르지 말며 하나님 앞에서 완전하라 하였으니 하나님은 백성을 위하여 도피성을 만들어 보호하십니다. 적군과 싸울 때에도 그들의 숫자와 무기가 많을지라도 두려워 말며 하나님을 의지하라 하셨으니 하나님의 법도를 준수하는 자는 하나님이 끝까지 보호하심을 보게 됩니다.

묵상시

지도자는 뇌물을 받지 말며
공의를 행함으로 재판을 굽게 하지 말며
사람을 외모로 판단하지 말며
군사력을 의존하거나
부을 좋아하므로 하나님을 멀리하지 말며
여호와의 규례를 지키라 하심이네

음란한 행위를 따르지 아니하며
말씀을 가까이 함으로 신앙의 모본이 되며
불의한 자가 강할지라도 두려워 말며
하나님을 의지하라 하셨으니
하나님의 말씀 안에서 행하는 자는
하나님이 돌보심을 약속하심이네

7주
38
화요일

# 신명기 21~26장

오늘의 키워드는 **"사회법"**입니다.

미결 살인사건의 경우에 무죄한 자의 흘린 피를 제하는 방법을, 여자 포로를 아내로 삼는 규정에 대하여, 장자의 상속권에 대하여, 패역한 아들에 대하여 내리는 벌을, 순결에 관하여, 총회에 참여하지 못하는 자들에 관하여, 진영을 거룩하게 하는 법에 관하여, 이혼과 재혼에 관하여, 죽은 형제에 대한 의무에 관하여 말씀하심으로 거룩한 백성의 행할 규칙을 주십니다.

토지 소산에 대한 말씀은 장차 취할 가나안 땅에서의 소출에 대한 것으로 전적으로 하나님이 주시는 것임을 알게 하는 것입니다. 첫 소출을 드림은 하나님이 주심에 대한 감사의 표현이요 십일조를 드림은 모든 것이 하나님의 것임을 기억하고 그 중의 십분의 일을 드리라는 것입니다. 백성이 바친 것들을 레위인과 객과 과부와 고아에게 주어 먹게 하셨으니 모든 백성이 하나님께 영광을 돌리는 것이요 모든 나라와 민족이 하나님의 사랑을 누리는 방법입니다.

묵상시

여자 포로를 아내로 삼는 것과
이혼과 재혼과 형수취수와
상속에 대한 장자의 권한과
패륜아에 대한 처벌은 혈육에 관한 법이요

맷돌이나 그 위짝을 전당 잡히지 말고
객이나 고아의 송사를 억울하게 하지 말고
가난한 자를 위하여 추수 곡식을 남기며
두 저울로 남을 속이지 말 것은
이웃에 관한 법이요

첫 소출을 하나님께 드림과
소출의 십분의 일을 드림은
전부가 하나님의 것임을 고백하는 것이니
성직자와 고아와 과부가 주리지 아니하며
모든 백성이 하나님 사랑을 누리는
하늘의 법칙이라

7주
39
수요일

# 신명기 27~30장

**오늘의 키워드는 "경고"입니다.**

여호와의 말씀을 듣고 모든 명령을 지켜 행하면 네 하나님 여호와가 너를 세계 모든 민족 위에 뛰어나게 하실 것이요 모든 복이 네게 임하리라. 여호와의 말씀을 순종하지 않고 악을 행하면 모든 일에 저주와 혼란과 책망을 내리사 망하게 하며 속히 파멸하게 하리라.

아브라함을 통하여 큰 민족을 이루시는 하나님의 계획이 신명기 28장 말씀 위에서 진행됩니다. 이 말씀에 근거한 이스라엘 왕조의 역사는 말라기에 이르도록 처절하게 순종과 불순종의 결과가 흑백으로 드러납니다.

말라기를 지나고 21세기를 사는 지금도 하나님의 '명령'은 유효합니다. 세상이 치열하게 다투는 과정에도 인류의 역사는 하나님을 찾는 나라를 통하여 이루어 가십니다. 하나님 말씀을 읽는 것은 말씀이 체내에 흡수되어 영적 체질로 변하는 것입니다. 하나님의 '명령'을 준행하는 자는 광야에서 만나를 먹음 같이 하늘의 양식을 먹는 자 입니다.

묵상시

너는 여호와의 말씀을 듣고
여호와의 모든 명령을 지켜 행하라
하나님이 너를
모든 민족 위에 뛰어나게 하실 것이라

네가 여호와의 말씀을 순종하지 아니하고
스스로 악을 도모하여 악을 저지르면
하나님이 모든 일에 저주와 책망을 내리사
너를 속히 파멸하게 하실 것이라

하나님이 계명을 주심은
파멸이 목적이 아니요 구원이 목적이니
불순종을 경계하고
순종하는 자의 형통을 위함이라

7주

40

목요일

# 신명기 31~34장

**오늘의 키워드는 "위임"입니다.**

하나님의 주권에 이끌리어 궁중과 광야생활의 훈련을 마치고 백성을 애굽에서 이끌어온 모세가 가나안 땅 진입 직전에 백성에게 하나님의 명령을 준행할 것을 다시 당부합니다.

모세의 눈이 흐리지 아니하고 기력이 쇠하지 아니하였지만 하나님은 그를 가나안 땅이 보이는 느보산에서 목숨을 거두셨으니 모세의 역할은 여기까지.... 하나님은 눈의 아들 여호수아에게 가나안 정복의 대업을 위임하시고 그에게 지혜의 영이 충만하게 하시어 백성을 이끌 지도자로 세우십니다.

주님을 위한 삶이라고 고백하지만 젊은 날의 사명은 어디 가고 욕심만 남아있는 불순종입니다. 모세의 역할이 느보산까지인 것처럼, 멈추라 하면 멈추는 것이 순종입니다. 걸어온 길 아쉽지만 나의 길은 여기까지, 다음 사람에게 위임하는 것 또한 사역입니다.

묵상시

하나님의 주권에 이끌리어
광야학교를 이끌어 온 모세에게
하나님은 가나안 땅을 허락하지 않으시네

한 지붕에 두 지도자가 있을 수 없나니
여호수아를 위하여 모세는 죽고
엘리사를 위하여 엘리야는 올라가고
예수를 위하여 세례요한은 저물었도다

하나님의 나라를 건설하는 자
나의 공로 놓아야 하나니
주의 이름만 위하여
허락하신 곳 까지 달려가야 하리라

7주
41
금요일

# 여호수아 1~5장

오늘의 키워드는 **"순종"**입니다.

율법책을 네 입에서 떠나지 말며 주야로 그것을 묵상하여 그 안에 기록된 대로 다 지켜 행하라 그리하면 네 길이 평탄하게 되리라. 순종하는 여호수아는 백성에게 요단강 도하를 명령합니다.

언약궤를 맨 제사장들의 발이 물에 잠기니 위에서부터 물이 끊기어 쌓이고 백성은 요단강 바닥의 마른 땅을 밟으며 이동하여 가나안 땅에 이릅니다. 백성에게 할례를 행하고 유월절을 지키게 하고 그 땅의 소산물을 먹게 하니 만나를 거두시고 가나안 땅의 소출을 먹게 하십니다.

세상의 전쟁은 칼과 창의 전쟁이지만 가나안 전쟁은 하나님이 행하시는 전쟁입니다. 만나로 먹이심 같이, 요단강을 건너게 하심 같이 하나님은 믿고 따르는 자를 하나님이 인도하십니다. 산이 높고 험할지라도 그것을 만드신 하나님이 성도를 도우시며 길을 인도하십니다.

묵상시

이스라엘의 지도자가 된 여호수아
믿음으로
요단강 도하를 명령하네

언약궤를 맨 제사장들의 발이 물에 잠기니
흐르던 물이 끊기어 차곡차곡 쌓이고
요단강 바닥이 마르고 백성이 길을 건너네

선과 면이 공간을 믿지 못함 같이
3차원에서 4차원을 믿지 못함 같이
하나님의 행하심을 믿지 못하느냐

성경을 비틀어서 해석하지 말고
입맛대로 해석하지 말고
하나님이 보여주신 것 까지
이해하고 행하여라

7주
42
토요일

# 여호수아 6~12장

오늘의 키워드는 **"정복"**입니다.

순종하는 여호수아는 하나님의 명을 받들어 여리고성 정복에 나섭니다. 백성은 침묵하며 여호수아의 명령을 따르라. 매일 성을 한 바퀴씩 돌고 일곱째 날에는 일곱번 돈 후에 나팔 소리가 울리자 백성은 크게 외치니 성벽이 무너져 내립니다.

하나님이 행하시는 여호수아의 군대는 아모리 연합군을 공격하였으니, 그들은 이스라엘 앞에서 크게 패하여 도망칩니다. 하늘에서 큰 우박이 내려와 그들을 죽이고... 여호수아가 기도하니 태양은 기브온 위에 마무르고 달은 야알론 골짜기에 머무르며 이스라엘 군대는 연합군의 다섯 왕을 모두 죽입니다.

여호와의 명령을 준행하는 여호수아의 군대는 가나안 땅 중부와 남부와 북부와 동부와 서부의 연합군을 단숨에 물리쳤으니 가나안 정복 전쟁은 하나님의 전쟁입니다. 하나님이 이스라엘을 위하여 싸우시고 승리하게 하셨으니 이 땅의 통치자는 하나님이시요 백성은 하나님의 통치 아래 있습니다.

묵상시

나는 특별한 재능이 없습니다
뛰어난 운동 신경도
경제적인 부유함도
탁월한 인맥도 없습니다

나는 천국을 바라보는 눈이
주님을 찬양하는 입이
주님을 사랑하는 가슴이 있습니다

나는 주님 나라 위하여
순종하며 살겠노라고
기도 드립니다
주님이 나를 높이 세우시니
나는 더 이상 부러울 것 없습니다

8주
43
월요일

# 여호수아 13~17장

오늘의 키워드는 **"분배"**입니다.

가나안 정복은 일단락 되고 여호수아는 각 지파에게 땅을 분배합니다. 유다 지파가 요단 서편의 30%가 넘는 넓은 땅을 받음은 형제들 가운데 으뜸이 되리라는 야곱의 축복이 이루어짐이요. 그 위로 베냐민 지파가 자리 잡음은 장차 북이스라엘과 남유다의 완충 역할을 담당할 곳이요. 그 위쪽과 양 옆으로 다른 지파들이 자리 잡았으니 여호수아는 아직 부족한 부분에 대하여는 각 지파가 스스로 정복해서 채우라 말 합니다.

가나안 족속을 완전히 쫓아내어 정복하라는 하나님의 명령이 있었으나 아직 쫓아내지 못한 지파들이 있었으니 이는 장차 벌어질 일을 예측하게 합니다. 그러나 귀화한 그니스 사람 여분네의 아들 갈렙의 "이 산지를 지금 내게 주소서 여호와께서 함께하시면 내가 그들을 쫓아내리이다"의 고백은 아브라함의 순종을 믿음으로 받들며 행동으로 옮기는 미래 완료형 신앙의 소유입니다.

묵상시

더 좋은 것 가지려고
더 비싼 것 취하려고
더 쉬운 것 택하려고
사람들은 치열하게 경쟁하지만,

이스라엘에 직면한
가나안 땅을 분배함은
모양도 다르고
가치도 달라서
누구에게나 만족을 줄 수 없지만,

의견이 분분하여
쉬이 결정할 수 없을 때
이견을 잠재우고
불평 없이 분배할 하늘의 법칙은
제비뽑기입니다

8주

# 44

화요일

# 여호수아 18~19장

오늘의 키워드는 **"나머지 분배"**입니다.

이스라엘 온 회중이 실로에 모여 회막을 세웠으니 그 땅은 여호수아의 명령에 의하여 점령한 곳입니다.

그러나 가나안 족속이 두려워 분배 받은 땅을 점령하러 가지 못하고 머뭇거리는 일곱 지파를 위하여 여호수아는 점령할 땅을 칠등분 한 후에 제비뽑기를 하여 지정해 줍니다.

이스라엘의 지도자 여호수아는 에브라임 산지의 딤낫세라 작고 허름한 곳을 요구하여 기업으로 받았으니, 가서 정복하라는 명령을 듣고서도 불평만 하는 지파와는 대조적인 모습이요 진정한 지도자의 희생된 모습을 보여줍니다.

가나안인이 두렵고 그들의 철병거가 두렵지만 하나님은 가서 점령하라고 말씀하십니다. 세상의 모든 주권이 하나님에게 있음을 믿는 자는 하나님의 방법을 순종으로 받아들이며 세상을 정복할 힘을 공급받습니다.

묵상시

아직 두려움에 쌓여
출전하지 못한 지파에게 여호수아는
남은 땅을 칠등분 한 후에
제비뽑기를 하여 출전 명령을 내렸도다

저들이 두려워서 움츠렸더냐
세상이 두려워 꼼짝 못하고 있느냐
들판의 백합화를 누가 키우시더냐
하나님이 지키시는데 무엇이 두렵더냐

가나안 땅은 협소하지만
하나님의 공간은 무한하나니
소망을 하늘에 심고
창조주 하나님의 행하심을 기다리리라

8주

# 45 수요일

# 여호수아 20~24장

**오늘의 키워드는 "정착"입니다.**

열두 지파의 분배가 끝난 후 여호수아가 6개의 도피성을 두었음은 실수로 살인한 자를 보호하심이요. 그들은 대제사장이 죽으면 고향으로 갈 수 있었으니 죄에서 해방되지 못한 우리가 예수 그리스도의 십자가로 인하여 용서받음을 보여주십니다.

레위 지파에 대하여는 각 지파에서 받은 48개 성읍에 거주하여 봉사하며 살게 하십니다. 그 성이 전체 면적의 0.1%밖에 안되는 매우 협소한 공간이지만 그들이 살 수 있는 것은 하나님이 돌보시기 때문입니다.

여호수아는 주님을 따른다고 고백하면서 세상의 방법과 문화에 기웃거리며 갈팡질팡하는 햄릿증후군에 빠진 백성에게 설교합니다. 너희는 여호와를 경외하며 온전히 섬기라. 만일 여호와를 섬김이 좋지 않게 보이거든 이방 족속의 신을 섬기든지 하나만을 택하여라. 오직 나와 내 집은 여호와만 섬기리라는 여호수아의 고백이 오늘 나의 고백입니다.

묵상시

부지중에 죄를 지은 사람 위하여
도피성을 만들어
그들을 보호하게 하셨고

죄인들을 위하여
십자가의 집을 만들어
믿는 자에게 구원을 주셨으니

하나님을 믿고 따르는 자
영원한 안식처의 주인이요
평안의 집을 짓는 자로다

8주
46
목요일

# 사사기 1~2장

오늘의 키워드는 **"실패"**입니다.

가나안 전쟁은 하나님이 행하시는 전쟁인데 유다 지파는 가나안 족속과 브리스 족속을 멸하나 철병거 가진 자들을 쫓아내지 못하였고, 베냐민 지파는 예루살렘을 점령하나 여부스 족속을 쫓아내지 못하였고, 요셉 가문은 벧엘을 점령하나 한 사람의 가정을 살려두었으며, 다른 지파들도 가나안 족속들을 쫓아내지 못하였으니 가나안 땅을 정복하라는 하나님의 명령을 수행하지 못하고 있습니다.

이스라엘이 하나님의 명령을 준행하지 못하고 그들과 섞여 거주하며 언약을 맺었으니 이는 하나님의 명령을 정면에서 어기는 것이요 장차 이스라엘에게 가시와 올무가 될 것을 말씀하십니다. 여호수아도 죽고 다음 세대들은 여호와를 알지 못하므로 여호와의 목전에서 바알들을 섬기며 음행을 저질렀으니 여호와의 진노는 그들을 노략자의 손에 넘겨주어 압박과 괴로움을 당하며 슬피 울게 합니다.

묵상시

무성한 들풀이면 무엇하리
가을이 되면
돌아 갈 곳간이 없는 것을

향락에 취하면 무엇하리
잠에서 깨어나면
모든것이 물거품인 것을

우상을 섬기면 무엇하리
심판의 날이 되면
들어 갈 천국이 없는 것을

말씀이 없는 자는...
말씀이 없는 자는...

8주
47
금요일

# 사사기 3~5장

오늘의 키워드는 **"시험"**입니다.

여호수아도 죽고 조상들도 죽고 아직 전쟁을 모르는 세대를 위하여 하나님은 가나안 족속들을 남겨놓고 말씀에 순종하는지를 시험하고 있습니다. 신앙이 전수되지 못하고 점점 가나안화 되어가는 이스라엘 자손들은 여호와의 목전에서 악을 행하여 바알들과 아세라를 섬겼으니 여호와께서 진노하시사 적들로 이스라엘을 공격하게 하여 이스라엘이 고통 속에서 여호와께 부르짖게 만드십니다.

여호와께서는 부짖는 백성의 소리를 들으시고 그때마다 사사를 보내어 구원하여 주었으니 그 이름은 옷니엘 • 에훗 • 삼갈 • 드보라입니다. 세월이 흘러도 개선되지 않는 이스라엘은 "배교 – 고통 – 부르짖음 – 구원"의 패턴을 반복하고 있습니다. 하나님은 이러한 백성을 훈련시키기 위하여 주변 나라들을 막대기로 사용하십니다.

묵상시

시험은 두 가지 있나니
아담에게 다가선 것은
사탄의 유혹(temptation)이요
욥에게 다가선 것은 시험(test)이라

여호수아는 죽고 후손들이
이방의 잡신들을 섬기었으니
하나님이 그들을 돌이키기 위하여
이방 나라의 지배를 받게 하심이라

죄에 빠지면 적들의 지배를 받고
잘못을 뉘우치고 부르짖으면
사사를 보내어 회복시키시나니
이는 하나님이 주시는 시험(test)이라

8주

# 48

토요일

# 사사기 6~8장

**오늘의 키워드는 "기드온"입니다.**

타락이 반복되는 이스라엘은 미디안의 침략으로 피폐해지고 고통 받는 백성의 눈물이 고일 때 하나님이 기드온을 들어 백성을 구원하십니다.

하나님이여, 저를 들어 사용하시려거든 징표를 보여주소서... 두 번의 징표를 보고서 일어선 기드온은 하나님의 손에 붙들린 도구입니다. 하나님 명령대로 순종하는 기드온과 300 용사는 미디안을 무찌르고 왕들을 죽입니다.

하나님은 꿈을 꾸는 자를 사용하십니다. 비록 약하고 힘 없을지라도 하나님을 향한 소망이 있으면 사용하십니다. 주님 나라를 향한 부푼 꿈을 꾸며 달리는 자를 부르시고 그를 통하여 세상을 움직이십니다.

묵상시

고통받는 백성 위하여
여호와께서 기드온을 부르셨네

여호와의 명을 따라
삼백 용사를 세우고
나팔 불며 항아리를 부수고
나팔 불며 횃불을 들고
'기드온의 칼이다'라고 외치니
미디안 진영은 자기들끼리 서로 죽이고
도망자는 죽임 당하였네

여리고성이 무너짐 같이
여호와께서 행하시는 전쟁은
승리 뿐이니
부름 받은 자여 일어나
양각 나팔(Shofar)을 불어라
땅 끝 구원을 위하여
복음의 나팔을 불어라

9주
49
월요일

# 사사기 9~12장

오늘의 키워드는 **"입다"**입니다.

기드온(여룹바알)이 죽으매 아비멜렉이 세겜 사람들과 공모하여 기드온의 아들 70여명을 죽이고 스스로 가나안과 이스라엘의 통치자가 됩니다. 그러나 여호와께서 그들을 분열시키시니 세겜 사람들은 아비멜렉에게 죽고 아비멜렉은 세겜 여인이 던진 멧돌에 맞아 우스꽝스러운 종말을 맞이합니다.

이후 돌라 • 야일 • 입다 • 입산 • 엘론 • 압돈이 이스라엘의 사사로 활동하는데, 입다는 형제들로부터 외면당했으나 암몬 사람들의 침략에서 길르앗을 구하고 길르앗의 장관이 됩니다. 입다의 승리를 시기하는 에브라임의 간섭은 싸움으로 번져 에브라임 사람 사만 이천명이 죽임 당합니다.

입다는 큰 용사라 불리웠으나 의욕이 앞서며 신중하지 못한 그의 서원으로 인하여 외동딸을 바쳐야 하는 아픔을 겪었고, 동족인 에브라임 사람들을 품지 못함은 이스라엘을 동족상잔의 비극으로 몰고 갔습니다.

묵상시

길르앗의 서자 입다는
형들에게 쫓겨남 당했으나
암몬의 공격으로 다급한 이스라엘
입다를 대장 삼아 출정하였네

입다가 여호와께 부르짖어 서원하기를
암몬 자손을 내게 넘겨주시면
내가 돌아올 때 누구든지 먼저
나를 영접하는 자를 여호와께 드리리이다

입다가 승리하고 돌아올 때
그의 무남독녀가 먼저 나와 영접하였거늘
이 일을 어찌하랴
시위를 떠난 화살을 어떻게 되돌리랴
입에서 나온 서원을 어떻게 되돌리랴
오, 주님...

9주
50
화요일

# 사사기 13~16장

**오늘의 키워드는 "삼손"입니다.**

하나님의 구원하심에도 불구하고 백성의 불순종은 계속되니 이스라엘에 대한 회초리로 가나안 족속을 사용하십니다. 하나님은 고통으로 인해 울부짖는 백성의 소리를 외면하지 않으시고 그때마다 사사를 보내시어 백성을 구원하십니다.

나실인으로 태어난 삼손은 시간이 지날수록 하나님 보다는 자신의 힘을 더 의지합니다. 그는 정욕을 억누르지 못하여 이방여인에게 눈이 멀고, 사자를 찢어죽이는 힘이 있으나 관리를 하지 못하여 여인의 무릎에서 힘을 잃은 나약한 자로 전락됩니다.

백성을 구하라고 주신 힘을 자신을 위해 사용하였으니 택함 받은 그는 백성을 구하기는 커녕 자신마져도 지키지 못하는 연약한자 입니다. 하나님이 나에게 주신 달란트는 무엇입니까? 그것이 비록 작을지라도 하나님의 영광을 위해 사용한다면 하나님은 나를 보호하시고 더 큰 사명을 주실 것입니다.

묵상시

나실인으로 태어나
민족 구원의 사명을 부여받은 삼손
그는 솟구치는 힘을 감당하지 못하여
자신의 정욕을 위해 사용하였으니
들릴라의 무릎에서 맥없이 무너졌네

사자의 입을 찢고
성문을 옮길 힘이 있으면 무엇하리요
재물이 많아 배를 두드리고
권력이 있으면 무엇하리요

나에게 큰 힘이 없을지라도
나에게 지식이나 재물이 부족할지라도
나를 보내신 이의 뜻대로 살아가면
그분이 나의 필요를 채우시는 것을...

9주

51

수요일

# 사사기 17~18장

오늘의 키워드는 **"타락"**입니다.

이스라엘에 왕이 없어서 사람마다 자기 소견대로 행할 때 에브라임 산지에서 미가 청년의 집에서는 신당에 에봇과 드라빔과 은으로 신상을 만들어놓고, 먹을 것을 찾아 헤매는 레위 청년을 제사장 삼아 복을 간구하고 있습니다.

가나안 거류민이 두려워서 약속의 땅을 취하지 못하는 단지파는 북쪽의 거류민을 공격하여 그곳을 차지하며 미가 집의 에봇과 드라빔과 신상을 빼앗고 젊은 제사장을 대려갑니다. 하나님을 믿는 신앙의 본질은 사라지고 형식화된 종교의식과 타락한 윤리만 남아있습니다.

창조의 역사 앞에서 형식만을 존중하며 본질은 외면한 채 자신의 개성으로 맛을 내려는 포스트모더니즘적 사고방식은

미가 집이 이루고자 했던 자기 도취적 사고의 테두리에 갇히는 결과를 초래합니다.

묵상시

주인이 떠난 자리에 잡초 무성하니
들쥐들은 콧노래 부르며
들락거리고
고양이들 나타나 자리다툼에 하는구나

하나님을 떠난 백성
법도 기준도 도덕도 윤리도 상실한 채
각기 소견대로 행하였으니
먹고 먹히는 아비규환의 세상이구나

말씀은 어디가고
잘 살기만 바라는 백성아
본질을 상실한 채
모양만 중요시하는 안타까운 백성아

9주

# 52 목요일

# 사사기 19~21장

오늘의 키워드는 **"레위인의 타락"**입니다.

어떤 레위사람이 베냐민 지파가 거주하는 기브온에 머물렀을 때 그의 첩이 불량배들에게 능욕 당해 죽으니 시신을 열두 덩이로 나누고 이스라엘 각 자파에 보내어 기브아 사람들의 악행을 탄원합니다.

그 일로 이스라엘 총회는 베냐민 지파와 전쟁하는 비극이 벌어집니다. 베냐민 지파의 악한 행실 이면에는 중요한 내용이 숨어있는 것을 보는데, 그것은 이스라엘 전체를 깨우치기 위한 하나님의 경고장입니다.

레위인이 첩을 맞이함은 백성을 옳은 길로 이끌어야 할 자가 육체적 쾌락에 빠져있음을 나타냄이요. 그의 첩이 죽임 당함은 죄악의 결과가 얼마나 무서운지 보여주는 것입니다. 지금도 종교 지도자의 본이 되지 못하는 행실에 대하여 하나님은 책임을 묻고 계십니다.

묵상시

제사장이 성전을 떠남은
말씀을 버리고 세상 속으로 들어감이요
제사장이 첩을 거느림은
타락한 세상의 안타까운 모습이라

첩이 불량배들에게 죽임 당함은
회개를 촉구하는 경고음인데
미련한 레위사람은 회개할 줄 몰라
동족상잔의 불을 지피고 있도다

받은 은혜가 크면 책임도 크나니
책임도 크게 져야하나니
복음의 최전방에서 움직이는
이 땅의 목회자여...
이 땅의 사역자여...

9주
53
금요일

# 룻기 1~4장

오늘의 키워드는 **"희망"**입니다.

백성의 미흡한 순종으로 인하여 가나안 정복이 미완성으로 끝납니다. 룻기는 당시 토착 문화와의 접촉으로 인한 혼란과 배교가 만연할 때 불순종하는 사사시대의 종지부 찍고 다윗 왕의 등장을 알리는 '희망'의 소식입니다.

엘리멜렉 가족이 베들레헴을 떠나 모압 땅으로 간 것은 육의 선택이요, 엘리멜렉과 두 아들의 죽음은 말씀을 떠난 자의 고통이요, 나오미와 룻이 베들레헴으로 돌아옴은 하나님 말씀으로 돌아오는 은혜의 회복입니다.

룻이 라합의 아들 보아스와 결혼하여 오벳을 낳고, 오벳은 이새를 낳고, 이새는 다윗을 낳으니 다윗은 이스라엘을 구할 '희망'입니다. 다윗의 줄기에서 예수 그리스도가 출생하게 됩니다. 하나님의 계획하심은 다윗을 통해 이스라엘의 구원을 보여 주시고 예수 그리스도를 통해 온 인류의 구원을 열어 주십니다.

묵상시

손가락질 당하는 라합이었습니다
남편 잃은 룻이었습니다
아들 없는 한나였습니다
세상은 나를 불쌍하게 바라보나
수가성의 여인을 찾은 주님이
나를 찾아오십니다

못나고 부도덕하고
슬픔에 젖은 나를
주님이 나를 찾아오시어 위로하시고
말씀으로 세우십니다

이제 나는
보아스의 어머니입니다
오벳의 어머니입니다
사무엘의 어머니입니다
세상이 무어라 해도 주님이 함께하시니
이제 나는 '희망'입니다

9주

54

토요일

# 사무엘 상 1~3장

오늘의 키워드는 **"사무엘"**입니다.

자식이 없는 곤고한 한나의 기도는 사무엘이라는 위대한 선지자를 얻습니다. 내 뿔이 여호와로 말미암아 높아졌음을 찬양하는 한나의 기도는 사무엘을 통한 이스라엘의 회복을 얻습니다.

사무엘은 홉니와 비느하스와 함께 엘리에게서 교육을 받습니다. 그러나 사무엘에게는 여호와의 은혜가 임하였고 엘리의 두 자녀에게는 여호와의 저주가 임하였으니 여호와의 말씀에 대한 순종과 불순종의 차이입니다. 동이 서에서 먼 것과 같이 결과는 다르게 나타납니다.

이스라엘을 이끌어 갈 자 누구입니까? 이 시대를 이끌어 갈 자 누구입니까? 어려서부터 말씀으로 양육되어지는 자는 귀합니다. 날마다 큐티하며 날마다 통독하며 주의 말씀 앞에서 거룩해지는 자를, 주님 나라를 꿈꾸며 달려가는 자를 하나님이 사용하십니다.

묵상시

왜 교회를 가야 하나요?
왜 나만 통독을 해야하나요?
다른 아이들은 하지 않는데요...
라고 질문하였기에

홉니와 비느하스는 어긋나고
사무엘은 순종하며 살았나니
같은 스승에게
같은 교육 받았으나
순종과 불순종의 차이는 멀기만 하도다
라고 대답했네

하나님 나라의 주인공은 누구인가
이 시대의 리더십은 어디에 있는가
사무엘을 쓰심 같이
하나님이 쓰시는 자는
말씀을 따르며 순종하는 자로다

10주
55
월요일

# 사무엘 상 4~7장

오늘의 키워드는 **"언약궤"**입니다.

엘리 집안에 대한 하나님의 징계는 블레셋과의 전투에서의 패배와 언약궤를 빼앗김과 집안 사람들의 죽음으로 나타납니다. 블레셋 사람들이 언약궤를 다곤 신전에 놓으매 다곤들이 여호와의 궤 앞에 넘어지고 부서지고 아스돗 사람들에게 독한 종기가 생기므로 블레셋 사람들은 여호와의 궤를 이스라엘로 돌려보냅니다.

언약궤 앞에서 자신들의 다곤 신상이 무너짐을 보고서도 하나님을 믿지 않는 자들아 지금도 역사의 변두리에서 전전하고 있는가? 언약궤가 실린 수레를 끌고 벧세메스로 향하는 두 암소를 보라.

송아지의 울음소리가 들리지만 전해야 할 임무가 있기에 뒤를 돌아보지 않고 걸어가나니, 복음의 수레를 끌고 가는 전도자여 앞만 보고 걸어가라. 자신을 위한 바벨탑은 무너뜨리고 오직 주님만 향하여 걸어가라

묵상시

언약궤를 빼앗긴 이스라엘은
하나님이 다른 신에게 패배했다고
슬픔에 젖어있고
언약궤를 빼앗은 블레셋은
자기네 신이 하나님을 이겼다고
기고만장하고 있네

다곤 신상들이 무너져
언약궤 앞에서 코를 박고 절하고 있나니
하나님의 이름이 결코
모욕 당할 수 없음이라

언약은 없고 언약궤만 중요시하는
이스라엘아
너의 의지하는 것이 무엇이더냐
순종은 없고 형식만 중요시하는
이 시대의 사람들아
너의 의지하는 것이 무엇이더냐

10주
56
화요일

# 사무엘 상 8~12장

**오늘의 키워드는 "백성의 요구"입니다.**

사무엘서는 룻기에서 예고한 다윗왕의 출현이니 엘리. 사무엘. 사울. 다윗 중 주인공은 다윗입니다. 사무엘은 엘리의 집을 대신한 제사장이요, 하나님 말씀을 전하는 선지자요, 그 시대의 마지막 사사로서 다윗의 길을 열고 있습니다.

사무엘은 늙고, 이스라엘은 자신들이 가나안 족속들에게 시달리는 이유를 하나님에 대한 불순종 때문인 것을 모릅니다. 그들은 자신들을 위해서 앞장서서 싸워주고 자신들의 욕구를 채워줄 인간의 왕을 요구합니다.

백성의 요구를 들으신 하나님은 백성들이 이해할 수 있는 방법으로 제비뽑기를 통하여 사울을 왕으로 세웁니다. 그리고 백성을 향한 당부의 말을 합니다. 너희가 왕을 섬기되 여호와를 경외하라 너희가 여호와의 명령을 거역하면 여호와의 손이 너희의 조상을 치시리라.

묵상시

화려한 궁전
거대한 행렬
번뜩는 마차가 좋아보여
왕을 요구하느냐

너는 세금을 내고
너희 아들은 왕의 마차를 끌고
너희 딸은 왕의 하녀가 되어야 하는데
왕을 요구하느냐

알맹이는 없고
껍데기를 좋아하는 백성아
광야의 인도하심을 잊고
가나안 정복의 역사을 잊었더냐

산을 입히시고
바다를 꾸짖으시며
천지를 다스리시는
하나님의 인도하심을 바라보라

10주
57
수요일

# 사무엘 상 13~15장

오늘의 키워드는 **"사울의 불순종"**입니다.

해변의 모래알 같이 많은 블레셋 사람들이 몰려오고, 온다던 사무엘이 기한 내에 도착하지 아니하니 백성이 사울에게서 흩어집니다. 마음이 급해진 사울은 하나님의 뜻을 듣기 전에 스스로 제사 드립니다. 아말렉과의 전쟁에서 모든 소유를 남기지 말고 진멸하라는 명령을 어기고 좋은 것들을 살려줍니다. 또한 그는 전쟁의 승리에 도취되어 자신을 위한 공덕비를 세웁니다.

사무엘이 사울에게 이르되 왕이 스스로 작게 여길 그 때에 이스라엘 지파의 머리가 되지 아니하셨나이까. 순종이 제사보다 낫고 듣는 것이 숫양의 기름보다 나으니이다.

하나님 말씀을 거역하는 것은 점치는 죄와 같고 완고한 것은 우상에게 절하는 것과 같음이라. 사울이 여호와의 말씀을 버렸으므로 여호와께서도 사울을 버려 왕이 되지 못하게 하셨으니 그의 마음에 인본주의 생각이 가득하였음이요. 하나님께 대한 순종은 사라지고 자신을 위하여 살았기 때문입니다.

묵상시

사람은 본래
하나님의 지으심 받은 존재입니다
하나님이 주인이시니
하나님의 뜻 안에서 살아야 합니다

주인의 명령을 거부하고
자신의 의지대로 사는 자는
주인의 혜택을 누리지 못하고
자신의 힘으로 살아야 합니다

하나님의 말씀을 떠난 사울
그는 하나님으로부터 세움 받았으나
그는 하나님의 뜻을 거역하였으니
그의 파멸은 당연한 결과입니다

10주
58
목요일

# 사무엘 상 16~17장

**오늘의 키워드는 "다윗"입니다.**

하나님의 명을 받은 사무엘은 이새의 여덟 번째 아들 다윗에게 기름을 부으니 이 날 이후로 다윗은 여호와의 영에 크게 감동 됩니다.

다윗이 아버지의 명을 받고 전장에 갔다가 골리앗의 오만함을 목격하고 그를 죽여 이스라엘의 치욕을 제거하려 합니다. 골리앗은 막대기 하나 들고 나타난 어린 다윗을 저주하지만 다윗은 당당하게 그와 대면하여 응대합니다.

너는 칼과 단창으로 내게 나아오거니와 나는 만군의 여호와의 이름 곧 네가 모욕하는 이스라엘 군대의 하나님의 이름으로 네게 나아가노라. 여호와의 구원하심이 칼과 창에 있지 아니함을 이 무리에게 알게 하리라.

어린 소년이 거인과의 싸우면 누구나 패배를 예측하지만 하나님은 오랜동안 인본주의에 빠져 패배하며 실의에 빠진 이스라엘에게 다윗을 통한 믿음의 승리를 보여주십니다.

묵상시

양을 치던 다윗
누구도 그를 인정하지 않았으나
하나님은 그를 택하셨네

성령이 다윗과 함께하시니
사울의 악신은 떠나가고
골리앗은 단번에 고꾸라졌네

순종하는 그를
하나님이 보호하시사
이스라엘의 왕으로 삼으셨으니

하나님을 사랑하는 자를
하나님이 도우시며
하나님 나라의 주인공 삼으시네

10주
59
금요일

# 사무엘 상 18~20장

오늘의 키워드는 **"사울의 시기심"**입니다.

다윗이 군대의 장이 되고 그가 블레셋과의 전투에서 이기고 돌아오매 '사울이 죽인 자는 천천이요 다윗이 죽인 자는 만만이라'는 여인들이 외치는 소리에 사울은 심히 노합니다.

사울은 블레셋 사람의 힘을 빌어 다윗을 제거하려는 속셈으로 블레셋 사람들과 싸울 것을 권합니다. 또한 자신의 사위 될 것을 권하며 결혼 지참 조건으로 블레셋 사람의 포피 100개를 요구하니 다윗은 200개의 포피를 마련하여 사울의 사위가 됩니다.

사울의 시기심은 날로 더하여져서 다윗을 죽이기로 작정하고 살해 명령을 내립니다. 그러나 사울의 아들 요나단이 다윗을 도와 살게 하였으니 두 사람의 우정은 믿음을 바탕으로 한 깊은 우정입니다.

신하가 잘하면 칭찬할 일이지 사울은 오히려 다윗을 죽이려 하였으니 그의 그릇됨이 작음을 짐작함이요 하나님께서 이미 사울을 버렸으므로 악한 영을 보내어 망가지게 하는 것을 짐작케 합니다.

묵상시

그곳에
내가 없으면 어떠하고
그 일에
내 이름이 없으면 어떠하리

시기심의 주머니는
겸손의 능력도 없고
판단의 지각도 없어
사람을 추하게 만드는구나

주님만 위하여 살겠다는
옛 맹세는 어디가고
사울은 다윗을 미워하여
죽이려고 혈안이 되었구나

세상이 몰라보면 어떠하리
칭찬을 받지 못하면 어떠하리
나의 걸음걸이를 주님이 아시나니
세상의 명예는 시드는 풀과 같도다

10주
60
토요일

# 사무엘 상 21~23장

오늘의 키워드는 **"다윗의 피신"**입니다.

자신을 죽이려는 사울의 마음을 알아차린 다윗은 놉으로 피신하여 제사장 아히멜렉으로부터 음식(진설병)과 칼을 얻습니다. 블레셋 땅으로 도망하였으나 위기를 느낀 그는 미치광이 행세를 함으로 목숨을 보전하고 다시 아둘람 굴로 피신하니 400여명이 그를 따릅니다.

다윗을 도와주었다는 이유로 아히멜렉과 제사장 팔십오 명이 사울에게 학살 당하는 끔찍한 일이 벌어집니다. 쫓기는 다윗은 사병이 구축되었을 때 주어진 첫 번째 미션으로 블레셋에게 탈취당한 그일라를 구하는 일을 성실히 수행합니다.

사울은 하나님의 뜻을 거역하며 제사장을 죽이고 다윗을 쫓는 일을 자행하지만 다윗은 쫓기는 순간에도 의로움을 행하며 순간마다 하나님의 뜻을 묻습니다. 다윗이 엔게디 요새에서 사울의 군대에게 잡힐 위기에 처해있으나 하나님이 다윗을 보호하셨으니 블레셋의 침공을 일으키어 사울의 군대를 철수 시킵니다.

묵상시

이스라엘을 위하여
골리앗을 죽이고, 블레셋을 물리치고
사울을 위하여
수금을 연주하고, 악귀를 물리치고

자신에게 주어지는 일
신실하게 감당하였으나
사울이 다윗을 죽이려 하나니
사울의 시기심 때문이라

왕으로 기름부음 받았다고
목동에서 곧바로 왕이 되는가
청산의 낙락장송도
천둥번개와 북풍한설 견뎌야하나니

높은 산을 오르는 자
깊은 골짜기를 수없이 거닐고
하나님 나라 이루는 자
인내의 깊은 강을 건너야 하리

11주

61

월요일

# 사무엘 상 24~27장

오늘의 키워드는 **“다윗의 방황”**입니다.

사울은 다윗을 잡으려고 계속하여 군대를 동원하지만 다윗은 사울을 두 번이나 죽일 기회가 있었음에도 불구하고 하나님으로부터 기름부음 받은 자를 죽일 수 없기에 증표만 남기고 살려줍니다.

나발의 완악함을 경험하지만 나발의 아내 아비가일의 슬기로움으로 나발을 죽일 오점을 남기지 않고 위기의 순간을 넘깁니다.

다윗을 죽이지 않겠다는 사울의 맹세는 헛되이 사라지고 그의 광적 증세는 멈추지 않습니다. 고통스러운 현실 앞에서 다윗은 사울을 피해 블레셋 땅으로 피신하여 가드 왕의 수하에 들어갑니다. 그에게 충성을 보이기 위해 그술과 아말렉 사람을 침노한 후 유다 백성을 죽였다고 거짓 보고를 합니다.

기름 부음 받은 자를 살려줌은 잘 한 것이나, 하나님의 보호하심을 끝까지 신뢰하지 못하여 블레셋으로 피신한 행위는 다윗의 오점으로 보입니다.

묵상시

골리앗을 물리치고
여호와의 이름을 크게 높여드렸는데
언제까지 사울에게  기며
언제까지 도망쳐야 합니까

하나님이여 저를 잊으셨습니까
약속하심을 어디에서 찾으며
고난의 시간이 언제까지입니까
하나님이여 저를 버리셨습니까

사망의 음침한 골짜기를 거닐지라도
해를 두려워하지 않음은
주께서 나를 보호하심이요
주의 말씀과 계명이 나를 지키심이라

11주
62
화요일

# 사무엘 상 28~29장

오늘의 키워드는 **"보호하심"**입니다.

이스라엘과 블레셋의 전쟁이 일어나니 블레셋을 두려워하는 사울이 여호와의 계시를 들으려 하지만 들을 수 없습니다. 사울은 신접한 여인을 찾아가는 또 다른 죄악을 저지릅니다. 사울이 주술사를 통하여 사무엘을 만나려고 시도하였으나 하나님이 사무엘의 진짜 모습을 불러 보이심은 자기의 길을 가겠다고 고집하는 사울에게 보이는 마지막 수단으로 이해합니다(IVP성경난재주석. 2017)

사무엘이 사울의 왕권을 다윗에게 줄 것과 이스라엘이 블레셋에 패할 것을 알려주었으나 사울은 여전히 자신의 완악함을 회개하지 않습니다. 출전의 날이 다가와 다윗이 블레셋 진영에 합류하였으나 다행히 블레셋 방백들의 반대로 다윗과 그의 일행은 전쟁에서 제외됩니다. 하나님은 동족과 싸워야 할 위기에 처한 다윗을 보호하심 같이 당신의 사랑하는 자녀를 불속에서도 보호하십니다.

묵상시

고난의 길을 걷는 다윗
사울의 공격을 피하여
자신의 종족과
자신의 나라를 벗어나
자신의 목숨을 구하고 있었네

일의 근원을 아시는 하나님이
환경을 바꾸시고
마음을 바꾸시고
위험의 길에서 일으키시나니

하만을 밀어내고
모르드개를 세움 같이
다니엘을 죽음에서 구하심 같이
처지를 아시는 하나님이
자녀를 의의 길로 인도하시는도다

11주
63
수요일

# 사무엘 상 30~31장

오늘의 키워드는 **"사울의 최후"**입니다.

하나님의 은혜로 이스라엘과 블레셋과의 전투에서 빠져 시글락에 돌아온 다윗과 일행은 자신들의 가족이 모두 아말렉 사람들에게 잡혀갔음을 알고 통곡하며 따르던 자들이 다윗을 돌로 치려 합니다. 그러나 여호와의 도움으로 그들을 뒤쫓아 가서 아말렉 사람들을 치고 가족들을 구합니다.

사울과 그의 군대는 블레셋에게 참패당하니 사울의 세 아들은 죽고 사울은 자살합니다. 블레셋 사람들이 죽은 사울의 목을 베어 블레셋 성벽에 못 박으니 자신의 의를 높이며 하나님을 따르지 않던 사울의 최후가 처참하기만 합니다.

자신을 위한 기념비를 세우고 제사장들을 참수하던 사울은 스스로 높아지려 하였으나 하나님은 그를 버리셨나니 하나님은 다윗에게 이스라엘을 맡기십니다. 하나님은 순종하며 하나님의 영광을 위해 인생길을 드리는 자에게 더 많은 것을 맡기십니다.

묵상시

어쩌다 왕이 된 사울아
하나님의 이름을 높이지 아니하고
너의 이름을 높이기 위하여
온갖 죄악을 저질렀는가
너는 진정 창조의 원리를 모르며
하나니의 뜻을 거역하는 자로다

하나님이 그 자리를
다윗에게 돌려놓으셨으니
그는 진정
하나님의 이름을 위하여
몸을 아끼지 아니하고 달려가고
그는 진정
천지의 이치를 순응하는 자요
하나님의 섭리를 따르는 자로다

11주

64

목요일

# 사무엘 하 1~5장

오늘의 키워드는 **"다윗 왕"**입니다.

사울의 죽음 소식을 듣고 애통해하는 다윗은 자신의 행할 바를 하나님께 어쭙고 헤브론으로 올라가서 유다의 왕이 됩니다. 이스라엘은 이스보셋이 다스리고 유다는 다윗이 다스리매 둘 사이에는 전쟁이 벌어지나 다윗은 점점 강하여 가고 사울의 집은 점점 약하여 갑니다. 이스보셋이 암살 당하는 일이 벌어진 후 다윗은 온 이스라엘의 왕이 됩니다.

하나님이 다윗과 함께 하시므로 다윗의 나라는 강하여지니 다윗의 군대는 여부스족이 살고있는 예루살렘 성을 점령합니다. 이스라엘의 왕권을 약화 시키기 위해 블레셋이 이스라엘을 침략합니다.

블레셋이 이스라엘을 침략하지만 하나님께 묻고 일을 하는 다윗은 하나님의 지시에 따라서 블레셋을 물리칩니다. 그가 머리 숙여 하나님께 여쭙는 모습을 보니 그는 하나님 앞에서 겸손한 자요, 하나님은 그를 높이 세우십니다.

묵상시

자신을 공격하는 사람들은
하나 둘 자취를 감추고
온 이스라엘의 왕이 된 다윗은
자신의 갈 바를 조심스럽게
하나님께 아룁니다

왕이되면 의시대고
사울처럼 호령하려 들지만
다윗은 하나님의 이름을 위하여
겸손히 행할 바를 찾고 있습니다

하나님은 인간의 마음을 아시나니
작은 자를 높이 세우시고
무명한 자를 유명하게 만드시며
그의 이름을 세상에 높이십니다

11주

65

금요일

# 사무엘 하 6~7장

오늘의 키워드는 **"법궤"**입니다.

떨어지는 법궤를 붙잡은 웃사를 치심은 말씀을 아는 자에 대한 책임 추궁입니다. 이는 여호와의 궤를 옮기는 것을 여호와께 묻지도 않고 진행한 것과, 레위인이 어깨에 메지 아니하고 수레로 이동시킨 것은 인간의 생각대로 진행함에 대한 여호와의 경고입니다.

그들은 다시 원점에서 시작하여 법궤를 어깨에 메고 이동하였으니 이 민족적 축제에서 다윗은 기뻐 뛰며 춤을 추고 온 백성은 여호와께 영광을 올려드립니다. 법궤가 예루살렘 성에 도착하니 다윗은 여호와께 번제와 화목제를 올려드립니다.

여호와께서 이러한 다윗을 기쁘게 보시고 나단을 통하여 세가지를 약속하십니다. 하나님이 다윗과 항상 함께 하실 것이며, 다윗의 아들로 성전을 건축할 것이며, 하나님이 도우시는 다윗의 나라가 영원히 견고할 것을 약속하십니다.

묵상시

가정마다 법이 있는 것처럼
이스라엘은 하나님이 주신 법이 있네

빼앗긴 법궤를 블레셋이
수레에 실어 다시 되돌려 보내니
기쁨에 들뜬 이스라엘 사람들
법궤를 수레에 실어 이동하다가
떨어지는 법궤를 붙잡은 웃사는 죽임 당했네

하나님 규율을 알지 못하는 블레셋은
수레로 옮기는 것이 용답되었으나
말씀을 아는 백성에게는
그 책임을 강하게 물었다네

웃사의 죽음은
말씀이 희미해진 백성에게
말씀으로 돌아오라는 경종이요
말씀을 떠난 자들에게 주는 메세지라네

11주

66

토요일

# 사무엘 하 8~10장

오늘의 키워드는 **"승리"**입니다.

여호와께서 도우시는 다윗의 군대는 서쪽으로는 블레셋을, 동쪽으로는 모압을, 북쪽으로는 소바 • 다메섹 • 하맛을, 남쪽으로는 에돔을 점령합니다.

또한 국가의 조직을 정비하여 행함으로 백성에게 정의와 공의를 도모합니다.

이스라엘이 점령한 영토는 아프리카와 아시아와 유럽을 잇는 전략적 요충지에 있음으로 부강해진 이스라엘은 각 나라들로부터 조공과 중개 무역과 국경 통과 수수료를 거두어 들이며 나라는 부강하여졌으니 하나님이 돌보시는 다윗의 나라는 어느 누구도 넘볼 수 없는 강한 나라입니다.

자신을 위해 일하는 자는 한계가 있지만 하나님이 돌보시는 인생은 한계가 없습니다. 나는 무엇을 위하여 일을 할 것인가. 나의 달려가는 길이 하나님의 도우심을 입어야 하나니, 하나님이 가라 하면 가고, 하나님이 멈추라 하면 멈추리라.

묵상시

맡겨진 양을 잘 돌보는 다윗에게
하나님이 이스라엘을 맡기셨네

하나님의 이름을 위하여 싸우는 그를
하나님이 높게 여기셨으니
골리앗을 무너뜨리고
블레셋을 무너뜨리고
승전가 부르게 하셨네

동쪽으로
서쪽으로
남쪽으로
북쪽으로

말씀이 가면 그도 따라 가고
말씀이 멈추면 그도 멈추었으니
다윗의 승리할 수 있는 비결은
하나님 손에 붙들림 때문이라

12주

67

월요일

# 사무엘 하 11~12장

오늘의 키워드는 **"범죄"**입니다.

다윗의 나라는 부강해지고 군사들은 전쟁터에 나가있을 때 다윗의 밧세바 사건은 그의 나태해진 모습입니다. 전쟁에 출전한 부하들을 위해 근신하며 기도하기는 커녕 늦잠 자고 해질녘에 일어나 옥상을 거닐었으니 그의 정신상태는 무너져 있습니다.

다윗이 밧세바를 범하고 그녀의 남편을 전쟁터에서 죽게 만들었으니 다윗은 간음죄인이요 살인죄인입니다. 나태함의 결과가 인생을 얼마나 처참하게 무너뜨리는지를 알게 합니다.

손바닥으로 하늘을 가릴 수 있는가 하나님이 나단 선지자를 보내어 다윗의 죄악을 지적하고 그가 치룰 죄의 대가를 말합니다. 다윗이 사울보다 더 흉악한 죄인입니다. 그러나 다윗을 사울보다 좋게 여김은 다윗이 즉시 잘못을 인정하고 회개하는 모습입니다.

묵상시

나라는 안정되니
나타해진 다윗의 일상은 흐트러지고
급기야 밧세바를 범하였으니
자신의 죄악을 감추려고
우리야를 죽이고 그의 가정을 파괴하고
용서받을 수 없는 죄악을 저질렀도다

죄의 삯은 사망이라
우슬초로도 씻을 수 없고
눈물로 침상을 적셔도 지울 수 없나니
그리스도의 보혈 아니면 용서받을 수 없도다

다윗의 범죄는 회개로 이어졌으니
모든 죄는 하나님 앞에서의 죄악이라
나태하면 무너지나니
날마다 말씀으로 무장하는 자
무너질 수 없음이요
죄의 굴레에서 벗어남이라

12주
68
화요일

# 사무엘 하 13~15장

**오늘의 키워드는 "재앙"입니다.**

하나님은 회개하는 다윗을 용서하시지만 그 죄에 대한 대가를 치루게 하십니다. 다윗의 장자 암논이 그의 누이 다말을 범하였고 압살롬은 암논을 살해하였으니, 이는 형제간의 비극은 다윗이 밧세바를 범한 것과 그의 남편을 죽인 것에 대한 대가입니다.

큰 사람이 치루어야 할 대가는 더 큽니다. 도망갔던 압살롬이 왕의 부름 받고 궁에 돌아왔으나 압살롬이 성문 길 곁에 서서 재판청하러 오는 백성의 마음을 훔치고 반역을 꾀하여 이스라엘 왕의 자리를 갈취합니다.

다윗이 압살롬에게 쫓기는 상황에서도 언약궤를 예루살렘 성으로 돌려보냈으니 자신의 정통성 보존이 아닌 하나님의 뜻을 찾는 모습을 봅니다. 자신에게 닥친 재앙을 하나님의 뜻으로 인정하며 하나님이 해결해 주실 것을 기다리며 후새를 예루살렘 성으로 침투시킵니다.

**묵상시**

블레셋이 법궤를 수레에 실은 것과
이스라엘이 수레에 실은 것은
내용은 같으나 책임은 다르나니
모르고 지은 것은 용서 받아도
알고 지은 죄는 용서받지 못함이라

아브라함이 연약할 때에는
묻지도 않고 도와주신 하나님이
다윗에게는 책임을 물으셨나니
큰 자는 큰 대가를 치룸이라

그러므로 사람아 죄악을 멀리 하라
이미 알고도 죄를 지을 수 있느냐
하나님은 공의로우시나니
자신의 행위에는 책임을 물으심이라

12주
69
수요일

# 사무엘 하 16~18장

오늘의 키워드는 **"피난"**입니다.

압살롬이 아히도벨의 계략에 따라 이스라엘 무리 앞에서 다윗의 후궁들과 동침하였으니 이는 자신의 왕권을 내세움이요, 밧세바 사건에 대한 나단 선지자의 예언이 이루어진 것입니다. 아히도벨은 즉시 다윗을 공격하자 하였으나 압살롬은 후새의 의견을 따라 공격을 미루었으니 이는 여호와께서 압살롬에게 화를 내리려고 아히도벨의 계략을 따르지 못하게 함이라.

후새의 도움으로 위기를 모면한 다윗은 전열을 가다듬고 군대를 삼등분하여 압살롬과의 전쟁을 치룹니다. 압살롬은 상수리나무에 매달린채 요압에게 죽임 당함으로 전쟁이 종결되었으나 아들의 죽음을 슬퍼하는 다윗의 울음은 주변을 슬프게 만듭니다. 나태함으로 인해 발생한 잘못이 가족의 치명적인 슬픔으로 이어진 것을 볼 때, 늘 깨어서 말씀 안에 거하는 삶이 얼마나 소중한지를 느끼게 합니다.

묵상시

뿌려놓은 씨앗이 싹을 내어
지면에 퍼지는 것처럼
뿌려놓은 죄악이 사슬 되어
영혼의 밭을 망가뜨리는구나

인생이 길을 닦으나
언제나 평탄할수만은 없는법
비바람이 몰아치고
천둥 번개가 내리치면
그 길이 막히나니

과중한 업무에 눌리고
복잡한 관계를 해치며
자신의 길을 개척하는 인생들아
영원한 길을 찾으라
주는 나의 피난처요
주는 나의 도움이시라

12주
70
목요일

# 사무엘 하 19~20장

**오늘의 키워드는 "회복"입니다.**

압살롬의 반역은 평정되었으나 아들을 잃은 다윗의 슬픔으로 인하여 그 날의 승리가 다윗에게는 슬픔입니다. 다윗은 아들을 죽인 요압을 싫어하여 반란군 지휘관이었던 아마사를 군 지휘관으로 임명한다고 약속합니다. 압살롬을 추종했던 자들의 위치가 묘연해지고 다윗의 복귀를 주저하고 있을 때 다윗은 유다 지파에게 주도권을 줌으로 다른 지파와의 갈등을 일으킵니다.

결국 세바의 반란이 일어나자 다윗은 아마사를 지휘관 삼아 세바를 칠 것을 명령하니 요압이 아마사를 살해합니다. 요압의 군대에게 쫓긴 세바가 성으로 들어가니 한 지혜로운 여인으로 인하여 세바의 시신을 받고 전쟁이 종식되어 동족상잔의 비극을 모면하게 됩니다. 그러나 다윗의 실수로 인하여 원래 모습으로 회복되기까지는 많은 고통과 희생이 수반됨을 봅니다.

묵상시

아브라함에게 약속하신 땅이
원주민들 죄악으로 물들었기에
이스라엘 백성으로 하여금
그 땅이 회복되기 까지는
400년이 넘게 걸렸습니다

이스라엘이 그 땅을 점령하였으나
죄악으로 인하여
백성은 이방 나라로 끌려가고
그 땅이 회복되기 까지는
70년의 세월이 지났습니다

다윗이 죄를 짓고 회개하였으나
자신이 뿌린 씨를 거두어야 하나니
늙은 나이에 도망자가 됨이라
이제 주님의 은혜로 회복되었나니
지나온 세월은 강 같이
눈물 되어 흐르고 있습니다

12주

# 71

금요일

# 사무엘 하 21~24장

**오늘의 키워드는 "회고"입니다.**

여호와께서 다윗을 모든 원수의 손과 사울의 손에서 구원하신 날에 다윗이 감사함으로 주께 나아갔도다.

여호와는 나의 반석이요 나의 요새요 나를 건지시는 자로다. 환난 중에 여호와께 아뢰었더니 그가 들으심이여. 주께서 나를 건지시고 으뜸으로 삼으셨으니, 내가 모든 민족 중에서 주께 감사하며 주의 이름을 찬양 하리이다

인생 말년에 다윗에게 교만이 들어가 자신의 업적을 나타내는 인구조사를 시행합니다. 그로인하여 칠만 명이 죽임 당하니 잘못을 깨달은 다윗은 제단을 쌓고 번제와 화목제를 드림으로 재앙이 그칩니다. 무명한 자 중에서 유명한 자 되었고 믿음 없는 자들 중에서 믿음 있는 자 되었으니 굽이치는 인생의 계곡마다 그는 하나님을 의지하는 자요 하나님이 그의 손을 붙잡아 주시는도다.

묵상시

이새의 여덟째 아들 다윗
목동이었던 그가 왕으로 택함 받고
골리앗을 누르고 이스라엘을 높였으니
비록 그는 소년이었으나
믿음으로 가득 채워진 왕이었도다

높은 정상의 위치에 앉기까지
깊은 골짜기를 걸어야 합니다

주께서 그의 길을 인도하셨나니
엔게디 동굴의 초라함도
광야의 펄럭이는 깃발도 이제는
고단한 인생길에 묻히고
인생의 마지막 페이지를 넘기는 시간에
주님께 감사기도 올립니다

12주
72
토요일

# 열왕기 상 1~2장

오늘의 키워드는 **"솔로몬의 등극"**입니다.

다윗이 늙어 기운이 빠지니 아도니야가 스스로 높여서 요압과 아비아달의 힘을 얻어 왕위를 찬탈하지만 사태의 심각성을 인지한 다윗은 제사장 사독과 선지자 나단과 호위대장 브나야를 시켜 기혼에서 솔로몬에게 기름을 붓고 이스라엘 왕의 자리를 물려줍니다.

다윗의 임종이 가까워지자 솔로몬에게 명령하여 이르기를, 네 하나님 여호와의 명령을 지켜 행하여 법률과 계명과 율례와 증거를 지키라. 그리하면 네가 무엇을 하든지 어디로 가든지 형통하리로다.

솔로몬은 다윗이 죽은 후 유언을 따라 요압과 시므이를 죽이고, 아버지의 첩을 아내로 요구하며 왕권에 도전하는 아도니야를 죽임으로 선왕의 유지를 받들어 정적들을 제거하고 왕권의 기반을 공고히 하였으니 나라는 솔로몬의 손에 의하여 견고해 집니다.

묵상시

다윗의 평생 숙원사업인
성전 건축을 이루지 못하고
왕자의 난을 치루며
솔로몬에게 왕위를 물려주었도다

다윗이 유언을 남겼으니
너는 여호와의 명령을 지켜 행하며
법률과 계명과 율례와 증거를 지키면
네가 무엇을 하든지
네가 어디로 가든지 형통하리라

아버지의 토대 위에 올라선 솔로몬
하나님께 기도하며
하나님을 의지하기로 다짐하며
하나님으로부터 지혜를 선물로 받으니
그가 다스리는 나라는 견고하도다

13주
73
월요일

# 열왕기 상 3~4장

오늘의 키워드는 "'솔로몬의 통치'"입니다.

왕이 된 솔로몬이 가장 먼저 행한 일은 선왕의 유언을 무시하고 애굽의 공주를 아내로 맞이함으로 그의 인생에 먹구름을 예감합니다. 솔로몬이 여호와를 사랑하고 다윗의 법도를 행하였으나 여호와의 성전이 없기 때문에 산당에서 제사하며 분향합니다.

하나님은 일천번제를 드리는 솔로몬에게 지혜와 부귀와 영광을 주십니다.

두 과부에 대한 심리 재판은 하나님의 지혜요, 나라의 행정과 조직을 정비하니 부강하여 남북으로 넓은 땅을 다스립니다. 각 나라들로부터 조공을 거두어들이며 국가는 풍요를 누림으로 군마와 식량이 풍족하고 그의 지혜로움은 잠언 삼천 가지를 말하였으니 솔로몬의 지혜를 들으러 천하의 많은 자들이 몰려듭니다.

묵상시

인간이 아무리 영리해도
하나님의 지혜의 이르지 못함인데
왕이 된 솔로몬은
아비의 명령을 정면에서 어기면서
왕권을 남용하는도다

애굽의 공주를 왕비로 맞이함은
결혼 동맹을 맺어
나라를 지키기 위함인가
쾌락을 좋아하여
이방 여인을 침소로 들여옴인가

지혜가 많으면 무엇하리요
나라가 부강하여 소문나면 무엇하리요
기초가 부실한 집
바람이 불고 창수가 터지면
쉬이 무너지고 말 것을...

13주

# 74

화요일

# 열왕기 상 5~8장

**오늘의 키워드는 "성전 건축"입니다.**

솔로몬은 다윗이 준비한 귀한 재료로 성전을 건축합니다. 이때 여호와께서 솔로몬에게 "네가 만일 내 법도를 따르며 내 율례와 계명을 지켜 행하면 다윗에게 약속한 것을 이루리라" 하십니다. 솔로몬은 성전에 기구를 갖추고 언약궤를 그곳에 옮기고 하나님께 기도하기를 "다윗에게 하신 약속을 지켜 주실 것과 이스라엘을 보호하여 줄 것"을 간구합니다.

솔로몬이 7년 걸려 성전을 짓고, 다시 13년 걸려 자신의 아내인 애굽의 공주를 위하여 궁궐을 짓습니다. 그는 나라의 안정을 하나님의 방법이 아닌 결혼정책을 통해 이루고 있습니다. 솔로몬의 허세와 잘못 된 열정으로 인하여 백성은 과도한 세금과 노동력 착취에 시달리고 불만이 쌓이니 훗날 나라의 분열을 초래하는 원인이 됩니다.

묵상시

토지를 구입하고
재료를 준비하고
인력을 준비하여
아름답게 성전을 건축하지만

참다운 성전은
외형적으로 보이는 건물보다
내면의 신앙으로 세워야 하나니

영과
진리로 거룩하게
하나님의 영광을 위하여
짓는 것입니다

13주
75
수요일

# 열왕기 상 9~11장

오늘의 키워드는 **"솔로몬의 몰락"**입니다.

여호와께서 솔로몬에게 다시 나타나시어 "다윗이 행함 같이 마음을 온전히 하고 바르게 하여 법도와 율례를 지키라" 하십니다.

나라는 강성하여지고 그의 지혜가 세상에 널리 알려지니 세상의 왕들이 솔로몬을 부러워하며 그에게로 몰려듭니다. 솔로몬은 바로의 딸 말고도 이방 여인을 사랑하니 후궁이 칠백이요 첩이 삼백이요 그 여인들이 왕의 마음을 돌아서게 합니다.

솔로몬이 나이가 많아지고 여인들로 인하여 여호와 앞에서 온전하지 못함으로 예루살렘 앞 산에 그모스와 몰록과 다른 이방 신들을 위한 산당을 짓고 그의 마음은 여호와를 떠납니다.

고통 없이 물려받은 나라가 쉽게만 느껴졌음인가. 솔로몬은 다윗의 유언을 쉽게 무시하고 하나님이 주신 지혜를 자신의 왕국을 이루는데 사용하였으니 그의 결혼 정책은 결국 그에게 올무가 되어 덮쳤고 결과는 영적 재앙이며 그 자식 대에 나라는 쪼개어집니다.

묵상시

지혜가 땅을 진동하고
명성이 하늘에 울려 퍼지니
세상이 그에게 머리 숙이고
천지가 그에게 몰려드는도다

받은 것 많으면
지켜야 할 것 많은 법인데
넘치는 복을 받은 솔로몬
자신을 위하여 바벨탑을 쌓는도다

예루살렘성은 그의 욕망으로 인하여
여인들의 웃음 소리 새어나오고
산마다 우상이 춤을 추나니
가장 큰 복을 받은 자에게
가장 큰 징계가 오고 있도다

13주
76
목요일

# 열왕기 상 12~14장

오늘의 키워드는 **"분열"**입니다.

르호보암이 왕이 되자 백성은 그에게 노역을 가볍게 해줄 것을 요구합니다. 그러나 르호보암은 늙은 신하들의 조언을 무시하고 젊은 신하들의 말을 들어 백성의 요구를 무시하였으니 백성의 반란으로 나라가 둘로 나뉘게 됩니다.

이는 솔로몬의 우상숭배로 인한 죄의 대가요, 하나님이 내리시는 징계입니다. 남쪽은 르호보암을 중심으로 유다와 베냐민 지파가 남 유다를 이루고, 북쪽은 여로보함을 중심으로 북 이스라엘을 이루었으니 두 나라는 서로 다투고 있습니다.

정통성이 없는 북 이스라엘은 벧엘과 단에 우상을 만들어 백성이 종교행사를 위해 예루살렘으로 가는 것을 차단합니다. 레위인이 아닌 아무나 제사장을 삼고 절기를 7월에서 8월로 바꾸어 지내게 하였으니 이는 하나님을 우습게 보는 것이요 솔로몬이 뿌린 악의 씨앗이 후대에 독버섯으로 자라고 있습니다.

**묵상시**

죽음의 고통을 지나면서
만들어진
야곱의 열두 줄기를
지혜롭다던 솔로몬이
자신을 위한 집을 짓다가
두동강 내었네

많은 사람들이
하나님을 위한다고 말하면서
자신의 집을 짓나니
모함하고
다시만들고
멋있게 포장하면서
자기의 이름을 위하여
자신의 주도권을 챙기고 있네

13주
# 77
금요일

# 열왕기 상 15~16장

오늘의 키워드는 **"유다 왕, 이스라엘 왕"**입니다.

남 유다 르호보암의 아들 아비얌도 악을 행하여 여호와 앞에 온전하지 못하였으나 하나님은 다윗을 위하여 예루살렘을 견고하게 하십니다. 그의 아들 아사는 여호와 보시기에 정직하여 남색하는 자와 모든 우상을 쫓아내며 아세라를 섬기는 그의 어머니를 폐위시키며 선정을 합니다. 그러나 이스라엘의 바아사가 침공할 때 아람왕 벤하닷을 의지하므로 그의 말년에 발에 병이 들어 죽게 됩니다.

북 이스라엘 여로보암의 아들 나답이 왕이 되어 악을 행합니다. // 바아사가 나답을 죽이고 여로보암의 온 집을 몰살(왕상14:14)시킵니다. 바아사도 악을 행하였고 그의 아들 엘라가 왕이 되었으나 // 시므리가 모반하여 바아사의 친족을 몰살시키고 칠일 동안 다스립니다. // 오므리가 모반하여 왕이 되어 악을 행하고 뒤를 이은 아합은 오므리 보다 더 악을 행하였으며 시돈의 공주 이세벨을 아내로 삼습니다.

묵상시

나라가 두개로 쪼개지고
남북은 서로 대치하는 상황에서
자신들의 왕국을 이루었으니

북 이스라엘은
정통성을 위하여
벧엘과 단에 제단을 쌓고
절기를 바꾸고
아무나 제사장을 삼았으며
영원한 통치를 꿈꾸었으나
피비린내 나는 반역의 역사는
왕조를 4번이나 바뀌게 하였네

남 유다도 아쉬움 많으나
하나님 뜻을 따르려는 노력도 엿보이나니
그 줄기에서 예수 그리스도의 족보가
흐르고 있도다

13주
78
토요일

# 열왕기 상 17~19장

**오늘의 키워드는 "엘리야"입니다.**

아합이 악행에서 떠나지 아니하므로 하나님은 엘리야를 보내어 가뭄을 예고합니다. 하나님은 엘리야를 그릿 시냇가에 머물게 한 후 떡과 고기로 먹이시고, 사르밧 과부의 일과 집 주인의 아들의 일을 겪게 함으로 하나님이 행하심을 목도하게 합니다.

삼년 간의 기근으로 엘리야는 아합과 백성이 보는 앞에서 바알과 아세라의 선지자 850명과 갈멜산에서의 영적(靈的) 대결을 벌여 승리합니다. 또한 아합에게 비를 내리는 것을 보여줌으로 하나님이 참 신인 것을 증거 하였으니 이는 우상을 버리고 돌아오라는 신호입니다.

이세벨이 엘리야를 죽이려 하였으니 엘리야는 호렙산으로 피신합니다. 하나님은 엘리야에게 새 임무를 부여하시사 하사엘에게 기름 부어 아람의 왕이 되게 하고, 예후에게 기름 부어 이스라엘의 왕이 되게 하고, 엘리사에게 기름 부어 후계자로 삼으라는 사명을 주십니다.

묵상시

참담한 북 이스라엘
단과 벧엘에 제단을 쌓고
백성을 악의 길로 이끄는 것도 모자라
바알과 아세라의 앞잡이가 되었으니
하나님은 엘리야를 내세워
그들의 제사장들과 대결을 벌이게 하시는도다

백성이 보는 가운데
엘리야의 제물을 받으셨으니
참 신이 누구인지를 보여주심이요
하나님의 이스라엘 사랑을 보게 하십니다

엘리야의 역할은 여기까지,
모세가 여호수아를 후계자로 세움 같이
요한이 예수님 앞에서 물러섬 같이
엘리사를 후계자를 삼았으니
그의 역할은 여기까지...

# 분열왕국 연대기 ①

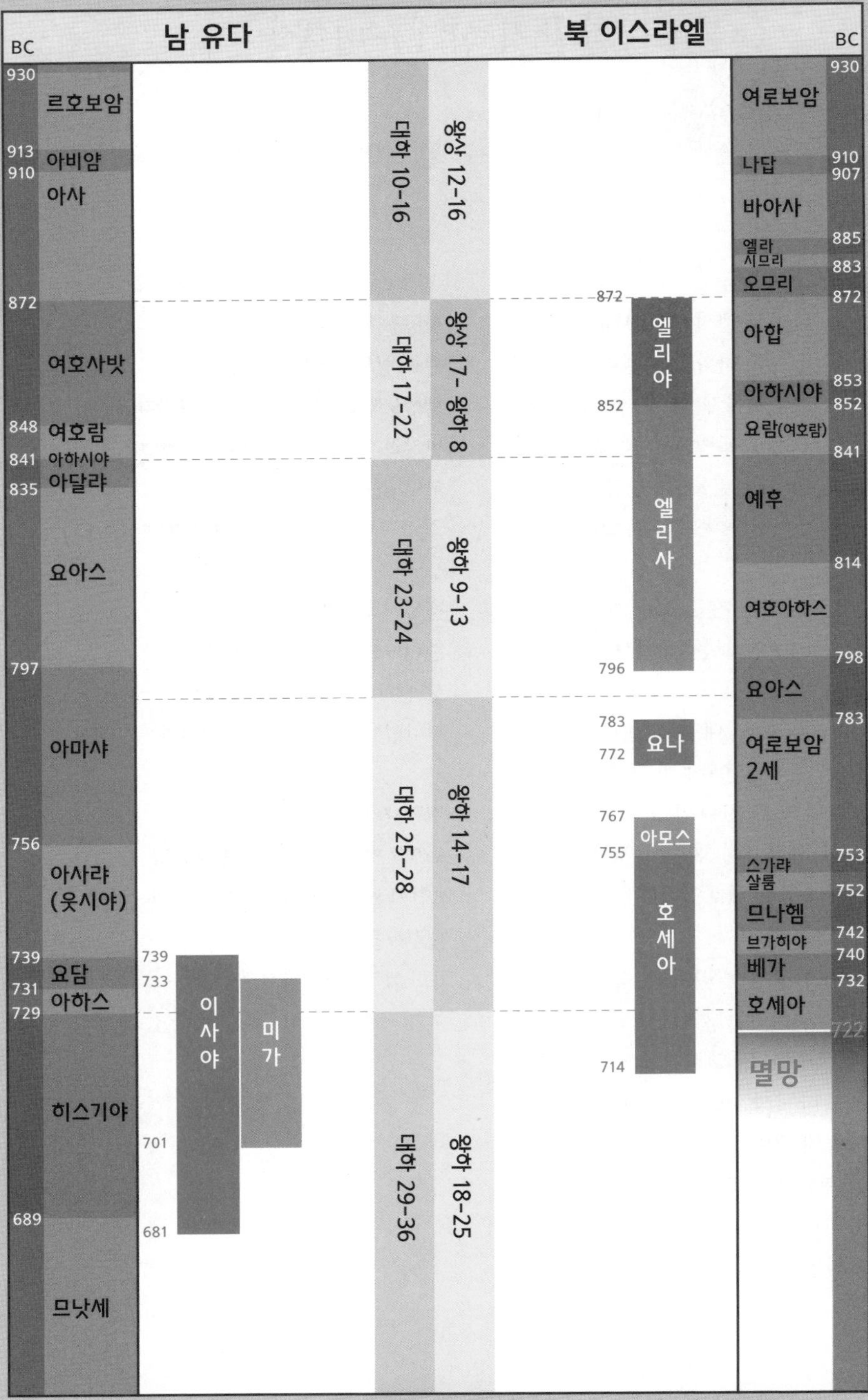


도표3. 300일 성경통독 2019. 윤 석

②

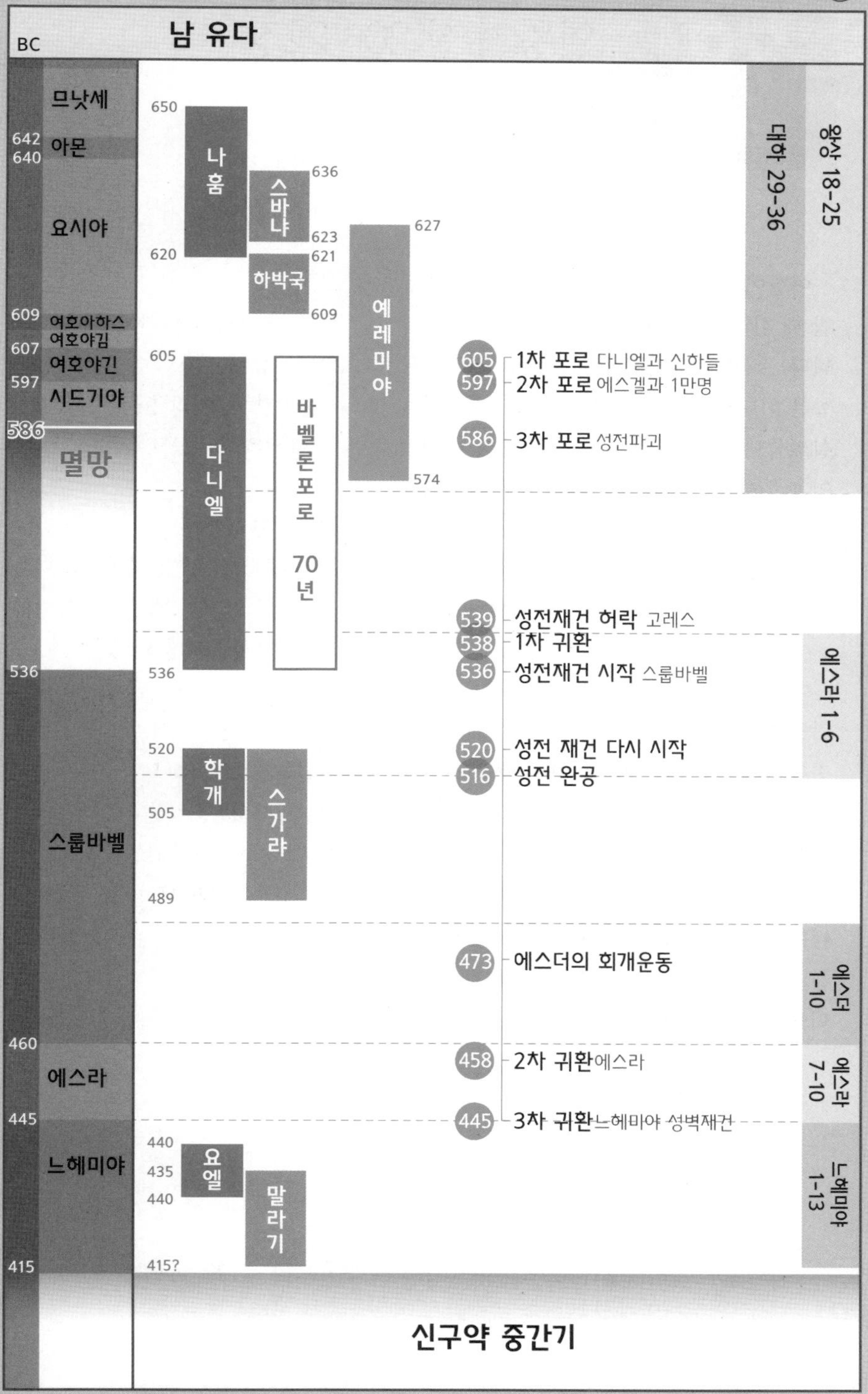

BC
남 유다
므낫세
642
아몬
640
요시야
609
여호아하스
여호야김
607
여호야긴
597
시드기야
586
멸망
536
스룹바벨
460
에스라
445
느헤미야
415
650
나훔
620
636
스바냐
623
621
하박국
609
627
예레미야
574
605
다니엘
536
바벨론포로 70년
520
학개
505
스가랴
489
440
요엘
435
440
말라기
415?
605 1차 포로 다니엘과 신하들
597 2차 포로 에스겔과 1만명
586 3차 포로 성전파괴
539 성전재건 허락 고레스
538 1차 귀환
536 성전재건 시작 스룹바벨
520 성전 재건 다시 시작
516 성전 완공
473 에스더의 회개운동
458 2차 귀환에스라
445 3차 귀환느헤미야 성벽재건
대하 29-36
왕상 18-25
에스라 1-6
에스더 1-10
에스라 7-10
느헤미야 1-13
신구약 중간기

도표4. 300일 성경통독 2019. 윤 석

14주
79
월요일

# 열왕기 상 20~22장

오늘의 키워드는 **"아합의 죽음"**입니다.

아합이 아람 왕 벤하닷의 침공으로 두려워할 때 한 선지자의 말을 듣고 아람을 대적합니다. 두 번이나 아람 군대를 물리쳤지만 아합은 하나님의 은혜를 망각하고서 벤하닷을 살려줍니다. 아합의 탐욕을 위하여 이세벨이 나봇을 죽이고 나봇의 포도원을 탈취합니다. 하나님이 선지자를 보내어 아합의 집이 완전히 멸망 당할 것과 이세벨이 죽음으로 개의 먹이가 될 것을 예언하게 합니다.

아합이 유다의 여호사밧과 동맹을 맺고 아람을 치려 할 때 거짓 선지자의 말만 듣고 출전합니다. 아합이 병사로 변장하고 병거를 탔으나 한 사람이 무심코 당긴 화살에 맞아 부상당하여 퇴각하고자 하나 그날의 전투가 치열하매 퇴각하지 못하고 피를 흘리다 죽습니다. 그의 시체를 사마리아 못에 씻으매 개들이 그 물을 핥았으니 가장 처참한 장례식이요 악한 자의 종말입니다.

묵상시

악한 오므리 밑에서 나온
악한 아합이
시돈 여인 이세벨과 결혼하니
그 부부의 악함이 천지에 진동하네

가장 악한 왕에게
가장 위대한 선지자를 붙여주셨으니
엘리야의 갈멜산 기적은
하나님이 참 신 임을 보이셨네

아합이 잔꾀를 부리며
아람과 싸우러 갔으나
하나님의 심판을 피할 수 없나니
무심코 당긴 병사의 화살이
그의 심장을 뚫었다네

# 열왕기 하 1~3장

오늘의 키워드는 **"엘리사를 부르심"**입니다.

아합은 죽고 아하시야가 왕이 되지만 우상숭배에 몰두하는 그는 병으로 죽고 그의 왕위는 여호람에게 넘어갑니다. 엘리야가 이 땅에서의 임무를 마치고 그의 역할을 엘리사에게 위임하고 하늘로 올라가니 그의 뒤를 이은 엘리사에게 능력이 갑절이나 나타납니다.

엘리사가 벧엘로 갔을 때 아이들이 그를 조롱하다가 곰에 물려 죽게 됩니다. 아이라는 표현은 히브리어로 '네우림'인데 12~30세의 청년을 가리킵니다. 사무엘이 다윗을 부를 때 사용했던 단어이며 자기 생각이 뚜렷한 청년의 나이입니다. 그러므로 엘리사를 조롱한 자들은 바알을 섬기는 청년들로 봅니다(IVP성경난제주석, 2017).

아합이 죽자 조공을 바치던 모압 왕이 배반하거늘 그들을 공격하는 이스라엘 연합군이 물이 없음으로 패하게 되어 구원을 청할 때 하나님은 엘리사를 통하여 계곡에 물을 내는 기적을 보입니다.

묵상시

이 땅에서 임무를 마친 엘리야
하나님의 부름을 받고
하늘로 올려졌으니

한 시대에 두 스승이 없음같이
한 지붕에 두 임금이 없음같이
하나님은 엘리야를 거두시고
엘리사를 세우심이라
아직 힘이 남아있고
간섭할 것 많아보이지만
다음 사람을 위하여
나의 역할은 여기까지...

14주
81
수요일

# 열왕기 하 4~5장

오늘의 키워드는 **"엘리사의 사역"**입니다.

엘리사는 제자의 아내였던 과부에게 기름의 기적을 베풀어 빚을 갚게 한 일과, 아이를 낳지 못하는 수넴여인을 잉태하게 한 일과, 그녀가 낳은 아들을 살려줌과, 솥에 독이 퍼진 음식을 해독한 일들을 통하여 사람들에게 하나님의 은혜를 보여줍니다.

문둥병에 걸려 죽게 된 나아만 장군이 이스라엘을 찾아왔을 때, 이스라엘 왕이 놀라 근심하거늘 엘리사가 나아만 장군을 인계받습니다. "너는 가서 요단 강에 몸을 일곱 번 씻으라  네 살이 회복되어 깨끗하리라" 이 말을 들은 나아만이 심히 노하여 물러갔으나 다시 돌이키어 돌아와서 요단 강에 몸을 일곱 번 담그거늘 그의 병이 낫게 됩니다.

이 일로 인하여 나아만 장군이 하나님을 믿게 되었으니 하나님의 구원은 이스라엘에게만 머무름이 아니요 어느 민족 누구나 하나님 말씀을 듣고 순종하는 자에게 주어지는 것을 보여줍니다.

### 묵상시

하나님의 뜻을 전하는 자를
선지자라 불렀나니
엘리사에게 주신 미션은
약한 자를 돕는 일을 통하여
하나님의 행하심을 증거함이라

개선장군 같은 행렬로 찾아온
문둥병자 앞에서
이스라엘 왕은 쩔쩔 매었으나
"너는 가서 요단강에 몸을
일곱 번 씻으라" 명령하였으니

선지자의 역할은
왕이나 장군이나 과부나
과거나 현재나 미래나
부유하거나 가난하거나 동일하게
두려움 없이, 하나님의 뜻을 전하며
하나님 나라 이루는 것이로다

14주
82
목요일

# 열왕기 하 6~8장

오늘의 키워드는 **"메시지"**입니다.

북 이스라엘의 여호람 시절에 아람이 이스라엘을 침공하지만 엘리사로 인하여 계획이 들통나고 번번히 실패합니다. 아람 왕이 엘리사를 잡으려고 도단 성을 에워쌌지만 하나님은 그 군대의 눈을 멀게 하여 사마리아 가까이로 이끌어 모두 포로가 되게 합니다.

이후 아람 군대가 다시 사마리아 성을 에워싸니 성 안의 백성은 굶주려 인육을 먹으며 죽을 날만 기다립니다. 여호람은 하나님 앞에 올바로 서지 못한 죄를 회개하지 아니하고 그 원인을 엘리사에게 돌리며(나아만을 살려주었고, 아람의 포로를 살려주었기 때문에) 죽이려 합니다. 엘리사가 여호람에게 사마리아 성이 이전처럼 회복될 것을 말합니다.

하나님이 도단을 포위한 군대의 눈을 멀게 하셨고, 사마리아를 포위한 군대에게 병거와 말과 큰 군대의 소리를 듣게 하심으로 그들을 도망치게 하셨나니 하나님의 초자연적인 능력이 지금도 역사를 주도하고 계십니다.

묵상시

아람 왕이 엘리사를 죽이려
도단 성에 군대를 보내었지만
그의 군대는 터벅터벅 거닐다가
사마리아에서 포위되었네

사마리아 성에 갇힌 백성들
굶어 죽고 희망을 잃었을 때
하나님은 엘리사를 통하여
구원의 밧줄을 보여주셨네

아람 군대를 선대하고
갇힌 백성에게 먹을 것을 주셨음은
유대인이나 이방인이나 헬라인이나
모두가 구원 받을 백성이요
하나님의 사랑은 공평하심이라
(고통 받는 것은 그들의 죄악 때문임)

14주

83

금요일

# 열왕기 하 9~10장

오늘의 키워드는 **"예후를 사용하심"**입니다.

하나님이 예후를 왕으로 기름 부으며 아합의 잔재를 청산하라고 하십니다.

예후는 즉시 순종하여 이스라엘의 왕 요람을 살해하여 나봇의 포도원에 버리고 이세벨은 내시들에 의해 던짐 당하여 그 시체를 개들이 먹었으니 아합 집에 대한 예언이 이루어졌습니다. 70명의 왕자를 죽이고, 바알을 섬기는 자들을 신전에 모이게 한 후에 모두 살해하고 신당과 우상들을 불살랐으니 여호와의 명령을 수행한 것입니다.

하나님이 허락하신 것 까지만 해야하는데 예후의 지나침은 유다의 왕 아하시야와 40 명의 왕자를 죽입니다. 이는 다윗 왕가를 멸하려는 처사요 그의 권력을 향한 욕심이 정적이라고 생각되는 자들을 미리 죽이는 죄를 저지릅니다. 또한 그는 벧엘과 단의 금송아지는 멸하지 아니함은 자신의 권력을 유지하려는 처사요 하나님은 그러한 예후에게 그의 자손 4대에까지만 왕위가 이어질 것을 허락하십니다.(호1:4의 질책을 참조)

묵상시

갈멜산의 기적을 보여주시고
마른 땅에 비를 내려주셨는데
아무리 불러도 오지 않는 사람아
너는 음행의 몸통에
거짓의 옷을 걸치고 있구나

하나님의 심판이 다가오나니
거짓의 옷은 벗겨져
너의 몸통은 개들이 물고
음행은 산산히 찢어지는도다

예후를 사용하시여
아합의 잔재를 청산하심 같이
심판의 시간이 다가오나니
사람아 사람아
아버지의 뜻을 순종하여라

# 열왕기 하 11~13장

**오늘의 키워드는 "요아스"입니다.**

아하시야가 죽으니 그의 어머니 아달랴가 왕이 되려고 왕의 자손을 멸절합니다. 그러나 요아스는 그의 고모에 의하여 살아서 제사장 여호야다에 의하여 왕이 됩니다. 아달랴는 죽임 당하고 요아스는 여호야다가 있는 날 동안에는 여호와 보시기에 정직히 행하였으나 말년에 우상 숭배를 허용하였으며 이를 지적하는 스가랴 선지자를 죽입니다. 결국 그는 아람의 침략을 받았고 신복에게 살해당합니다.

예후의 아들 여호야하스가 이스라엘의 왕이 되어 17년 간 다스리는 동안에 여호와를 멀리하였고 아람에게 고난을 당하면 여호와께 부르짖어 고난을 면하고 다시 우상을 섬겼으니 하나님은 다시 아람을 통하여 이스라엘을 고난 받게 합니다. 여호아하스의 아들 요아스가 왕이 되었으나 여전히 악을 행합니다. 그는 엘리사를 지극히 받들었고 아람 군대를 물리치나 완전히 이기지는 못하였습니다.

**묵상시**

아하시야가 죽으니
아합의 잔재 아달랴는
다윗 왕가의 씨를 말리려고
자신의 모든 자손을 죽이고
스스로 왕이 되었네

이스라엘에 대한 하나님의 약속은
다윗을 통한 예수 그리스도의 오심이니
하나님은 여호사밧을 통해
요아스를 구하시고
왕권을 회복시키셨네

사탄은 에덴동산을 망가뜨리고
예수 그리스도를 시험하였으나
예수 그리스도를 통한
십자가의 구원을 이루셨나니
요아스를 구하심 같이
하나님은 믿음의 자녀를 통해
인류의 역사를 이어가심이라

15주

85

월요일

# 열왕기 하 14~17장

**오늘의 키워드는 "이스라엘의 종말"입니다.**

아마샤가 유다의 왕이 되어 여호와 보시기에 정직히 행하였으나 교만 때문에 말년에는 백성의 반역으로 죽임 당합니다. 그의 아들 아사랴(웃시야)가 여호와 보시기에 정직하였으나 산당을 제거하지는 아니하였고 나병에 걸려 별궁에 거합니다. 요담이 뒤를 이어 왕이 되어 정직히 행하였으나 산당은 제거하지 아니하므로 아람 왕에게 죽임 당하고 그의 아들 아하스가 왕이 됩니다.

여로보암이 이스라엘의 왕이 되어 악을 행하였고, 스가랴가 왕이 되어 여섯 달 동안 다스리고 // 살룸이 반역하여 왕이 되고 // 므나헴이 반역하여 악행을 저지르고 그의 아들 브가히야가 이년을 다스렸으나 // 베가가 반역하여 왕이 되고 //호세아가 반역하여 왕이 되었으나 BC722년에 앗수르에 의하여 멸망 당하였으니 죄악과 반역으로 물든 이스라엘은 역사 속으로 사라집니다.

**묵상시**

대양의 물고기도 산란기가 되면
고향으로 돌아오고
탕자도 철이 들면
고향으로 돌아오는데

악행을 일삼던 북이스라엘은
죄악의 옷을 벗지 아니하고
우상에취해있구나

선지자의 오랜 경고에도 불구하고
요동치 않는 돌비석 같은 존재야
천년만년 정권을 누리려했더냐

악으로 물든 너의 토지는
쉼의 시간이 필요하고
우상으로 망가진 너의 백성은
이름조차 없어지리라

15주
86
화요일

# 열왕기 하 18~20장

오늘의 키워드는 **"히스기야"**입니다.

히스기야가 왕이 되니 여호와 보시기에 정직히 행하여 산당을 제거하며 우상을 찍고 여호와의 명령을 지켜 행함으로 형통합니다. 앗수르 왕의 공격에 은금으로 타협했던 히스기야는 앗수르가 다시 쳐들어오자 이사야의 조언을 듣고 하나님을 의지하며 앗수르에게 대항합니다.

하나님이 앗수르 군대를 치시니 하룻밤에 십팔만오천 명이 살해 당하고 또한 앗수르 왕 산헤립은 급한 소식으로 인하여 본국으로 철수하지만 고국에 돌아가서 자식들에게 살해 당합니다.

히스기야는 자신의 병 낫기를 구함으로 그의 생명을 15년 연장받습니다. 그는 바벨론 사신 앞에서 자신의 병 나음과 왕궁의 보물을 자랑합니다. 하나님의 은혜를 잊고 자랑에 빠져있기 때문에 하나님은 그의 사후에 자손이 바벨론의 포로 될 것을 말씀하십니다.

묵상시

히스기야가 왕이 되매
아비의 잘못을 따르지 아니하고
하나님 보시기에 옳은 길로 행했으니
어머니가 믿는 하나님을 믿었음이라

앗수르의 공격 앞에서 하나님께 부르짖고
죽음 앞에서 생명 연장의 기도를 드렸으니
그의 신앙은 그의 어머니에게서 났음이요
그의 어머니의 아버지는
스가랴 선지자였음이라

믿음은 들음에서 나며
들음은 그리스도의 말씀에서 비롯되나니
히스기야가 어미의 신앙을 받은 것처럼
자녀를 믿음으로 키우려는 자는
자신을 먼저 신앙으로
본을 보여야 하리라

15주
87
수요일

# 열왕기 하 21~23장

오늘의 키워드는 **"요시야"**입니다.

히스기야가 아들에 대한 교육을 소홀히 하였음인가. 므낫세 50년 동안의 통치는 가장 사악하여 가나안의 우상들을 섬기며 이사야를 톱으로 켜서 죽이며 너무나 많은 의인을 죽였으니 하나님은 므낫세의 불의를 인하여 유다를 버리십니다.

므낫세의 아들 아몬은 살해 당하여 죽고 그의 아들 요시야가 왕이 되어 개혁과 부흥을 이룹니다. 그러나 므낫세의 악행을 상쇄하기에는 부족하였음인가. 요시야는 다윗의 모든 길로 행하고 좌우로 치우치지 아니하며 왕의 외적 개혁에는 동참하지만 백성의 신앙은 내적 성장의 내면까지는 이르지 못하였음이라.

슬프도다 이 아타까운 현실이여, 요시야는 애굽의 왕에 의해 므깃도에서 죽고, 그의 세 아들이 여호와 보시기에 악을 행함으로 바벨론의 포로로 끌려갔으니 슬픈 유다여, 안타까운 현실이여...

묵상시

신앙도 물처럼
자녀에게 흘러가야 하는데
사무엘에서 멈춤 같이
다윗에서 멈춤 같이
히스기야의 신앙도 당대에 멈추었는가

잔혹한 므낫세의 통치가 끝나고
요시야가 왕이 되어
올바름으로 정치를 하였으나
므낫세의 악행을 씻어내기는 역부족인가

하나님 보시기에 아름다운 그가
므깃도 전투에서 전사하였으니
아쉽도다 요시야여
슬프도다 이스라엘이여
예레미야의 애가를 불러다오

15주
88
목요일

# 열왕기 하 24~25장

오늘의 키워드는 **"유다의 마지막"**입니다.

요시야의 세 아들이 왕이되나 하나님을 멀리합니다. 여호아하스는 왕위에 쫓겨나고, 여호야김은 애굽에서 죽었으니 이 때 바벨론의 1차 침공이 이루어져 다니엘과 신하들이 끌려갑니다(BC 605).

여호야김의 아들 여호야긴 왕위에 오르지만 악을 행하다가 바벨론의 포로로 끌려갔으니 이 때가 바벨론의 2차 침공이요 에스겔이 포로로 끌려갑니다(BC 597).

여호야김의 동생 시드기야(맛다니야)가 왕이 되어 다스리나 그가 바벨론을 배반하므로 3차 침공이 이루어져 시드기야의 눈 앞에서 그의 아들들이 죽임 당하고 시드기야는 두 눈을 뽑힌채로 끌려갑니다(BC 586).

유다는 바벨론의 말굽에 짓밟히고 성에 남은 자들은 배반의 소용돌이 속에서 죽임을 반복하였으니 이사야의 예언을 돌아보게 합니다(사 6:11~12).

묵상시

요시야의 절규하는 소리가 아니들리느냐
그의 뒤를 이은 자들은 한결같이
하나님의 법을 따르지 아니하였으니
백성은 끌려가고 끌려가고
예루살렘은 배반과 배반으로
죽음의 그림자가 드리웠도다

다윗의 군마가 점령하고
기쁨과 찬양이 넘치는 시온성이
택함 받은 백성의 마지막이
솔로몬이 저지른 잘못으로 인하여
처참하고 처참하도다

하늘의 삶을 외면하고
땅의 것을 좇아 아귀다툼 하였으니
양육하지 못한 부모의 잘못이더냐
순종하지 않는 자녀의 잘못이더냐
유다 왕국의 한바탕 몸부림은
일장춘몽이 되었구나

15주

89

금요일

# 역대 상 1~3장

오늘의 키워드는 **"족보"**입니다.

아담의 족보는 셋에게서 여러 대를 지나 노아를, 노아에게서 셈이 나와 여러대를 지나 아브라함을, 아브라함은 이삭을 지나 야곱으로 이어졌으니 아브라함에게 약속하신 기업이 야곱에게로 이어지고 있습니다.

야곱은 열두 아들을 낳았으니 그들은 이스라엘의 기둥입니다. 야곱의 자녀들 중에서 유다를 먼저 기록함은 충성스런 유다의 지파에서 다윗이 나오기 때문이요. 부끄러운 이야기를 걸러내지 아니함은 성경의 진실성 입니다.

다윗은 하나님의 왕국을 이루어 솔로몬에게 주었으나 솔로몬의 경홀함으로 나라는 둘로 쪼개어짐을 당합니다. 남 유다의 마지막 왕이 바벨론의 포로로 끌려가기 까지 유다 왕가의 계보를 기록하였으니 하나님은 파란만장한 역사의 중심에 예수 그리스도의 계보를 이어가고 있습니다.

묵상시

하나님이 만드신 걸작품인데
아담은 불순종으로 쫓겨남 당하고
노아때 한 번 걸러지고
아브라함의 순종으로 인하여
택함 받은 자로 자리매김 하였도다

아브라함과 이삭과 야곱의 하나님이
이스라엘 백성을 크게 만드시고
가나안 땅을 주셨는데
백성의 우상 섬김으로 인하여
이방나라의 지배를 받게되었으니
다윗은 실의에 빠진 백성에게 희망이라

다윗의 번영이 일대를 호령하였으나
솔로몬의 방탕은 나라를 둘로 쪼개었으니
북이스라엘은 BC722년에
남유다는 BC586년에 문을 닫았도다
세상죄를 지고 가시는 어린양을 보라
인류를 구원하시려고 하나님의 아들이
인간의 몸으로 오셨도다

15주
90
토요일

# 역대 상 4~6장

오늘의 키워드는 **"다른 자손"**입니다.

유다 지파가 먼저 나옴은 이스라엘의 대표성을 띠기 때문입니다. 그 뒤를 이어 시므온 지파가 나오고 장자 르우벤이 나옵니다. 르우벤은 아비의 침상을 더럽혔기 때문에 장자의 명분이 요셉 자손에게 돌아갔음을 봅니다. 르우벤과 단과 므낫세 반 지파 사람들은 처음에는 하나님을 의지하여 요단 동편에 자리 잡으나 그들이 타락하므로 하나님은 앗수르를 사용하시어 다른 지역으로 이주시킵니다.

성막 봉사를 맡은 레위인은 성막의 관리와 사용과 제사 임무를 집행하고 백성을 위한 의무를 수행합니다. 다른 지파에게는 토지를 주었으나 레위인에게는 주지 않고 전국에 흩어져 살도록 한 것은 각 지파에 흩어져 살며 제사장의 역할을 수행하라는 뜻이 있습니다. 레위인은 하나님의 은혜로 살아야 함이요, 주는 자나 받는 자나 결정권이 없으며 그 주권은 오직 하나님께 있음을 알게 합니다.

묵상시

르우벤 지파의 퇴락을 통해
장자의 명분이 생물학적 흐름이 아니요
신앙의 흐름으로 이어짐을 보네

좋은 땅을 욕심내어
그곳에 정착한 지파들은
시간이 지나면서 가나안화 되어가고
결국 하나님을 버린 대가로
앗수르에게 멸족하게 되었으니

종족의 생존은
눈에 보이는 현상에 의함이 아니요
눈에 보이지 않는 신앙에 의해
결정되어짐을 보네

16주
91
월요일

# 역대 상 7~8장

오늘의 키워드는 **"나머지 지파"**입니다.

유다가 있는 곳의 북쪽과 요단의 서쪽에 자리 잡은 지파에 대한 언급입니다. 그곳에 정착한 자들은

잇사갈의 자손이요 베냐민 자손이요 납달리 자손이요 므낫세 자손의 반절이요 에브라임 자손이요 아셀의 자손입니다.

베냐민 지파에 대한 언급이 많은 것은 이스라엘에 끼친 영향력이 유다지파 다음으로 많기 때문입니다. 사사기 마지막에 타락하여 동족상잔의 비극을 초래하였고 지파가 없어질 위기까지 있었으나 동족의 도움으로 기사회생으로 살아났습니다.

그 후에 사울 왕이 나왔으나 그의 모습은 감추어지고 다윗 왕을 세우는 도화선으로의 역할을 하였습니다. 그들은 분열왕국의 시절에 유다 지파를 도와 유다의 역사를 장식하는데 일조한 지파이기 때문에 본 서신에서는 베냐민 지파의 비중을 높이 다루고 있습니다.

묵상시

나머지 자손는
잇사갈 자손이요
베냐민 자손이요
납달리 자손이요
므낫세 자손이요
에브라임 자손이요
아셀 자손이니
이스라엘 자손마다 소중한 존재이도다

베냐민 지파를 많이 다룸은
포로 귀환 이후에 유다에 합류하여
북쪽과 남쪽의 완충 역할을 하였음이요
사울의 출생으로 이스라엘 왕국의 틀이
조금씩 갖추어졌기 때문이라

훗날 그 줄기에서
바울도 태어나는도다

16주
92
화요일

# 역대 상 9~10장

오늘의 키워드는 **"사울의 죽음"**입니다.

유다의 범죄로 말미아 포로로 잡혀간 이후 귀환한 자들에게 회복이 있어 예루살렘에 정착하였으니 그 백성 중에 첫번째는 일반 백성이요 둘째는 제사장들이요 셋째는 레위인들이요 넷째는 성전 봉사자들입니다. 성전 중심으로 분류한 이유는 이스라엘의 통치가 성전 중심으로 이루어졌기 때문입니다.

백성의 요구에 의하여 왕이 되었던 사울은 하나님의 말씀에 귀를 기울이지 아니하고 자신의 생각대로 나라를 다스립니다. 기다리지 못하고 스스로 제사를 드린 것과, 진멸하라는 말을 어기고 좋은 것을 살려둔 것과, 신접한 자를 찾아간 것과, 자신을 위하여 기념비를 세운 모습은 사울이 실패한 중요한 이유입니다.

결국 사울은 블레셋 전투에서 패배하였고 그의 세 아들이 죽고 그 또한 자살함으로 인생의 막을 내린 패배자입니다. 하나님은 사울의 시대를 걷어내시고 순종하며 따르는 다윗의 시대를 열어주고 계십니다.

묵상시

사울의 머리에 왕관이 씌워지니
겸손은 어디로 사라지고
폭군의 기질이 생겨나는구나

하나님이 세워주셨는데
감사하는 마음은 어디 가고
하나님의 음성을 멀리한채
왕권을 휘젖고 있는구나

순종하면 좋으련만
하나님을 외면하고
역행하고 있으니
슬프도다
사울의 종말이여

16주
93
수요일

# 역대 상 11~12장

오늘의 키워드는 **"다윗"**입니다.

사울의 시대는 막을 내리고 다윗은 여호와께서 도우시니 점점 더 강성하여 집니다. 이스라엘의 모든 장로들이 헤브론에서 다윗에게 기름 붓고 왕을 삼으니 여호와께서 사무엘을 통하여 전하신 말씀이 성취됩니다. 다윗이 여부스족이 거주하는 성을 빼앗으매 그 성 이름이 시온 산 성이요, 다윗 성이요, 예루살렘 성입니다.

다윗은 용맹하고 충성된 자들을 우두머리로 삼아 군대의 위계질서를 정합니다. 블레셋 땅에 잇는 우물 물을 마시고 싶어하는 다윗의 마음을 알아차린 세 명의 장수의 충성심을 보면 다윗이 백성에게 신뢰를 받고 있다는 증거입니다. 다윗은 생명을 담보로 길어온 물을 하나님께 부어드립니다.

다윗을 도운 자들을 보면 사울의 동족이었던 베냐민 지파와 갓 지파와 유다 지파와 므낫세 지파에서 나온 용사들이 주축을 이룹니다. 그들은 사울이 죽기 이전부터 다윗을 이스라엘 왕으로 인정한 것으로 간주되며 한 나라를 이루는 군사력의 근간을 이루고 있습니다.

묵상시

악기를 불며
양의 길을 인도하고
물매를 돌리며
들짐승들로부터 양을 보호하던 다윗

왕으로 기름부음 받은 지
오랜 세월이 지나고
이제는 고난을 넘어
이스라엘 통합 왕이 되었는가

하나님의 영광을 위하여
난공불락 여부스 성을 정복하였으니
그곳 이름이 다윗 성이요
예루살렘 성이요
시온 성의 영광이로다

16주
94
목요일

# 역대 상 13~16장

오늘의 키워드는 **"다윗의 번영"**입니다.

다윗이 하나님의 궤를 예루살렘으로 옮겨오기를 시도합니다. 새 수레에 싣고 오는데 소들이 뛰므로 떨어지는 법궤를 붙든 웃사가 즉사합니다. 수레에 실었어도 불레셋 사람들이 해를 당하지 않음은 그들이 하나님의 법을 모르기 때문이요, 이스라엘이 해를 당함은 하나님의 법을 무시하였기 때문입니다.

하나님이 웃사의 일을 통하여 통일왕국을 이끌어갈 다윗과 백성에게 주는 교훈은 하나님의 명령을 경홀히 여기지 말라는 경고입니다. 나의 방법이 좋아 보일지라도 하나님의 방법이 아니면 소용 없는 것입니다.

다윗의 나라가 강성하니 두로 왕 히람이 다윗에게 궁을 지을 재료와 사람을 보낸 이유는 이스라엘이 중계무역의 요충지인 곳을 알기 때문입니다. 이처럼 하나님이 돕는 이스라엘은 날로 강해집니다. 다윗은 다시 하나님의 궤를 메고 예루살렘 성으로 옮기며 감사의 번제를 드립니다.

묵상시

가드 사람 골리앗을 죽임은
그가 하나님의 이름을 모욕함 때문이요
엔게디 동굴에서 사울을 살려줌은
그가 하나님의 기름부음 받았기 때문이라

하나님이 다윗을 도우시나니
백성의 흩어진 믿음 회복을 위하여
웃사를 본보기로 치셨고
그것을 계기로 온 백성이
하나님을 바라봄이라

그리고 하나님은 다윗을
이스라엘 위에 높이 세우시고
부강하게 만들었으니
그는 사랑 받는 자요
사랑하는 자로다

16주
# 95
금요일

# 역대 상 17~20장

오늘의 키워드는 **"하나님의 언약"**입니다.

나라는 부강해지고 궁전에 거주하는 다윗은 하나님의 성전을 건축할 것을 나단 선지자에게 묻습니다. 그러나 하나나님은 다윗의 뜻을 받아들이지 않고 대신 다윗의 왕가를 영원토록 견고하게 세우실 것을 약속하십니다. 다윗이 죽은 후에 그의 아들을 세워서 여호와의 성전을 건축할 것을 말씀하십니다. 하나님이 다윗을 세우시어 주변 국을 점령하고 나라를 부강하게 하였으며 이제 다윗 왕가를 통하여 구원을 이루실 예수 그리스도의 영원한 나라를 약속하십니다.

고통의 지난 날들이 지나가고 이제 다윗은 겸손과 소망의 기도를 올립니다. 다윗의 군대는 강성하여 블레셋과 모압과 아람 연합군과 에돔을 평정합니다. 해가 바뀌어 암몬을 정벌하기 위하여 부하들이 출전하여 암몬을 함락시킵니다. 가족에게도 인정 받지 못했던 다윗이 이처럼 이스라엘을 큰 나라로 만들기까지는 그가 하나님의 말씀을 절대적으로 신뢰하였기 때문입니다.

묵상시

가나안 토착종교에 취한 백성
사사시대를 지나며
이방 나라에 얻어맞고
실의에 빠져있을 때

하나님은 다윗을 보내시어
이방 나라를 정복하고 강한 나라 만들었으니
다윗은 하나님의 뜻에 합한자입니다

그가 비록 잘난것 없고
그가 비록 내세울 것 없으나
하나님이 쓰셨나니
그는 순종하는 아들입니다

16주

96

토요일

# 역대 상 21~23장

오늘의 키워드는 **"인구 조사"**입니다.

하나님이 모세에게 행하라 하신 두 번의 인구 조사는 이스라엘의 현실과 하나님의 행하심을 알게 하려는 계획하심이었고, 당시 이스라엘은 주변 나라를 정복하여 초강대국이 되어서 인구조사가 필요없는 시기입니다. 밧세바를 보고서 스스로 넘어졌던 다윗은 이번에는 자신을 드러내고자 하는 교만이 있었기에 사탄의 침투에 쉽게 무너진 것을 발견 합니다.

인구 조사의 잘못으로 인하여 하나님의 징계를 겸허히 받은 다윗은 그의 인생 마지막을 자녀의 대에 시행될 성전 건축에 몰두합니다. 무수히 많은 재료를 준비하고 레위 자손이 해야 할 일을 구분합니다. 그가 실시한 인구조사의 죄는 나태해진 다잇과 이스라엘에 대한 채찍이요, 이스라엘의 성전 건축을 앞둔 시점에서 이루어지는 점검으로 볼 수 있습니다.

묵상시

인간의 마음을 감찰하시고
머리털까지도 세시는 하나님이
왜 사람을 시켜 인구조사를 하셨는가

가나안 정복에 앞서 행하심은
하나님의 행하심을 목도하라 하심이요
성전 건축에 앞서 행하심은
나태해진 백성과 왕의 마음을
가다듬기 위함이니
잠시 사탄에게 내어준바 되어
신앙의 경각심을 일깨웁니다

하늘의 별과 같이
바다의 모래알 같이
백성을 번성케 하신 하나님이

오늘도 내
마음의 깊은 곳을 아시나니
나의 달려가는 길과
생각과 색깔과 모양과 숫자와
행함의 질량과 방향을 모두 아시는도다

17주

97

월요일

# 역대 상 24~29장

오늘의 키워드는 **"준비"**입니다.

구약에서의 성전은 하나님을 만나는 신권정치의 핵심입니다. 다윗은 레위인 중에서 제사장과 족장을 뽑아 직무를 정합니다. 이어서 찬송하는 자들을 뽑았으니 찬송의 제의적인 의미를 발견함이요. 문지기와 곳간 맡을 자를 정하고 군대 조직을 정비하여 인적 준비를 갖춥니다.

성전에서 하는 일을 제비뽑기로 정함은 하나님 앞에서 공평함이니, 교회에서 맡은 일은 서열이 아니요 섬기는 것입니다. 모든 조직을 갖춘 다윗은 솔로몬을 통한 성전 건축을 지시합니다.

다윗이 솔로몬에게 이르되, "너는 강하고 담대하게 이 일을 행하라 네가 여호와의 성전 공사의 모든 일을 마치기까지 여호와 하나님이 너와 함께 계시리라." 여호와께서 솔로몬을 심히 크게 하심은 그에게 성전 건축의 사명이 있기 때문입니다. 사명이 있는 자는 하나님이 들어 크게 사용하십니다.

묵상시

즉시 대답하는 것 보다
잠시 생각한 후에 대답하라
즉시 집을 짓는 것 보다
꼼꼼히 점검하고 온전하게 지어라

다윗이 성전 건축을 원하였으나
하나님이 쉽게 허락하지 않으셨으니
먼저 왕과 백성의 신앙 점검이요
그 일을 행할 자들의 사명을 점검하심이라

하나님께 나아가는 자는
하나님이 계신 것을 믿어야 할지니
하나님의 방법으로 준비하고
하나님의 방법으로 행해야 할지라

17주

# 98 화요일

# 역대 하 1~4장

오늘의 키워드는 **"성전 건축"**입니다.

성전 건축의 명령을 받고 준비하는 솔로몬은 하나님께 지혜와 지식을 구합니다. 하나님은 솔로몬에게 지혜 뿐만 아니라 부귀영화(대상29:25)를 더하여 주시어 성전 건축을 위해 활용하게 하십니다. 솔로몬이 여호와께 번제를 드리고 오르난의 타작 마당에 성전 건축을 시작합니다.

내가 건축하고자 하는 성전은 크니 우리 하나님은 모든 신들보다 크심이라. '누가 능히 하나님의 성전을 건축하리요, 내가 누구이기에 어찌 능히 그를 위하여 성전을 건축하리요, 그 앞에 분향하려 할 따름이라.'

길이와 넓이와 높이를 정하여 성전과 지성소를 짓습니다. 성전 앞에 두 개의 기둥을 만들었으니 야긴과 보아스요. 하나님의 세우심을 입은 기둥입니다. 사랑하는 자들아 성전을 지으라. 야긴과 보아스가 우뚝 솟음 같이 사명의 기둥을 높이 치켜들고 바람이 불어도 무너지지 않는 인생의 성전을 지으라.

묵상시

아도니야의 반역으로 인하여
초야에 묻힐 뻔 하였으나
성전 건축의 사명이 있기에
하나님은 솔로몬을 구하시고
지혜와 명철을 주셨습니다

물건이 준비 되고
사람들이 준비되어
성전 건축을 시작하였으니
성소와 지성소를 짓고
건물이 우뚝 솟아오릅니다

하나님은
사명자에게 길을 열어주시나니
필요한 것들을 채워주심은 물론
지혜와 명철을 더하여 주시며
돕는 자들을 붙여주시며
일을 행할 능력을 더하여 주십니다

17주

99

수요일

# 역대 하 5~9장

오늘의 키워드는 **"솔로몬의 타락"**입니다.

성전 봉헌식에서 솔로몬은 성전을 하나님의 영원한 처소로 드린다는 고백을 합니다. 또한 백성이 주를 경외하며 주의 길로 걸어갈 것을 권하며 기도드리니 하늘에서 불이 내려와 번제물을 사르고 여호와의 영광이 성전에 가득합니다.

여호와께서 솔로몬에게 나타나시어 말씀하십니다. 여호와의 율례와 법도를 지키면 나라가 견고할 것이요, 지키지 못하면 모든 민족에게 비웃음거리가 되리라 하십니다. 그런데도 솔로몬은 성전 헌당을 마치고 실패한 정치인으로 전락합니다.

국방을 위하여 많은 이방 여인과 정략결혼하였고 군마를 많이 두었으니 하나님의 명령을 정면에서 위반합니다. 그는 결국 하나님과 점점 멀어져 다윗이 왕국을 패망시키는 장본인입니다. 하나님이 원하시는 것은 눈에 보이는 건축물이 아니요 마음의 터전 위에 순종으로 쌓아 올리는 성전입니다.

묵상시

지혜와
명철과
부귀와
강대함이 주어진 솔로몬
하나님 면전에서 애굽 공주를 왕비로 맞이하고
궁궐의 신학은 인본주의로 전락하였으니
하나님은 그에게
율례와 법도를 지키기를 명령하시는도다

정략결혼이
나라의 국방을 지켜주는가
많은 처첩이
인생의 즐거움을 주는가
하나님 면전에서 불법을 행하는 솔로몬
그의 명성이 천하에 퍼져갔으나
그의 마음에 사라지지 않는 타락과 불신앙은
제국을 흔드는 사상누각이요
하나님 나라를 망치는 악함이로다

17주
**100**
목요일

# 역대 하 10~13장

**오늘의 키워드는 "분열"입니다.**

솔로몬이 죽자 르호보암이 왕이 되었으나 북쪽 사람들의 마음을 얻지 못합니다. 그리고 나라가 두동강 났으니 솔로몬의 패역 때문입니다. 르호보암은 유다와 베냐민 지파로 구성된 유다를 다스리고, 여로보암은 나머지 지파로 구성된 이스라엘을 다스립니다.

1년에 3번 예루살렘을 방문해야 하는 이유 때문에 레위인과 제사장들은 유다로 돌아옵니다. 여로보암이 백성의 이탈을 차단하기 위하여 벧엘과 단에 그들이 만든 우상을 세웁니다. 그리고 레위인 제사장들을 폐하고 일반인으로 제사장을 세워 남 유다의 정통성을 모방합니다.

르호보암이 여호와를 따르니 여호와께서 돕는 유다는 강성하여집니다. 그의 아들 아비야가 왕이 되매 이스라엘의 침략을 받아 위기에 처하지만 여호와께서는 유다 사람들의 기도를 들으시고 전쟁에서 이기게 합니다. 승리의 비결은 믿음을 찾았기 때문이요, 분열의 원인은 하나님을 떠났기 때문입니다.

묵상시

많이 받은 자에게
많은 책임을 물으셨는지
솔로몬의 불순종의 결과는
나라의 분열로 이어졌도다

북쪽 나라를 거머쥔 여로보암은
벧엘과 단에 제단을 만들어
백성의 이탈을 막으며
정체성을 억지로 세우고 있으니
흔들리는 나무 같이 위태하구나

결혼동맹이 나라를 지켜주었더냐
강력한 군대가 나라를 지켜주었더냐
말씀이 없는 곳에는 평안도 없나니
그 결과는
갈등이요 분열이요
흔들리는 나무 같이 위태하구나

17주
101
금요일

# 역대 하 14~16장

오늘의 키워드는 **"아사의 일생"**입니다.

아사가 왕이 되니 하나님 보시기에 선과 정직을 행합니다. 우상을 없애고 율법과 명령을 행하며 성을 건축합니다. 구스 사람이 병사 백만으로 침략하나 아사가 하나님을 부르짖으니 하나님이 적을 물리치고 사면 모든 성읍 백성을 두렵게 만드십니다. 야훼 신앙의 승리입니다.

아사가 선지자 아사랴의 예언을 따라 가증한 물건들을 유다와 베냐민 온 땅에서 없애고 여호와 하나님만 섬기기로 언약합니다. 아사는 아세라의 가증한 목상을 만든 그의 어머니를 태후 자리에서 폐하고 그 우상을 불사르니 하나님이 돌보시는 나라는 평온합니다.

이스라엘이 국경에 라마를 건축하여 이스라엘 백성의 유다 출입을 막고 유다를 공격하려 하니 아사는 은금을 뇌물로 삼아 아람을 의지하고 그를 책망하는 하나니를 투옥하고, 그가 병들어 위독하여도 하나님을 찾지 않습니다. 태평성대 속에서 자라난 인본주의는 외교정책의 실수와 육신의 망가짐을 초래하고 있습니다.

묵상시

아비야의 아들 아사
하나님 보시기에 정직히 행하였으니
그는 우상을 제거하며
하나님을 의지함으로
나라는 강성해지고
태평성대 누리는도다

그가 이스라엘로 인하여 곤혹을 치룰 때
하나님을 찾지 아니하고
아람의 힘을 의지하다가 패망하였으니
하나님의 사람이었던 그가 이제는
세상의 방법을 좇았음이라

솔로몬이 평온할 때
인본주의 신학으로 망함 같이
아사의 평온함은 그를
패망으로 끌어내렸나니
평온함은 절대적인 복이 아니요
적절한 긴장감은
신앙을 지키는 보약이로다

17주

102

토요일

# 역대 하 17~20장

오늘의 키워드는 **"여호사밧"**입니다.

여호사밧이 아합 가문과 결혼동맹을 맺고 아합의 권유로 아람 공격에 가담하게 됩니다. 미가야를 제외한 모든 선지자가 전쟁을 지지하지만 결과는 동맹군의 패배로 끝납니다. 아합이 변복하였으나 무심코 날아온 화살에 맞아 죽고, 여호사밧은 가까스로 살아 돌아옵니다.

전쟁에 잘못 참여했다가 죽을뻔한 여호사밧은 예후의 질책을 겸허히 받아들입니다. 그가 유다의 온 땅을 돌아다니며 여호와 섬기기를 종용합니다. 재판관들에게 이르러서는 재판하는 것이 사람을 위하여 하지 말고 여호와를 위하여 할 것을 지시하며 신앙의 도를 지킵니다.

모압과 암몬이 공격해오니 여호사밧은 백성에게 금식을 선포하고 여호와께 간구합니다. '하나님이여 이 큰 무리를 우리가 대적할 능력이 없고 어떻게 할 줄 알지 못하오니 오직 주만 바라보나이다.' 여호와께서 말씀하시니 '너희는 놀라지 말라 이 전쟁은 너희에게 속한 것이 아니요 하나님께 속한 것이라.'

묵상시

아합의 꼬임에 빠져
아람과의 전쟁에 가담하였으나
잔꾀 부리던 아합은 결국 죽고
여호사밧은 가까스로 살아났도다

하마터면 죽을 뻔 하였는데
이제는 정신이 바짝 들어
지난 날의 잘못을 뉘우치고
여호와 하나님만 섬기는도다

암몬이 공격해오지만
전쟁은 하나님께 속한 것을 알고
백성에게 금식기도 선포하고
겸손히 무릎 꿇으며
오직 주만 바라보고 있도다

18주

103

월요일

# 역대 하 21~22장

오늘의 키워드는 **"바이러스"**입니다.

여호람이 왕위에 올라 정권을 잡으니 그의 동생들을 모두 죽이고 우상숭배를 일삼습니다. 그의 배후에는 아합의 딸 아달랴가 아내로 있어 유다의 왕가를 죽음으로 내몰고 있습니다. 여호람이 산당을 세우고 예루살렘을 음탕하게 하고 미혹하니 하나님은 엘리야를 통하여 죽음을 경고합니다. 그는 결국 병들어 창자가 튀어나오고 쓸쓸한 죽음을 맞이합니다.

아하시야가 왕이 되었으나 아달랴의 꾐에 빠져 악을 행하고 그의 숙부 요람에게 병문안 갔다가 예후에게 죽임 당합니다. 아달랴가 자기의 아들이 죽은 것을 보고 왕국의 씨를 모두 진멸하고 왕이 되었으나 여호사브앗이 요아스를 구출하여 왕가의 혈통을 보존합니다. 아달랴로 인하여 유다 왕국에 피바람이 불었으니, 결혼동맹을 시도한 여호사밧의 헛발질이 참혹한 결과를 보게 합니다.

묵상시

겨울 바람에 작은 불씨가
온 산을 태우는 듯
죄악의 바이러스는
산을 넘고 들을 지나
인류의 구석까지 퍼지고 있네

아담을 무너뜨린 죄악의 씨앗
가인의 피가 멈추지 않고
여로보암을 지나
아합을 지나
아달랴에 맺혀
유다 왕국에 피바람을 일으켰네

악한 것이 어둠 속에서 번져나가지만
밝은 빛이 비추이면 없어지나니
빛이요
생명이신
예수 그리스도를 통하여 정결하여라

18주
104
화요일

# 역대 하 23~24장

오늘의 키워드는 **"흔들리는 요아스"**입니다.

아달랴가 다스리는 동안 모두는 숨 죽이고 목숨만 연명하고 있습니다. 제사장 여호야다가 용기를 내어 레위인과 족장들을 모으고 군대를 편성하여 성전 문을 지키고 요아스에게 면류관을 씌우고 율법책을 주어 왕으로 삼습니다.

아달랴는 반역이라고 외치지만 성전 밖에서 죽임을 당합니다. 여호야다가 백성과 왕 사이에 언약을 세워 여호와의 백성 됨을 천명하고, 바알의 신당을 부수고, 바알의 제사장을 죽이고, 여호와께 번제를 드립니다.

여호야다가  죽으니, 요아스는 악한 자들의 꼬임에 빠져 여호와의 전을 버리고 우상을 섬깁니다. 회개를 촉구하는 여호야다의 아들 스가랴를 돌로 쳐 죽이니, 요아스는 아람의 적은 군대에 패하고 신하에게 죽임 당합니다. 신앙의 줏대가 없어 흔들리는 요아스야, 야훼신앙과 바알신앙을 구분 못하는 백성아, 복음과 방종을 오락가락 헤매는 자들아…

묵상시

여호야다를 통하여
하나님의 보호하심 받은 요아스
다윗의 줄기를 이어가며
당당히 왕으로 올라섰네

여호와의 백성 됨을 천명하고
바알 신당을 부수고
바알의 제사장을 죽였으나
여호야다가 죽으니 흔들리는 요아스는
간신배들의 꼬임에 넘어가
여호와를 버리고 우상을 섬기는구나

사람아 사람아
세상의 보이는 것에 현혹되지 말아라
참된 진리는 그리스도 안에 있나니
말씀 붙들고 흔들림 없이
하나님 나라 수호하여라

18주
105
수요일

# 역대 하 25~28장

오늘의 키워드는 **"슬픈 유다"**입니다.

아마샤가 왕이 되어 요아스를 죽인 자를 죽였으나 그의 자손을 살렸음은 율법에서 대물림을 금하였음이라. 아마샤가 에돔과의 전쟁에서 이기고 돌아올 때 세일의 신들을 가져와 자기 신으로 세움은 패전국의 금칠한 우상이 좋아보였으니 영적 맹인입니다

웃시야가 여호와 보시기에 정직하니 여호와께서 그를 형통케 하십니다. 그가 바랄 것이 없을 때 성전에서 분향을 시도하다가 문둥병 걸립니다. 그의 아들 요담은 말씀으로 훈련된 자였으나 아버지의 징크스 때문에 성전 출입을 하지 않으니 백성은 여전히 부패합니다.

아하스가 부패하여 바알을 섬기고 자녀를 불사르고 우상을 섬기니 여호와의 징계하심으로 주변 나라에 살육 당하고 놀이개감 되고 있습니다. 그가 곤고한 날에도 여호와를 찾지 않고 다메섹 신들을 섬기지만 오히려 만신창이가 되고 있으니, 슬픈 유다여, 무식한 아하스여...

묵상시

아마샤는 에돔을 이겼으나
우상을 전리품으로 가져와 섬겼으니
영적 맹인이요

웃시야는 자신의 신분을 넘어서서
성전에서 분향하다가 징계 받았으니
문둥병 걸린 자요

요담은 아버지의 징크스 때문에
성전 출입을 아니하였으니
백성이 부패해짐이요

아하스는 우상을 섬기다가
주변국에 만신창이 되었으니
영혼의 번지를 잘못 찾음이라

18주
# 106 목요일 역대 하 29~32장

오늘의 키워드는 **"히스기야"**입니다.

히스기야가 여호와 보시기에 정직히 행하니, 그의 어머니는 바른 소리 하다가 돌에 맞아 죽은 스가랴의 딸 아비야입니다. 히스기야의 신앙은 어머니에게서 나온 것입니다. 성전 정화를 마친 히스기야는 북 이스라엘 전역에 편지를 보내어 유월절 행사에 참여할 것을 권하니 몇 명이 참여합니다.

제사장들과 레위 사람들의 반열에 따라 직임을 정하고, 왕은 자신의 재산 중 일부를 드리고, 구제하고, 십일조를 권면하며 경건의 실천을 이룹니다. 나에게 주어진 모든 것이 하나님의 은혜임을 알면 가능한 일입니다

앗수르 왕이 유다를 공격하니 모든 성벽을 보수하며 하나님의 도움을 간구합니다. 앗수르의 군대가 예루살렘을 에워싸고 골리앗처럼 외치며 하나님을 비방합니다. 그러나 여호와의 군대에 의해 그 밤에 십팔만 오천 명이 몰살당하고 산헤립은 고국으로 돌아가서 아들들에게 죽임 당합니다. 누가 여호와의 이름을 비방합니까?

**묵상시**

악한 밭에서
선한 것이 자랄 수 있는가
히스기야는 여호와 보시기에
정직하였으니
어머니의 영향을 받았음이요
그의 어머니는
바른 소리 하다가 죽은
스가랴의 딸이었도다

신자이든지
비신자이든지
위기는 언제나 다가올 수 있나니
신자의 위기 극복은
신앙에 바탕을 둠이요
비신자의 위기 극복은
자신의 생각에 바탕을 둠이라

18주

107

금요일

# 역대 하 33~36장

오늘의 키워드는 **"끌려가는 유다"**입니다.

풍요에 묻혀 살아서인지 므낫세는 우상을 섬기며 백성을 악한 길로 인도합니다. 여호와께서 그를 바벨론 포로로 끌려가게 했으니, 므낫세는 그제서야 하나님께로 돌아옵니다. 므낫세의 죄악은 유다 패망의 원인입니다.

요시야는 우상을 제거하고 성전 수리를 명령합니다. 율법책이 발견되니 통곡하며 언약 갱신을 시도합니다. 그는 유월절을 지키며 신앙의 올바름을 지키지만 애굽과의 전쟁 중 므깃도에서 활에 맞아 전사합니다. 예레미야는 그를 위해 애가를 부릅니다.

여호아하스(둘째)가 애굽에 의해서 폐위 당하고, 여호야김(첫째)이 악행으로 인하여 바벨론으로 끌려가고(1차, BC 605), 그의 아들 여호야긴도 바벨론으로 끌려가고(2차, BC 597), 시드기야(셋째)도 악행으로 인하여 바벨론으로 끌려갔으니 유다는 완전히 멸망당합니다(3차, BC 586).

묵상시

므낫세의 죄악으로 인하여
유다는 결국
멸망의 길로 접어들었으니
선지자를 통한 예언을 이루심인가

북 이스라엘이 앗수르로
남 유다가 바벨론으로
끌려갔나니
죄악으로 물든 땅을 정화하기 위함인가

요시야의 선행은 어디 묻히고
므깃도의 전투는 왜 있었는가
슬픈 유다여
슬픈 요시야여

무모한 여호야김
바벨론을 대적하다가 끌려갔으니
유다의 멸망을 자초하느냐
슬픈 유다의 역사여

18주
108
토요일

# 에스라 1~3장

오늘의 키워드는 **"1차 귀환"**입니다.

하나님이 바벨론으로 끌려간 백성의 귀환을 진행하십니다. 539년에 고레스를 통하여 바벨론을 점령하고, 538년에 포로 귀환과 성전 건축 조서를 내립니다. 백성은 하나님께 감동을 받아 귀환을 다짐하고, 고레스는 그들이 탈취했던 성전의 그릇을 내어줍니다.

1차 귀환이 스룹바벨에 의해 B.C. 537년에 시행되니 귀환자는 42,360명이요. 귀환자들을 혈통과 지명과 신분에 따라 상세하게 기록함은 귀환의 역사성을 증거합니다.

고국으로 돌아와 제단을 쌓고 초막절을 지키고 이듬해에 성전 재건을 시작(B.C. 536년)합니다. 이는 1차포로(B.C. 605년) 이후 70년(렘29:10)이 지난 해입니다. 건축자가 기초를 놓을 때 나이 든 자들은 솔로몬 성전의 화려함을 알기에 자신들의 초라함을 통곡하고, 대부분의 사람들은 기쁨으로 크게 함성 지릅니다.

묵상시

천지를 만드시고
인간을 만드신 하나님이
앗수르의 패권을 바벨론으로
바벨론의 패권을 페르시아로 넘기셨나니

하나님이
고레스를 세우시고
약속의 칠십 년을 지키시려고
1차 포로 귀환을 진행하셨도다

빛을 만드시고
인간을 만드신 하나님이
죄악에 포로된 백성을 구원하시려고
이 땅에 예수 그리스도를 보내셨도다

19주

109

월요일

# 에스라 4~6장

오늘의 키워드는 **"2차 성전 재건"**입니다.

사마리아인들이 성전 재건 사업을 방해(BC 538~522)합니다. 그 이유는 그들이 혼혈족이라는 열등감이 있음이요, 유다 지역에서 주도권을 장악하려는 음모 때문입니다. 그러나 이것은 오히려 유다의 순수성을 입증하는 결과로 작용합니다.

중단된 성전 재건은 학개와 스가랴를 통하여 다시 시작됩니다(520). 그러나 사마리아인들의 방해는 집요합니다. 그들은 유다 지도자들이 주장한 내용을 기록한 편지를 다리오 왕에게 보내어 그 내용을 왕이 허락하였는지를 확인하려 듭니다.

다리오 왕이 고레스 원년에 내린 조서를 확인 한 후에 성전을 조속히 완공하라는 명령을 내립니다. 이에 방해하였던 자들이 오히려 서둘러서 도와줌으로 성전이 완공(516년)하니 봉헌식을 올리고 유월절을 지킵니다. 화가 변하여 복이 되는 이 모든 것이 하나님의 은혜요 섭리입니다.

묵상시

1차 귀환이 있은 후
스룹바벨의 주도로 시작된 성전이
방해자들로 인하여 중단되었네
그러나 마음을 모은 백성
스룹바벨의 주도로 다시 시작하여
완공하고
봉헌을 마치고 유월절을 지켰으니
솔로몬의 성전 이후
백성의 감격은 눈물이어라

하나님이 일을 행하시지만
우리의 역할은 있는 법
성전 방해자들의 핍박이 있으나
이 세대의 방해자가 있으나
제2성전 이룸같이
주님 나라 이루어야 하리니
우리의 올바른 믿음이
우리의 올바른 행실이
주님나라 건설에 쓰임 받으리라

19주
110
화요일

# 에스라 7~10장

오늘의 키워드는 **"관계를 끊으라"**입니다.

1차 귀환(BC 538년) 이후 적국에서 정착하여 이동하지 않는 자들을 돌이키기 위하여 하나님은 하만을 통하여 한바탕 소용돌이 치게 만드십니다. 이에 에스더의 사활을 건 기도가 등장하고 잠자던 민족을 깨우십니다.

2차 귀환(BC 458년)은 아닥사스다 왕을 통하여 허락되었으니 이날을 위한 하나님의 준비하심입니다.

제사장이요 율법학자인 에스라는 고국에 돌아오자 고난 당함이 죄악 때문임을 고백하고 회개와 개혁 운동을 벌입니다. 이방 여인과 결혼했던 자들은 자신들의 부인을 고향으로 돌려보냅니다.

우리는 죄의 씨앗을 제거합니다. 하나님보다 더 사랑하는 것들은 죄악이니, 쾌락과 탐욕과 동성애와 인본주의적 생각들을 모두 뒤로 던져버립니다.

묵상시

고국으로 돌아오지 않으려고
백성아 잠자고 있느냐
잠에서 깨어나라

쾌락을 좋아하여 탕진하고도
아직도 머무르고 있느냐
버리고 일어나라

에스라는 율법을 정리하여
백성으로 지키게 하고
죄의 사슬을 끊으라 하였으니

말씀을 떠난 자들아
이제는 돌이키고
주님 품으로 돌아오라

19주
111
수요일

# 느헤미야 1~3장

오늘의 키워드는 **"성벽 재건"**입니다.

예루살렘 성벽 훼파의 소식을 접한 느헤미야는 그 이유가 계명과 규례를 지키지 아니한 민족의 죄 때문인 것을 깨닫고 자신의 가정과 민족의 죄를 회개합니다. 계명을 지켜 행하면 돌아오게 하신다는 하나님의 약속을 근거로 느헤미야는 백성의 회복을 믿으며 하나님께 기도를 드립니다.

느헤미야가 아닥사스다 왕에게 성벽 복구를 위해 자신을 보내달라고 간청합니다. 왕이 그를 유다 총독으로 임명하고 군대를 주어 유대로 향하게 합니다(B.C.445). 예루살렘에 도착한 그는 성벽을 둘러본 후 백성을 모아 성벽 복구의 의지를 불태웁니다.

대제사장 엘리아십을 선두로 가문별 마을별로 구간을 할당 받습니다. 40명의 감독자에 의해 10개의 문과 4개의 망대를 세우고 성벽과 연결하는 공사를 시작합니다. 그러나 드고아의 귀족들은 공사를 분담하지 않았으니 멍에를 메기 싫어하는 황소같이 빈둥거리고 있습니다.

묵상시

느헤미야가의 행정 경험을 살려
지역을 할당하고 감독들을 세우고
성벽과 문과 망대를 착공하였네

백성은 힘을 다해 일 하는데
드고아의 귀족들은 외면하고 있으니
자신만 편하려는 고약한 심보로다

남이야 어찌되든 돈만 벌려는 경제인
나라야 어찌되든 정권만 잡으려는 정치인
하나님은 안중에 없는 타락한 종교인들아

안일함을 모두 내려놓고
성벽을 재건하여라
모두 다시 일어나
하나님 나라 건설하여라

19주
112
목요일

# 느헤미야 4~7장

오늘의 키워드는 **"성벽 완공"**입니다.

성벽 재건을 시작하니 방해자들이 백성을 조롱하며 위협을 가합니다. 건축하는 자나 짐을 나르는 자는 각각 한 손으로 일을 하며 한 손에는 병기를 잡으며 나팔 소리가 나거든 그리로 모여 싸우자 약속합니다. 옷을 벗지 아니하고 항상 무기를 소지하였으니 나라의 비상사태입니다.

성벽재건 동안 가난한 자들은 궁핍하여 자녀들이 종으로 팔려가고 부자들의 높은 이자에 시달립니다. 느헤미야가 귀족들을 꾸짖어 폭리를 취한 것을 돌려주고 이득을 취하는 행위를 금합니다. 그는 녹을 받지 않고 매일 소와 양을 잡아 가난한 자들을 먹이니 하나님의 사랑이 실천되는 현장입니다.

완공이 다가오니 방해자들의 공작은 극에 달합니다. 그래도 흔들림 없는 느헤미야는 하나님을 의지하며 실행하니 성벽 재건이 52일 만에 이루어집니다. 마지막 문짝을 달고 경비 책임자를 세워 성을 지키게 하였으니 하나님께 나아가는 자는 하나님이 도우시고 이루십니다.

묵상시

한 손에는 연장을 들고
한 손에는 병기를 들고
성벽 재건 위하여 일어났으나

가난한 백성은 궁핍하여
자녀를 종으로 팔고
부유한 자들은 고리대금업을 하였으니
순종의 현장에 사랑이 빠졌도다

느헤미야의 권고를 들은 귀족들
자신들의 잘못 뉘우치고
음식을 제공하며 사랑을 베풀었으니

방해자들이 모략에도 불구하고
52일 만에 완공 하였으니
하나님의 은혜로다
한 손에는 연장을 들고
한 손에는 복음을 들어라

19주

# 113

금요일

# 느헤미야 8~13장

오늘의 키워드는 **"영적 대각성"**입니다.

성벽이 재건되고 백성들이 정착하자 느헤미야는 영적 대각성 운동을 벌입니다. 학사 에스라에게 율법을 낭독하게 하니 깨닫는 백성은 아멘으로 화답하며 여호와께 경배합니다. 초막절을 지키며 금식하고 죄와 조상들의 허물을 자복하고 이방인과 절교하고 말씀 순종을 다짐합니다.

말씀으로 돌아온 택함 받은 자들이 새 출발을 다짐하여 이름을 인봉함으로 하나님과의 언약을 재확인합니다. 안식일에 상행위를 하지 않고 일곱째 해마다 땅을 쉬게 하고 첫 열매를 여호와께 드리고 소득의 십일조를 레위사람들에게 드리고 백성들이 모여 성벽 봉헌식을 거행합니다.

느헤미야가 바사에 간 동안 제사장의 타락이 백성의 타락으로 이어지니 느헤미야는 타락의 원인이 되는 이방인과의 결혼을 금합니다. 성벽이 적의 공격을 막는 것처럼, 영적 각성은 타락으로부터 나를 보호합니다. 여호와의 말씀을 마음에 쌓는 자는 강건하여 세상을 이깁니다.

묵상시

성벽이 재건되고
에스라가 율법을 낭독하니
백성은 아멘으로 화답하며
죄를 회개하며 금식하며
순종을 다짐합니다

두렵고 떨리는 상황에서
하나님의 사자를 만난 야곱이
감사함으로 십일조를 서원함 같이
말씀을 대하는 백성마다 십일조를 드리며
하나님 앞에 다가섭니다

땅으로부터 죄악이 올라와
유혹하고 넘어뜨리려 하지만
하늘의 법칙이 땅의 것을 누르나니
죄악의 마음 털어버리고
하늘에 속한 자의 모습으로 일어납니다

19주
114
토요일

# 에스더 1~4장

**오늘의 키워드는 "위기"입니다.**

포로 1차 귀환에 동참하지 않은 사람들이 이름까지도 바벨론식으로 바꾸어가며 바벨론화 되어 살고있습니다. 이때 등장한 하만이 유대인을 말살하려 하지만 역사를 주관하시는 하나님은 이를 계기로 백성의 신앙을 회복시키고 죽을 힘을 다해 하나님을 의지하게 만드십니다.

1차(B.C.538)와 2차(B.C.458)의 귀환 사이에 있었던 에스더서의 내용은 포로의 신분에서 페르시아의 왕비가 된 에스더와 모르드개를 중심으로 전개됩니다. 아말렉 자손 하만이 유다 자손을 진멸하려는 음모를 왕의 조서를 받아 전국에 배포하니 유다 자손의 운명은 풍전등화와 같습니다.

모르드개를 통해 사태를 직시한 에스더의 각오는 결연합니다. 일을 해결하려는 에스더는 유다 백성에게 금식을 선포하고 자신도 금식한 후 왕궁의 규례를 어기며 왕 앞에 나아갈 것을 다짐하였으니 '죽으면 죽으리라'는 그의 각오와 기도는 은혜 아니면 해결될 수 없는 현실을 교훈합니다.

묵상시

포로 생활에 익숙해진 백성
그곳 생활에 정착하여 안정된 삶을 누리니
이름마저 현지어로 바꾸고
고국으로 갈 생각은 잊어버렸는가

칠십 년이 지나면 고국으로 돌아와야 하는데
1차 귀환이 지났어도
움직이지 않는 백성을 위하여
하만이라는 독사를 풀어놓으셨네

위기에 처한 백성은 정신 차리고
금식하며 기도하며 울부짖었으니
사람아
사람아
조용할 때 뒤를 돌아보고
편안할 때 삶을 돌아보라

20주

# 115

월요일

# 에스더 5~10장

오늘의 키워드는 **"구원"**입니다.

죽음을 무릎쓰고 왕 앞에 나간 에스더가 왕을 위한 연회에서 하만의 음모를 밝힙니다. 그로 인하여 하만은 죽임을 당하였으니 유다 민족을 몰살시키려는 악한 하만의 음모는 하루아침에 무너지고 하나님 믿는 신앙의 승리를 만백성에게 보여주십니다.

모르드개가 권세를 잡아 나라의 2인자가 되었으니 이제 유대인들에게는 희망이 보입니다. 한 번 내린 조서를 취소할 수 없기 때문에 그것을 능가할 두 번째 조서가 급하게 배포되었으니 유다 사람들이 똘똘 뭉쳐 위기를 모면하고 오히려 대적들을 처단하게 됩니다

유대 민족이 몰살 되었다면 2차, 3차 포로귀환도 불가능한 일입니다. 돌아오라는 명령을 듣고도 움직이지 않는 백성을 위하여 하나님은 그들을 태풍으로 깨우십니다. 말씀을 주신 하나님이 자녀를 옳은 길로 돌아오게 하시려고 고난의 터널에서 훈련시키고 성숙의 길로 인도하십니다.

묵상시

하나님의 계획하심은
백성이 포로로 끌려갈 것과
백성이 포로에서 돌아올 것이었는데
1차 귀환 후 한 세기가 지나도록
움직이지 않는 백성을 어찌하실 것인가

하나님이 백성의 구원을 위하여
에스더를 미리 왕비로 삼으시고
유다 백성을 기도하게 하셨으니

멸망에서 구원 받은 백성아
하나님께 감사하여라
충성을 다했던 지난 날의 형제들아
이제 다시 일어나
주님 나라 위하여 걸어가보자

20주
116
화요일

# 욥기 1~3장

**오늘의 키워드는 "시험"입니다.**

사탄은 욥의 의로운 모습이 그가 받은 복 때문이라고 우깁니다. 하나님은 사탄의 생각이 잘못되었음을 보여주기 위하여 욥을 시험의 대상으로 사탄에게 내어줍니다. 모든 재산과 가족을 잃은 욥은 하나님을 원망하지 않으며 주신이도 여호와시요 거두시는 이도 여호와심이라 고백하고 찬송 드립니다.

사탄의 두 번째 시험으로 욥은 온몸에 악창이 생기어 고통 중에 쌓입니다. 욥의 아내는 그 모습을 보고서 하나님을 욕하고 죽으라고 말하지만 욥은 입술로도 범죄하지 아니합니다. 친구들은 욥의 처참한 모습을 보고서 소리 질러 울며 자신들의 겉옷을 찢으며 아무 말을 하지 못합니다.

욥은 자신의 태어남을 한탄하며 그 날을 저주합니다. 어찌하여 내 모태의 문을 닫지 아니하여 환난을 보게 합니까. 어찌하여 고난당하는 자에게 빛을 주셨고 마음이 아픈 자에게 생명을 주셨나이까. 인생의 평안이 사라지고 고통 속에 잠겨 있지만 욥은 하나님을 원망하지 않습니다.

**묵상시**

Temptation은
사탄이 유혹하는 시험이니
하와는 시험에 넘어갔음이요
예수님도 마귀에게 세 번 시험 당하였으나
이기셨음이라

Test는 하나님이 주시는 시험이니
아브라함이 시험 받음 같이
신앙의 연단을 위함이요
욥이 사탄에게 시험을 받았으나
하나님의 허락 안에서의 시험이니
감당할 시험 밖에는 허락치 않으심이라

나의 가는 길에 오늘도
유혹과 시험은 언제든지 존재하나니
나의 연약함이나
나의 욕심은 내어버리고
믿음 위에 굳게 서서
승리하는 인생 살아가리라

20주
117
수요일

# 욥기 4~7장

오늘의 키워드는 **"엘리바스의 대화"**입니다.

드디어 엘리바스는 입을 엽니다. "네 경외함이 네 자랑이 아니냐, 네 소망이 네 온전한 길이 아니냐, 죄 없이 망한 자가 누구인가, 정직한 자의 끊어짐이 어디 있느냐. 악을 밭 갈고 독을 뿌리는 자는 하나님의 입 기운에 멸망하느니라." 말하며 욥의 고난을 죄의 결과로 봅니다.

그는 욥에게 하나님을 의지하라고 권고하며 "하나님은 헤아릴 수 없는 큰일을 행하시나니 낮은 자를 높게 하시고 교활한 자의 계교를 꺾는다"고 합니다. 그는 욥의 고난을 하나님의 징계로 표현합니다. 그 징계 받음을 하나님이 주시는 연단으로 알고 받아들일 것을 말합니다.

친구의 말에 욥이 대답합니다. 나의 괴로움을 달아보며 나의 파멸을 저울 위에 놓을 수 있겠느냐. 자신의 고통을 토로하는 욥은 자신의 결백을 주장하며 죽기를 소망합니다. "주께서 어찌하여 내 허물을 사하여주지 아니하시나이까 내가 이제 흙에 누우리니 주께서 나를 찾을지라도 남아있지 아니하리라."

**묵상시**

욥을 질책하는 엘리바스
죄 없이 망한 자가 어디 있었더냐고
말하며
욥의 당하는 고난을
죄악과 연결 시키고 있네

자신의 결백을 주장하는 욥
가족이 죽고
재산도 다 없어지고
자신마저 죽음의 문턱에 있으니
모든 것 포기하고
죽기를 소망하고 있네

눈에 보이는 것만으로
모든 것 안다고 말하지 마라
나의 형편을 아시는 주님께서
나의 손을 놓지 않으시리라

20주
118
목요일

# 욥기 8~10장

오늘의 키워드는 **"빌닷의 대화"**입니다.

빌닷은 하나님의 공의성을 말합니다. "하나님이 어찌 정의를 굽게 하시며 전능하신 이가 어찌 공의를 굽게 하시겠느냐 네 자녀들이 주께 죄를 지었으므로 주께서 그들을 죄에 버려두셨나니 네가 만일 하나님을 찾으면 하나님이 너를 돌보시고 네 의로운 처소를 평안케 하실 것이라."

빌닷이 욥의 죄를 시인하게하려는 노력을 기울입니다. 욥은 자신의 고난이 이유 없이 당하는 것이요 고난은 악인만 당하는 것이 아니라 온전한 자도 당함을 말합니다. "그가 폭풍으로 나를 치시고 까닭 없이 내 상처를 깊게 하시며 내가 온전하나 나를 돌아보지 아니하시고 나를 천히 여기시는구나."

욥은 자신이 당하는 고통을 하나님께 토로하며 반문합니다. "내가 하나님께 아뢰리니 나를 정죄하지 마옵시고 무슨 까닭으로 나와 더불어 변론하시는지 내게 알려주소서, 내가 범죄하면 주께서 나를 죄인으로 인정하시고 내 죄악을 사하지 아니하시며 내가 악하면 화가 있을 것입니다."

묵상시

욥의 고난에 대하여 빌닷이 질책하네
하나님이 어찌 공의를 굽게 하시겠느냐
자녀들의 죄로 말미암아 벌을 받는 것인즉
네가 하나님을 찾으면 나으리라

빌닷의 질책에 대하여 욥이 대답하네
나의 고난 당하는 이유를 알 수 없은즉
온전한 자도 고난 당하오니
나를 정죄하지 말지어다

하나님께 대하여 욥이 질문하네
내가 범죄하였으면 알려주소서
하나님은 공의로우시니
나를 공의로 대하시면 내가 살겠나이다

모든 일을 공의로 대하면
이 세상에 남아있을 사람 누구인가
폭풍이 악인에게만 불어오는가
아침 이슬이 의인에게만 내리는가

20주

**119**

금요일

# 욥기 11~14장

오늘의 키워드는 **"소발의 대화"**입니다.

소발은 욥이 결백을 주장하지만 부지중에 범했을지도 모를 죄에 대하여 언급하고 욥이 당하는 고난의 원인을 죄로 단정짓고 있습니다. "지혜의 오묘함으로 네게 보이시기를 원하노니 이는 하나님의 지식이 광대하심이라 하나님께서 너의 죄를 잊게 해주셨음을 알라"고 나무랍니다.

욥은 친구들의 원칙론적 나무람에 대하여 "너희가 죽으면 지혜도 죽겠구나"라고 비꼬아 말하며 "나도 너희만 못하지 아니하니"라고 말하며 친구들의 부족함을 예증하기 시작합니다. "네가 하나님의 오묘함을 어찌 능히 측량하며 전능자의 섭리를 어찌 능히 알겠느냐."

욥은 친구들의 생각의 폭이 적어 자신을 이해하지 못한다고 생각하며 하나님만이 그 이유를 아신다고 말합니다. "모든 생물의 생명과 모든 사람의 목숨이 다 여호와께 있도다 그는 민족들을 번창하게도 하시고 멸하기도 하시며 널리 퍼지게도 하시고 다시 끌려가게도 하시는도다."

묵상시

소발이 말하네
말이 많으니 어찌 대답이 없느냐
말이 많으니 어찌 의롭다 하겠느냐
너의 자랑이 어찌 사람을 잠잠케 하며
너의 비웃음이 어찌 부끄럽지 않겠느냐
너의 죄악이 고난에서 나왔나니
네가 어찌 하나님의 오묘함을 알겠느냐

욥이 소말에게 대답하네
네가 죽으면 지혜도 죽겠구나
강도의 장막은 어찌 형통하고
불의한 자가 어찌 평안하나니
모든 생물의 생명과
모든 사람의 목숨이 하나님께 있나니
민족들을 흥하게도 하시고
민족들을 멸하게도 하시니라

20주
120
토요일

# 욥기 15~17장

오늘의 키워드는 **"엘리바스의 2차 대화"**입니다.

친구들과의 2차 공방전이 벌어집니다. 엘리바스는 고난을 악인들에게 주어지는 형벌로 인식하며 욥을 정죄합니다. "경건하지 못한 무리는 자식을 낳지 못할 것이며 뇌물을 받은 자의 장막은 불탈 것이라 그들은 재난을 잉태하고 죄악을 낳으며 그들의 뱃속에 속임을 준비하느니라."

그러나 욥은 엘리바스의 말이 옳지 않음을 지적합니다. "내 얼굴은 울음으로 붉었고 내 눈꺼풀에는 죽음의 그늘이 있구나 내 손에는 포악이 없고 나의 기도는 정결하니 하나님이 나의 증인이요 중보자가 되심이라 친구들이 나를 조롱하나 나는 하나님을 향하여 눈물 흘리나이다."

나의 기운이 쇠하였음이여 나의 날이 다하여 무덤 가까이 다가섰도다. 나에게 담보물을 주소서 나의 손을 잡아줄 자 누구리이까. 나의 날이 지나갔고 나의 계획과 소원이 모두 끊어졌나니 나의 희망이 어디 있으며 나의 희망을 누가 보겠느냐 하늘에 계신 하나님 나를 도우소서.

묵상시

엘리바스가 다시 말하네
지혜롭다고 말하는 자가 어찌
헛된 지식으로 대답하며
헛된 바람으로 가득 채워졌는가
너는 하나님의 오묘하심을 알지 못하고
간사함이 가득하니
너의 변론은 무익함 뿐이로다

욥이 엘리바스에게 대답하네
주께서 나의 집을 패망하게 하시고
나를 시들게 하셨으니
이는 나를 통하여 증거 삼기 위함이라
나의 기운이 쇠하고
나의 날이 다하였사오나
주께서 나의 손을 잡아 주시리라

21주
121
월요일

# 욥기 18~19장

오늘의 키워드는 **"빌닷의 2차 대화"**입니다.

빌닷은 자신의 입장을 고수하며 친구들의 조언을 거부하는 욥에 대하여 흥분을 감추지 못합니다. 그리고 더 크게 반발하며 욥을 꾸짖습니다. 너는 어찌하여 우리를 짐승으로 여기냐고 울분을 터트리며 악인의 빛은 꺼지고 그의 불꽃은 비치지 않을 것이라고 말합니다.

그러나 욥은 친구들에게 반문합니다. 너희가 내 마음을 괴롭히며 말로 나를 짓부수기를 어느 때까지 하겠느냐. 비록 내게 허물이 있다할지라도 그 허물이 내게만 있더냐. 욥은 또한 하나님이 고난을 허용하기도 하시고 고난을 거두기도 하시는 분이심을 친구들에게 알려줍니다.

"나의 가까운 친구들이 나를 미워하며 나의 사랑하는 사람들이 나의 원수가 되었도다. 내 피부와 살이 뼈에 붙었고 남은 것은 겨우 잇몸뿐이오니 나를 불쌍히 여겨다오. 나의 대속자가 살아 계시나니 그가 땅위에 서실 것이요 내가 죽는 날에 하나님을 보리니 내 마음이 초조하구나."

묵상시

빌닷이 욥에게 나무라기를
어찌하여 우리를 짐승으로 여기며
어찌하여 우리를 부정하게 보느냐
악인의 빛은 꺼질 것이요
악인의 장막은 어두워질 것이로다
너의 꾀에 네가 빠지고
너의 발은 올가미에 걸리며
너의 힘은 쇠하며 재앙이 기다릴 것이라

욥이 빌닷의 말에 대답하기를
나의 허물이 너에게는 없더냐
언제까지 나를 괴롭히느냐
나의 친척은 나를 버렸고
나의 가족도 나를 조롱하였나니
친구야 나를 불쌍히 여겨다오
네가 어찌 하나님처럼 나를 박해하느냐
너의 분노의 칼은
너를 심판장 앞으로 인도하리라

21주
122
화요일

# 욥기 20~21장

오늘의 키워드는 **"소발의 2차 대화"**입니다.

소발은 자신의 주장을 받아들이지 않는 욥을 악인으로 규정합니다. 그리고 '악인필멸'의 논리를 내세워 "수고하여 얻은 것을 삼키지 못하고 돌려주며 매매하여 얻은 재물로 즐거움을 삼지 못하나니 그가 가난한 자를 학대하고 자기가 짓지 않은 집을 빼앗았음이니라"고 비난합니다.

욥은 친구들의 '악인필멸'에 대한 이해가 부족함을 지적합니다. 하나님이 악인을 멸하심은 눈에 보이는 현상에서 나타날 수 있지만 영혼의 심판이 반드시 있음을 상기시켜 줍니다. "어찌하여 악인이 생존하고 장수하며 세력이 강하냐 그들은 세상에서 행복하게 지내다가 잠깐 사이에 스올에 내려가느니라."

악인은 이르기를 전능자가 누구이기에 우리가 섬기며 우리가 그에게 기도한들 무슨 소용이 있으랴 하나니 악인은 재난의 날을 위하여 남겨둔 바 되었고 진노의 날을 향하여 끌려가는 존재인 것을 말하며 하나님을 의지하는 자신과는 다르며 친구들의 비난이 잘못되었음을 입증합니다.

묵상시

소발이 욥에게 말하기를
악인의 자랑도 잠시뿐이요
즐거움도 잠시 뿐이나니
악인의 결국은 멸망당하리요
하늘이 그의 죄악을 드러내며
땅이 그를 대항하여 일어나리라

욥이 소발에게 대답하기를
어찌하여 악인이 장수하며
그들의 수소는 새끼를 배고
그들의 암소는 낙태 없이 새끼를 낳느냐
악인은 재난의 날을 위하여 남겨두었고
진노의 날을 향하여 끌려가느니라

21주
123
수요일

# 욥기 22~24장

오늘의 키워드는 **"엘리바스의 3차 대화"**입니다.

삼차 공방전이 벌어집니다. 욥을 이해하지 못하고 자신들의 관점으로 해석하는 친구들은 욥을 정죄합니다. 욥의 죄악을 하나하나 열거하며 회개를 촉구합니다. "하나님이 너를 책망하시며 너를 심문하심이 너의 경건 때문이냐 네 악이 크지 아니하냐 네 죄악이 끝이 없느니라."

그러나 욥의 신앙은 확고합니다. 욥은 자신이 당하는 고난 때문에 하나님을 가혹한 분으로 이해하고 있었습니다. 그러나 이제 고난을 하나님이 주시는 시험(test)으로 순순히 받아들입니다. "내가 가는 길을 그가 아시나니 그가 나를 단련하신 후에는 내가 순금같이 되어 나오리이다."

고난이나 행복이 악인이나 의인에게 똑같이 임하지만 결과는 다릅니다. 당장은 '에서'가 잘되는 것 같으나 그가 하나님을 찾는 장면이  없고, '야곱'은 고생을 거듭하지만 하나님을 찾았습니다. 의인의 결국은 하나님의 동행 속에서 만들어지는 것입니다.

묵상시

엘리바스가 욥을 죄인 취급하네
고난이 너의 경건 때문이냐
네 악이 크고 죄악이 끝이 없구나
네가 악인이 길을 따르려느냐
그들은 때가 이르기 전에 끊기고
그들의 터는 강물에 잠겼나니
너는 하나님의 말씀을 마음에 두라

욥이 엘리바스에게 변론하네
내가 가는 길을 하나님이 아시나니
그가 나를 단련하신 후에
내가 순금같이 되어 나오리라
나의 발이 그의 걸음을 따랐으며
나의 손이 그의 명령을 어기지 아니하였고
나의 마음이 그의 말씀을 귀히 여겼도다

21주
124
목요일

# 욥기 25~27장

오늘의 키워드는 **"빌닷의 3차 대화"**입니다.

빌닷은 하나님을 주권과 위엄과 광명의 근원으로, 인간을 하찮은 피조물로 묘사하여 욥의 죄악을 밝히려고 합니다. "그의 광명을 받지 않은 자가 누구냐. 그런 즉 하나님 앞에서 사람이 어찌 의롭다 하며 여자에게서 난 자가 어찌 깨끗하랴. 구더기 같은 사람, 벌레 같은 인생이랴."

욥은 빌닷의 짧은 지식을 나무라며 하나님을 찬양합니다. "북쪽을 허공에 펴시며,땅을 아무것도 없는 곳에 매다시며, 물을 빽빽한 구름에 싸시나 그 밑의 구름이 찢어지지 아니하느니라. 그가 꾸짖으신즉 하늘 기둥이 흔들리어 놀라며 그의 능력으로 바다를 잔잔하게 하시는도다."

욥은 친구들의 주장을 반박하고 자신의 고난은 숨겨진 죄악을 드러내는 것이 아님을 주장합니다. "나는 결코 너희를 옳다 하지 아니하겠고 내가 죽기 전에는 나의 온전함을 버리지 아니할 것이라 내가 공의를 굳게 잡고 놓지 아니하리니 내 마음이 나의 생애를 비웃지 아니하리라."

묵상시

빌닷이 또 욥에게 말하네
하나님은 권능과 사랑을 가지신 분이요
그의 군대를 어찌 계수하며
그의 광명을 누가 피해가랴
사람이 어찌 하나님 앞에서 의롭다 하며
그 앞에서 어찌 깨끗하다 하느냐

욥이 빌닷의 말에 대응하네
네가 창조주 하나님을 아느냐
너의 짧은 지식을 거두어라
그는 아무것도 없는 곳에 땅을 매다시며
구름에서 물을 짜시나 찢어지지 아니하고
입김은 하늘을 맑게 하시는도다

나의 호흡이 아직 내 속에 있고
하나님의 숨결이 아직 내 코에 있나니
내 혀가 거짓을 말하지 아니하리라
나의 원수는 악인같이 되고
나를 치는 자는
불의한 자 같이 되기를 원하노라

21주
125
금요일

# 욥기 28~31장

오늘의 키워드는 **"욥의 답변"**입니다.

욥은 지혜가 하나님께로부터 나오는 것을 말하며 친구들이 내세우는 지혜의 허상을 반박합니다. 사람이 땅 속에서 보물을 캐내어 시장에 판매하지만, 지혜가 어디에서 나는지 알지 못하고 보물을 팔아서도 지혜를 구입할 수 없습니다. 친구들아 주를 경외함이 지혜요 악을 떠남이 명철이니라.

욥은 지난 세월을 회상하고 하나님의 은혜였음을 고백하지만 자신의 현재의 고난을 한탄합니다. "이제는 내 생명이 녹으니 환난 날이 나를 사로잡음이라." 욥은 하나님을 원망하지 않지만 고통을 호소합니다. "내 수금은 통곡이 되었고 내 피리는 애곡이 되었구나."

욥은 법정에 선 듯 자신의 삶이 결백하였음을 조목조목 제시합니다. 나는 허위와 동행하지 않았고, 주의 법도를 떠나지 않았고, 음욕을 품지 않았고, 종들의 필요를 저버리지 않았고, 가난한 자와 과부와 고아를 돌보았고, 부와 우상숭배하는 것을 경계하였음을 진술하고 있습니다.

묵상시

욥은 결백을 주장합니다
음욕을 품지 아니하며
주의 법도를 떠나지 아니하며
고아와 과부를 외면하지 아니하며
우상숭배하지 아니하였는데
악인이 잘되고 형통하며
순종하는 자가 고난 당함은 무슨 이유입니까

야곱이 라반에게 속은 이유를 아느냐
요셉이 형들에게 버림 받은 이유를 아느냐

인생길 험하나
마지막이면 알 수 있으리
모자이크 그림을 이해하기 어려우나
그림이 완성되면 알 수 있으리
나의 고난의 이유를 지금은 모르지만
시간이 지나면 알 수 있으리
나를 향한 하나님의 섭리인 것을...

21주
126
토요일

# 욥기 32~34장

오늘의 키워드는 **"엘리후의 대화"**입니다.

욥이 자신을 의인으로 여기므로 젊은 사람 엘리후가 화를 냅니다. 욥에게 화를 냄은 욥이 하나님보다 자신을 더 의롭다 함이요. 세 친구에게 화를 냄은 그들이 능히 대답하지 못하면서 욥을 정죄하기 때문입니다. 그러면서 엘리후는 욥과 세 친구의 대화 속으로 끼어듭니다.

욥이여 내 말을 들으라. 너는 깨끗하여 악인이 아니며 불의가 없거늘 하나님이 고난을 준다 하였느냐. "하나님께서 사람의 말에 대답하지 않으신다 하여 어찌 하나님과 논쟁하겠느냐." 그가 사람의 귀를 여시고 경고로써 두렵게 하시나니 사람의 교만을 막으려 하심이라.

엘리후는 지혜있는 자들에게 욥이 스스로 의롭다는 말을 들으라 말하며 자신의 동조세력을 키웁니다. 하나님은 불의를 행하지 아니하시고 사람의 행위에 따라 갚으신다고 말합니다. 그리고 욥의 발언이 무식하고 악하다고 말하며 욥을 더 궁지로 몰아넣고 있습니다.

묵상시

엘리후가 욥에게 말하고있네
그대가 할 수 있거든 대답하고 진술하라
하나님이 사람의 귀를 여시고
경고로써 두렵게 하시니
사람에게 행실을 버리게 하려 하심이요
사람의 교만을 막으려 하심이라

엘리후가 욥을 나무라네
전능자의 길이 어디에 있기에
인간의 시각으로 어찌 다 알 수 있는가
그대의 지식을 열면
하나님의 섭리를 다 알 수 있느냐
너는 여호와를 바라보라

22주

127

월요일

# 욥기 35~37장

오늘의 키워드는 **"엘리후의 권고"**입니다.

엘리후는 욥에게 그대의 의가 하나님께로부터 왔냐고 질문을 하며 그의 의롭다 함을 책망합니다. 하나님이 진노하심으로 벌을 주지 아니하셨고 악행을 끝까지 살피지 아니하셨다고 말하는 욥의 주장을 이해하지 못하고 있습니다. 하나님의 심판에 대한 엘리후의 견해가 잘못됨이 드러납니다

엘리후는 하나님이 악한 자를 반드시 멸하시고 의인은 돌보신다는 주장을 굽히지 않습니다. 다만 하나님이 죄를 지은 자를 일시적으로 고난 받게 하시지만 다시 회복시키신다고 말합니다. 그리고 욥에게 더 이상 교만을 떨지 말며 하나님 앞에서 잘못을 시인하라고 촉구합니다.

엘리후는 하나님이 자연계를 운행하시며 일으키시는 여러 기이한 현상들을 거론하며 설명합니다. 하나님의 권능이 지극히 크사 정의나 무한한 공의를 굽히지 아니하시므로 사람들은 그를 경외하고 하나님은 스스로를 지혜롭다고 생각하는 모든 자를 무시한다고 설명합니다.

묵상시

엘리후는 계속해서
자신의 지식으로 욥을 책망하네

그대가 범죄한들
하나님께 무슨 영향이 있으며
그대가 악을 행한들
하나님께 무슨 상관 있으리요

하나님은 아무도 멸시하지 않으시며
하나님은 악인을 살려두지 않으시며
고난 받는 자에게 공의를 베푸시며
의인에게서 눈을 떼지 아니하시나니
너는 교만하지 말며
하나님께 복종하라고 권하네

너는 하나님의 행하심을 기억하라
우리가 하나님의 높으심을 모름이요
하나님은 우리의 경배 받으실 분이요
하나님은 지혜로우시니
스스로 지혜로운 자를 무시하심이라고
욥을 훈계하네

22주
128
화요일

# 욥기 38~39장

오늘의 키워드는 **"하나님이 말씀하심"**입니다.

엘리후의 변론이 끝나자 여호와께서 침묵을 깨시고 폭풍우 가운데서 욥에게 말씀하시어 그의 무지를 깨닫게 하십니다. 누가 사람 없는 땅에 비를 내리며 황무한 토지에 연한 풀이 돋아나게 하였느냐. 네가 하늘의 궤도를 아느냐 하늘로 하여금 그 법칙을 땅에서 베풀게 하겠느냐. 네가 목소리를 구름에까지 높여 넘치는 물이 네게 덮이게 하겠느냐. 네 가슴 속의 지혜는 누가 준 것이며 누가 지혜로 구름의 수를 세겠느냐 누가 하늘의 물주머니를 기울이겠느냐.

동물 하나에게도 세심하게 보살피시는 하나님이 어찌 인간을 보살피지 않겠느냐. 들소가 어찌 너를 위하여 기꺼이 일을 하겠으며 네 외양간에 머물겠느냐. 타조는 즐거이 날개를 치나 학의 깃털과 날개 같겠느냐. 말의 힘을 네가 주었느냐 그 목에 흩날리는 갈기를 네가 입혔느냐 네가 그것으로 메뚜기처럼 뛰게 하였느냐. 독수리가 높은 곳에 보금자리를 만드는 것이 어찌 네 명령을 따름이냐. 그것이 험준한 데 살며 먹이를 살피나니 그 눈이 멀리 봄이라.

**묵상시**

여호와께서 침묵을 깨고
폭풍 가운데서 오시어
창조의 비밀을 열거하시며
욥의 무지를 일깨우십니다

땅의 기초를 놓을 때 너는 어디 있었느냐
바다가 그 모태에서 터져 나올 때
문으로 그것을 가둔 자가 누구냐
네가 바다의 샘에 들어갔었느냐
깊은 물 밑으로 걸어보았느냐
티끌이 덩어리를 이루며
흙덩이가 서로 붙게 하겠느냐
네가 황무한 땅으로 연한 풀을 만들겠느냐

너는 세상의 이치를 다 아느냐
하나님이 천지만물을 만드셨으니
너는 피조물이라
너는 창조된 피조물이니
너를 만드신 하나님의 뜻을 순응하라

22주

129

수요일

# 욥기 40~42장

오늘의 키워드는 **"욥의 회개"**입니다.

하나님 앞에서 당당하던 욥은 드디어 하나님의 초월적인 주권과 지혜 앞에서 겸손하여집니다. 네가 내 공의를 부인하려느냐 네 의를 세우려고 나를 악하다 하겠느냐? 네가 하나님처럼 능력이 있느냐 하나님처럼 천둥소리를 내겠느냐 너의 넘치는 노를 비우고 모든 교만한 자를 낮아지게 하며 악인을 그들의 처소에서 짓밟으라. 그들을 진토에 묻으라. 욥이 드디어 입을 엽니다. 보소서 나는 비천하오니 무엇이라 주께 대답하리이까 손으로 내 입을 가릴 뿐입니다.

욥이 여호와께 이르되 주께서는 못 하실 일이 없사오며 무슨 계획이든지 못 이루실 것이 없는 줄을 아옵니다. 내가 주께 대하여 귀로 듣기만 하였으나 이제는 눈으로 뵈옵나니 내가 나의 잘못을 스스로 거두어들이고 티끌과 재 가운데서 회개합니다. 여호와께서 욥을 기쁘게 받으시고 욥의 곤경을 돌이키시고 이전 모든 소유보다 갑절이나 주셨으니 생명도 두 배입니다. 시험은 누구에게나 올 수 있습니다. 그 중에서도 신앙을 버리지 않음이 참된 성도의 모습입니다.

묵상시

하나님 앞에서나 인간 앞에서나
지금까지 당당하던 욥
여호와의 초월적인 주권 앞에서
이제 무릎 꿇고
자신의 무지를 고백합니다

나의 모습이
하나님 앞에서 떳떳할지라도
하나님이 고난을 주심은
하나님의 깊으신 뜻이 있는 것을...

나의 당당함은
하나님 앞에서 부끄러움이요
하나님의 섭리를 알지 못함 때문이라
나를 위하여 주께서 죽으셨으니
나 이제 주님만 바라보리이다

22주
130
목요일

# 시편 1~7편

오늘의 키워드는 **"복 있는 사람"**입니다.

1편 : 복 있는 사람은 죄악과 단절된 상태입니다. 또한 여호와의 말씀을 즐거워하여 주야로 묵상하는 자입니다. '복있는 사람'은 시편 전체의 주제입니다.

2편 : 너는 내 아들이라 내게 구하라 내가 이방 나라를 유업으로 주리니 네 소유가 땅 끝까지 이르리라

3편 : 탄원시/ 나의 대적이 너무 많습니다. 주는 나의 방패시니 천만인이 나를 에워싸도 나는 두렵지 않습니다

4편 : 원수들이 비웃어 나를 욕되게 하지만 여호와께서 세우셨으니 의의 제사를 여호와께 드릴지어다

5편 : 나의 하나님이여 원수들을 정죄하사 자기 꾀에 빠지게 하시고 그들을 쫓아내소서

6편 : 내가 죽음의 위기에 있사오니 여호와여 내게 은혜 베푸시고 나를 고치소서

7편 : 탄원시/ 내가 주께 피하오니 나를 구원하소서 나의 방패는 마음이 정직한 자를 구원하시는 하나님께 있도다

묵상시

시편의 서론은 1~2편이요
하나님께 피하는 자
심판을 면함이요

복 있는 사람은
악인들의 꾀를 따르지 아니하며
죄인들의 길에 서지 아니하며
여호와의 율법을 즐거워하여
그 율법을 주야로 묵상하는 자로다

시편의 서론을 신약에서 찾아보면
항상 기뻐하라
쉬지 말고 기도하라
범사에 감사하라
이것이 그리스도 예수 안에서
너희를 향하신 하나님의 뜻이니라

22주
131
금요일

# 시편 8~17편

오늘의 키워드는 **"다스림"**입니다.

8편 : 창조시/ 여호와 우리 주여 주의 이름이 온 땅에 어찌 그리 아름다운지요 주의 영광이 하늘을 덮었나이다.

9~10편 : 탄원시/ 사람이 무엇이기에 주께서 그를 생각하시며 인자가 무엇이기에 주께서 그를 돌보시나이까

11편 : 의인이 악인에게 위협 당하여도 담대할 것은 여호와는 의인을 감찰하시기 때문입니다.

12편 : 악인이 세상을 지배하오나 여호와여 의인을 보전하소서

13편 : 절망 중의 기도를 들으소서 내가 여호와를 찬송하리이다.

14편 : 선을 행하는 자가 없으니 죄악을 행하는 자는 백성을 괴롭히며 하나님을 찾지 않나이다.

15편 : 성전신학/ 성전에 거하는 자는 예배와 삶이 일치하고 말씀에 순종하는 자이다.

16편 : 하나님이여 나를 지켜주소서 내가 주께 피하나이다.

17편 : 나를 눈동자 같이 지키시고 나를 압재하는 원수들에게서 벗어나게 하소서

묵상시

여호와 우리 주여
주의 이름이 온 땅에
어찌 그리 아름다운지요
주의 영광이 하늘을 덮었사오니
주께서 만드신 하늘과
달과 별들이 아름답습니다

주께서 만드신 모든 것을
주의 발 아래 두셨으니
주의 이름이 어찌 그리 아름다운지요

내가 주를 기뻐하고 찬송하리니
여호와는 나의 피난처입니다
악인이 창궐하여 진을 칠지라도
주께서 그들에게 그물을 던지시리니
불과 유황과 태우는 바람이
그들의 잔의 소득이 됩니다

22주
132
토요일

# 시편 18~27편

오늘의 키워드는 **"승전가"**입니다.

18편 : 여호와는 나의 반석 • 구원의 뿔 • 산성 • 구원이십니다.

19편 : 찬송시/ 내 입의 말과 마음의 묵상이 주께 열납되기 원합니다.

20편 : 나는 여호와의 이름을 자랑하리니 왕을 구원하소서

21편 : 왕이 여호와를 의지하오니 여호와의 인자하심이 흔들리지 아니하리라

22편 : 탄원시/ 내 하나님이여 어찌하여 나를 버리셨나이까. 나를 사자의 입에서 구원하소서

23편 : 여호와는 나의 목자시니 내게 부족함이 없으리로다.

24편 : 창조신학/ 문들아 머리 들지어다 영광의 왕이 들어가시리로다

25편 : 탄원시/ 주의 도를 내게 보이시고 주의 길을 내게 가르치소서

26편 : 내가 여호와를 의지하였사오니 나를 판단하소서

27편 : 탄원시/ 여호와는 나의 빛이요 구원이시요 생명의 능력이시니 내가 누구를 무서워하리요

묵상시

인생의 모진 풍파 지나온 다윗
인생의 주인이신 하나님을 찬송하네
적들에게 사방으로 에워쌈 당하여도
하나님만을 바라보나니
여호와는 나의 반석이시요
나의 요새시요
나를 건지시는 하나님이시라

세상이 나를 누르고
음모와 모략이 나를 누르오나
내가 신앙을 버리지 아니하고
하나님만 의지하오니
여호와는 나의 구원의 뿔이시요
여호와는 나의 산성이시오
나의 찬송 받으실 이시요
내가 환난 날에 구원을 얻음이라

23주
133
월요일

# 시편 28~35편

오늘의 키워드는 **"영광의 하나님"**입니다.

28편 : 주께서 내게 잠잠하시면 내가 무덤에 내려가는 자와 같습니다.

29편 : 여호와의 이름에 합당한 영광을 돌리며 거룩의 옷을 입고 여호와께 예배하라

30편 : 나의 슬픔이 변하여 춤이 되며 나의 베옷을 벗기고 기쁨으로 띠 띠우셨도다

31편 : 탄원시/ 나의 영을 주의 손에 부탁하오니 진리의 하나님이 나를 속량하셨도다

32편 : 감사시/ 내가 회개하지 않을 때에 종일 신음하므로 내 뼈가 쇠하였고 내 죄악을 숨기지 아니하였더니 주께서 내 죄악을 사하셨도다.

33편 : 찬송시/ 의인들아 여호와를 즐거워하라. 새 노래로 그를 노래하며 즐거운 소리로 연주할지어다.

34편 : 여호와의 선하심을 맛보아 알지어다. 그에게 피하는 자는 복이 있도다.

35편 : 탄원시/ 불의한 증인들이 내게 선을 악으로 갚으나 내 영혼을 사자들에게서 건지소서

묵상시

허물을 사함 받고
자기의 죄가 가리워 진 자는 복이 있나니
죄 지은 자의 우선은
죄를 자백하는 것이요
그리스도의 보혈로 사함 받은 자는 기뻐하라
하나님의 은혜를 입었음이라

주는 나의 은신처요
환난에서 나를 보호하시나니
주께서 구원의 노래로 나를 두르심이라
젊은 사자가 주릴지라도
주께서 나를 보호하시리니
내가 여호와를 찬양하나이다

23주
134
화요일

# 시편 36~41편

오늘의 키워드는 **"여호와께 맡기라"**입니다.

36편 : 주의 인자하심이 보배로우시니 주의 그늘 아래 피하나이다. 생명의 원천이 주께 있사오니 주의 빛 안에서 우리가 빛을 보리이다.

37편 : 네 길을 여호와께 맡기라 그를 의지하면 그가 이루시고 네 의를 빛 같이 나타내시며 네 공의를 정오의 빛 같이 하시리로다.

38편 : 탄원시/ 내 죄악이 넘쳐서 무거운 짐 같으니 감당할 수 없나이다. 나를 버리지 마소서 나를 도우소서 나의 구원이시여.

39편 : 내가 눈물 흘릴 때에 잠잠하지 마소서 나는 주와 함께 있는 나그네이니 나를 용서하사 나의 건강을 회복 시키소서.

40편 : 내가 주의 뜻 행하기를 즐기오니 주의 법이 나의 심중에 있나이다. 내가 주의 인자와 진리를 회중 가운데 감추지 아니하였나이다.

41편 : 가난한 자를 보살피는 자에게 복이 있음이여 재앙의 날에 여호와께서 건지시리라.

묵상시

네 길을 여호와께 맡기라
그리하면 이루리라

생명의 원천이 주께 있사오니
생명을 주께 의지하여라
그리하면 살리라

네 길을 여호와께 맡기라
그리하면 이루리라

빛이 들어가면 어둠이 사라짐 같이
여호와의 빛이 들어가면
캄캄한 내 인생이 밝아지리라

23주

# 135

수요일

## 시편 42~50편

오늘의 키워드는 **"주를 갈급함"**입니다.

42~43편 : 탄식시/ 내 영혼아 어찌하여 낙심하며 불안해하느냐. 사슴이 시냇물 찾기에 갈급함 같이 내 영혼이 주를 찾기에 갈급합니다.

44편 : 탄원시/ 우리가 종일 주를 위하여 죽임 당하게 되었으니 일어나 우리를 도우소서.

45편 : 용사여 허리에 칼을 차고 왕의 영화와 위엄을 입으라.

46편 : 하나님은 우리의 피난처시오 힘이시니 바닷물이 솟아나고 산이 흔들릴지라도 두려워하지 않습니다.

47편 : 하나님은 온 땅의 왕이시니 지혜의 시로 찬송하리라.

48편 : 여호와는 위대하시니 우리 하나님의 성, 거룩한 산에서 찬양 받으시리로다.

49편 : 하나님이 나를 영접하시리니 내 영혼을 스올의 권세에서 건지시리라

50편 : 네 죄를 드러내시며 돌이킬 기회를 주시나니 감사함으로 예배를 드리라

묵상시

식물이 물을 향하여
뿌리를 내림 같이
갈급한 내 영혼이 주를 향하여
뿌리를 내리오니

종달새가 하늘 높이
춤을 추며 노래함 같이
갈급한 내 영혼이 주를 향하여
찬송을 부르오니

오뉴월의 태양 찬란하게
들판을 비춤 같이
주님의 사랑 가득 내려와
내 영혼을 눈물로 채우리이다

23주

# 136 목요일

# 시편 51~60편

오늘의 키워드는 **"용서하소서"**입니다.

51편 : 탄원시/ 우슬초로 나의 죄를 씻어주소서 내가 눈보다 희리이다.

52편 : 악을 사랑하며 하나님을 의지하지 않는 자를 영원히 멸하심이여.

53편 : 어리석은 자는 하나님이 없다 말하며 부패하여 악을 행하는도다.

54편 : 포악한 자들이 나를 수색하나 주께서 내 원수를 악으로 갚으시리라.

55편 : 나를 배반하는 자는 원수가 아니라 나의 동료 나의 친구로다.

56편 : 내가 두려워하는 날에는 주를 의지하리니 하나님이 나를 건져주시리라.

57편 : 주는 하늘 위에 높이 들리시며 주의 영광이 온 세계 위에 높아지리이다.

58편 : 통치하는 자들이 거짓을 말하니 하나님이여 그들의 이를 꺾으소서.

59편 : 내가 무죄하오나 그들이 달려드오니 나를 원수의 손에서 구하소서

60편 : 우리를 도와 대적을 치게 하소서 내가 하나님을 의지하고 용감하게 행하리이다.

묵상시

거친 바람과 폭우와
수많은 시련을 이겨낸 낙락장송
거뜬히 자리를 지키며
무서울 것 없었으나
조그마한 곤충에 방심하다가
허망하게 무너졌네

사울의 공격을 피하고
광야의 고통을 이겨낸 다윗
당당히 이스라엘 왕이 되었으나
자신을 다스리지 못하여
죄악 속에 빠져버렸네

자신을 다스리는 자가
성을 빼앗는 용사보다 강하나니
말씀 안에 거하지 못함을 용서하시고
오늘 하루
주의 다스림을 받게 하소서

23주

# 137

금요일

# 시편 61~68편

오늘의 키워드는 **"인도하소서"**입니다.

61편 : 주는 나의 피난처시요 견고한 망대시니 나를 높은 바위에 나를 인도하소서.

62편 : 나의 영혼이 잠잠히 하나님만 바람이여 나의 구원이 그에게서 나오는도다.

63편 : 내가 주의 권능을 보기 위하여 주를 바라보나니 주의 인자하심이 생명보다 나으므로 내 입술이 주를 찬양하리라.

64편 : 나의 근심하는 소리를 들으시고 원수에게서 나의 생명을 보존하소서.

65편 : 성전의 하나님을 온 땅의 하나님을 즐거이 외치고 노래하나이다.

66편 : 하나님이 행하신 것을 보라 사람의 아들들에게 행하신 것이 엄위하시도다.

67편 : 하나님이여 민족들이 주를 찬송하게 하시며 모든 민족들이 주를 찬송하게 하소서

68편 : 하나님이 일어나시니 원수들은 흩어지며 주를 미워하는 자들은 주 앞에서 도망하리이다.

묵상시

지휘자도 없고
관현악단도 없고
관객도 없지만
들판은 여전히 노래합니다

애굽의 전차가 먼지 일으키며
급하게 달려들고
홍해 속으로 뛰어 들었지만
백성은 유유히 광야를 거닙니다

산들이 출렁이고
바다가 덤벼들지라도
내 영혼이 주를 따르오리니
여호와여 나를 인도하소서

하나님이여
민족들이 주를 찬양하고
모든 민족이
주를 찬송하게 하소서

23주

138

토요일

# 시편 69~72편

오늘의 키워드는 **"나를 건지소서"**입니다.

69편 : 물들이 내 영혼에까지 흘러들어왔으며 나는 설 곳이 없는 깊은 수렁에 빠졌사오니 나를 구원하소서.

70편 : 하나님이여 나를 건지소서 속히 나를 도우소서 나는 가난하고 궁핍하오니 하나님이여 속히 내게 임하소서.

71편 : 나는 무리에게 이상한 징조같이 되었사오나 주는 나의 견고한 피난처시오니 주를 찬송함과 주께 영광 돌림이 종일토록 내 입에 가득하리이다.

72편 : 주의 판단력을 왕에게 주시고 주의 공의를 왕의 아들에게 주소서. 그가 주의 백성을 공의로 재판하며 주의 가난한 자를 정의로 재판하리이다.

홀로 기이한 일을 행하시는 하나님을 찬송하며 그 영화로운 이름을 영원히 찬송할지로다 온 땅에 그의 영광이 충만할지어다.

묵상시

내가 깊은 수렁에 빠져서
아무리 허우적거려도
헤어나갈 수 없사오니
주의 손으로 나를 붙드소서

내가 철학에 빠지고
이데올로기에 넘어져서
헤어나갈 수 없사오니
주의 보혈로 나를 고치소서

주의 공의로 다스리고
주의 정의로 판단하사
갇힌 자의 억울함을 풀어주시고
눌린 자의 괴로움을 풀어주소서

24주

# 139

월요일

# 시편 73~79편

오늘의 키워드는 **"선을 행하심"**입니다.

73편 : 하나님께 가까이 함이 내게 복이라. 내가 주 여호와를 피난처로 삼아 주의 모든 행적을 전파하리이다.

74편 : 어찌하여 우리를 영원히 버리시나이까. 어찌하여 주께서 기르시는 양을 향하여 진노의 연기를 뿜으시나이까.

75편 : 주의 말씀이 정한 시간에 악인을 심판하리니 오직 재판장이신 하나님이 저들을 낮추시고 나를 높이시리라.

76편 : 앗수르야 덤비느냐 하나님이 너희의 기를 꺾으시리로다.

77편 :탄원시/ 내 음성으로 하나님께 부르짖으리니 하나님이 내게 귀를 기울이시리로다.

78편 : 에브라임아 하나님의 언약을 지키지 아니하고 율법을 거절하였느냐 하나님의 행하심을 보지 못하였느냐.

79편 : 여호와여 어느 때까지니이까 영원히 노하시리이까 주의 질투가 불붙듯 하시나이까.

묵상시

악인의 형통함이
여름 날의 들풀처럼 번성함이여
그들의 죽는 날에
찬서리 내리지 않고 따스함은
어찌됨인가
내가 주의 성소에서 깨달았나니
천성에는 그들의 거처가 없고
그들의 이름을 찾을 수 없음이라

바위를 쳐서 물을 내시고
궁창을 명하여 하늘 문을 여시나니
하늘에서는 주 외에 누가 있으며
땅에서는 주 밖에 사모할 자 없도다
내 육신이 약하고
내 마음이 상했으나
내가 주를 바라보오니
악인의 종말은 아궁이의 들풀이요
의인의 기쁨은 하나님의 구원하심이라

24주
# 140
화요일

# 시편 80~89편

오늘의 키워드는 **"소생케 하소서"**입니다.

80편 : 주의 줄기요 가지니 우리를 소생케 하소서.

81편 : 이스라엘아 내 도를 따르라. 내가 속히 너희의 원수를 누르고 대적들을 치리라.

82편 : 하나님께서 악한 신들을 심판하시나니 그들은 사람처럼 죽으며 무너지리라

83편 : 원수들을 주의 광풍으로 쫓으소서

84편 : 주의 궁정에서 한 날이 다른 곳에서의 천 날보다 나은즉 하나님의 성전 문지기로 있는 것이 좋습니다.

85편 : 주의 인자하심을 우리에게 보이시며 주의 구원을 우리에게 주소서.

86편 : 나는 경건하오니 내 영혼을 보존하시고 나를 구원하소서

87편 : 하나님이 친히 시온을 세우시리니 야곱의 모든 거처보다 시온의 문들을 더욱 사랑하시는도다.

88편 : 탄원시/ 깊은 고난에 빠진 자를 도우소서 주의 모든 파도가 나를 괴롭게 하셨나이다.

89편 : 주의 종들이 받은 비방을 기억하소서 많은 민족의 비방이 내 품에 있나이다.

묵상시

주의 동산의 나무 사라지고
이방 나무가 자리를 잡았으니
그 나무 줄기가 뻗어
산을 덮고 물을 지나
바다까지 뻗었나이다

어찌하여 담을 허시사
이방의 것을 용납하시고
모든 이들의
놀림거리가 되게 하셨나이까

주께서 나를 깊은 웅덩이와
음침한 곳에 두셨으니
깊은 고난에 빠진 나를 도우소서
주의 노가 나를 누르고
주의 파도가 나를 괴롭혔나이다
내 영혼을 보존하시고 구원하소서

나 이제 돌아왔나니
주의 동산에 세우시고
나를 소생케 하소서

24주
141
수요일

# 시편 90~100편

오늘의 키워드는 **"왕이신 하나님"**입니다.

90편 : 영원부터 영원까지 주는 하나님이시요 인생은 티끌과 같도다.

91편 : 여호와는 나의 피난처요 요새요 의뢰하는 하나님이시라.

92편 :감사시/ 악인들은 풀 같이 자라고 흥왕할지라도 영원히 멸망하리이다.

93편 :찬송시/ 여호와께서 다스리시니 스스로 권위를 입으셨음이여.

94편 : 세계를 심판하시는 주여 교만한 자들을 벌하소서.

95편 :~100편,감사시/ 여호와께 노래하며 구원의 반석을 향하여 즐거이 외치자.

96편 : 여호와께서 다스리시니 세계가 굳게 서고 흔들리지 않으리라.

97편 : 여호와께서 다스리시니 땅은 즐거워하며 허다한 섬은 기뻐할지어다.

98편 : 여호와께서 땅을 심판하시며 의로 세계를 판단하시며 공평으로 백성을 심판하시리로다.

99편 : 하나님을 높이고 그 성산에서 예배하라 하나님은 거룩하시도다.

100편 : 온 땅이여 즐거이 찬송을 부르자. 기쁨으로 섬기며 감사함으로 그의 문에 들어가자.

묵상시

기초를 놓으시고
티끌로 땅을 만드신 분이
누구시더냐
새들이 기뻐 노래 부르고
새벽 별이 반짝이고
바람은 부지런히 움직이며
구름은 너울너울 춤을 추나니

천지의 권세를 가진 분이
누구시더냐

땅의 끝을 밟으시고
악인을 심판하시는 주여
말씀으로 우주를 만드시고
시간을 주관하시며
인간의 삶을 감찰하시나니
왕이신 나의 하나님이시여
섬들이 찬양하며
나의 입술이 여호와를 찬양합니다

24주
142
목요일

# 시편 101~106편

**오늘의 키워드는 "왕이신 하나님"입니다.**

101편 : 완전한 길을 주목하리니 주께서 어느 때나 내게 임하시겠나이까. 여호와여 내가 주께 찬양하리이다.

102편 : 여호와여 내 기도를 들으시고 나의 부르짖음을 주께 상달하게 하소서. 내 날이 연기같이 소멸하며 내가 숯같이 탔음이라.

103편 : 찬송시/ 내가 여호와를 송축하나이다. 하늘이 땅에서 높음 같이 그의 인자하심이 크심이로다.

104편 : 내 영혼아 여호와를 송축하라. 주께서 지혜로 우리를 지으셨으며 주께서 지으신 것이 땅에 가득하나이다.

105편 : 찬송시/ 아브라함과 맺은 언약이요 이삭과 맺은 율례요 이스라엘에게 하신 영원한 언약이라.

106편 : 이스라엘이 범죄함에도 불구하고 다시 돌이키게 하시며 끝까지 돌보시는 하나님을 찬양합니다.

묵상시

그를 위해 갑옷을 입었으나
그는 나를 공격하고
그를 위해 밭을 일구었으나
그는 나를 해꼬지하고 있습니다

왕이신 나의 하나님
내 마음이 풀같이 시들었나니
주의 옷으로 덮으시고
여호와의 샘을 터뜨리소서

왕이신 나의 하나님
불꽃으로 사역자를 삼으시고
땅에 기초를 놓으시사
영원히 흔들리지 않게 하소서

24주
143
금요일

# 시편 107~116편

**오늘의 키워드는 "회복"입니다.**

107일차 : 여호와의 인자하심과 인생에게 행하신 기적으로 말미암아 찬송할지라.

108일차 : 모압은 내 목욕통이요 에돔에는 내 신발을 벗어던지리라.

109일차 : 저주가 그에게는 입는 옷 같으나 여호와께서 나를 선대하소서.

110일차 : 네 원수들로 네 발판이 되기까지 너는 내 오른쪽에 앉아있으라.

111일차 : 그의 백성을 속량하시며 그의 언약을 영원히 세우셨으니 그의 이름이 거룩하고 지존하시도다.

112일차 : 여호와를 경외하며 그의 계명을 즐거워하는 자는 복이 있도다.

113일차 : 높은 곳에 앉으셨으니 천지를 살피시고 가난한 자를 일으키시는도다.

114일차 : 유다는 여호와의 성소가 되고 이스라엘은 그의 영토가 되었도다.

115일차 : 여호와를 의지하라 그는 너희의 도움이시오 너희의 방패시로다.

116일차 : 감사시/ 그의 귀를 내게 기울이셨으므로 내가 평생에 기도하리로다.

**묵상시**

107~109편은
환난 중에 부르짖는 백성이
하나님의 구원을 청원함이요

110편은
왕들을 쳐서 깨뜨리시는
하나님의 구원하심이요

111~113편은
간구하는 백성에 대한
구원하심을 찬양합니다

여호와를 경외함이 지혜의 근본이요
그의 계명을 지키는 자는 복이 있나니
내가 환난 중에 부르짖고
그의 구원하심을 찬양하나이다

24주
144
토요일

# 시편 117~119편

**오늘의 키워드는 "주의 말씀"입니다.**

117편 : 너희 모든 나라들아 여호와를 찬양하며 너희 모든 백성들아 그를 찬송할지어다.

118편 :감사시/ 여호와의 이름으로 오는 자가 복이 있음이여 우리가 여호와의 집에서 너희를 축복하였도다. 건축자의 버린 돌이 집 모퉁이의 머릿돌이 되었나니 이는 여호와께서 행하신 것이요 우리 눈에 기이한 바로다.

119편 : 청년이 무엇으로 그 행실을 깨끗하게 하리이까 주의 말씀만 지킬 따름이라. 내가 주의 법도들을 작은 소리로 읊조리며 주의 길들에 주의하며 주의 율례들을 즐거워하며 주의 말씀을 잊지 아니하리이다.

주의 증거들을 읊조리므로 나의 명철함이 나의 모든 스승보다 나으며 주의 법도를 지키므로 나의 명철함이 노인보다 나으니이다.

주의 말씀이 내게 어찌 그리 단지요 내 입에 꿀보다 더 다니이다. 주의 말씀은 내 발의 등이요 내 길에 빛이니이다.

묵상시

계몽주의 철학이
자유주의 사상이
공산주의 이데올로기의 깃발이
청년의 마음을 유혹하지만
주의 말씀이 참된 진리라네

스포츠로
스크린으로
동성애의 무지개 깃발로
청년의 마음을 유혹하지만
주의 말씀이 참된 진리라네

지식으로 알고
감정으로 느끼면
다 된 것처럼 말하지만
의지적으로 따르며 순종하는
주의 말씀이 참된 생명이라네

25주
145
월요일

# 시편 120~137편

오늘의 키워드는 **"올려드림"**입니다.

121편 : 내가 산을 향하여 눈을 들리라. 나의 도움이 여호와에게서로다.

122편 : 여호와의 집에 올라가자 할 때에 내가 기뻐하리이다.

123편 : 내가 눈을 들어 주께 향하나이다.

124편 : 우리 영혼이 사냥꾼의 올무에서 벗어난 새 같이 되었나니 우리 도움은 천지를 지으신 여호와의 이름에 있도다.

126편 : 눈물을 흘리며 씨를 뿌리는 자는 기쁨으로 거두리로다.

127편 : 여호와께서 집을 세우시지 아니하시면 세우는 자의 수고가 헛되며 여호와께서 성을 지키지 아니하시면 파수꾼의 깨어있음이 헛되도다.

130편 : 탄원시/ 용서하심이 주께 있음은 주를 경외하게 하심이라.

133편 : 형제가 연합하여 동거함이 어찌 그리 선하고 아름다운지요.

134~135편 : 찬송시/ 여호와의 모든 종들아 여호와를 송축하라

136편 : 찬송시/ 그 인자하심이 영원함이로다.

137편 : 탄원시/ 바벨론 강가에서 우는 백성이여 이제 예루살렘을 기억하라.

묵상시

거두리로다
거두리로다
울며 씨를 뿌리는 자는
기쁨으로 단을 거두리로다

들으소서
들으소서
우리의 기도를 들으시사
바벨론 포로에서 해방하소서

들리로다
들리로다
내가 산을 향하여 눈을 들리니
나의 도움은 오직 여호와시로다

25주
146
화요일

# 시편 138~145편

오늘의 키워드는 **"나를 아시나니"**입니다.

138편 : 감사시/ 내가 전심으로 주께 감사하며 주께 찬송하리이다.

139편 : 여호와여 주께서 나를 살피셨으므로 나를 아시나이다. 내 내장을 만드시고 모태에서 나를 만드심이 심히 기묘하나이다.

140편 : 악인에게서 나를 건지시며 포악한 자에게서 나를 보전하소서.

141편 : 내가 주께 부르짖을 때에 내 음성에 귀를 기울이소서. 내 입에 파수꾼을 세우시고 내 입술의 문을 지키소서

142편 : 내 영혼을 옥에서 이끌어 내사 주의 이름을 감사하게 하소서.

143편 : 탄원시/ 내 간구에 귀를 기울이소서. 주 앞에는 의로운 인생이 하나도 없나이다.

144편 : 나의 반석이신 여호와를 찬송하리로다. 내 손을 가르쳐 싸우게 하시며 손가락을 가르쳐 전쟁하게 하시는도다.

145편 : 찬송시/ 왕이신 나의 하나님이여 내가 주를 높이고 영원히 주이 이름을 송축하리이다.

묵상시

주께서 나를 만드셨으니
내가 고난의 길을 걸으며
내 심령이 상하여 참담하오나
주께서 내 마음을 평온케 하옵소서

주께서 나를 키우셨으니
내가 허탄함에 기웃거리지 아니하며
어두운 수렁에 빠질 때에도
주께서 나와 동행하옵소서

주께서 나를 사랑하오니
내 평생에 주를 따르며
내 평생에 주를 찬양하며
내 평생에 주를 영화롭게 하옵소서

주께서 나를 아시나니
내가 평생 주를 의지하도록
나를 너무 편하게 마시고
나를 너무 높이 세우지도 마옵소서

25주
147
수요일

# 시편 146~150편

**오늘의 키워드는 "할렐루야"입니다.**

146~150편(찬송시) : 할렐루야 내 영혼아 여호와를 찬양하라. 나의 성전에 여호와를 찬양하며 나의 평생에 내 하나님을 찬송하리로다.

147편 : 할렐루야 우리 하나님을 찬양하라. 그가 별들의 수효를 세시고 그것들의 이름을 부르시는도다.

148편 : 할렐루야 하늘에서 여호와를 찬양하며 높은데서 그를 찬양할지어다. 해와 달아 그를 찬양하며 밝은 별들아 다 그를 찬양할지어다.

149편 : 할렐루야 새 노래로 여호와께 노래하며 성도의 모임 가운데서 찬양할지어다.

150편 : 할렐루야 그의 성소에서 하나님을 찬양하며 그의 권능의 궁창에서 그를 찬양할지어다. 그의 능하신 행동을 찬양하며 그의 지극히 위대하심을 찬양할지어다.

호흡이 있는 자마다 여호와를 찬양할지어다 할렐루야.

**묵상시**

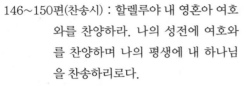

시편의 결론은 146~150편이요
심판을 면한 자들에게
찬양을 명하십니다

죄에 물든 자는
무엇으로도 씻을 수 없으나
그리스도의 보혈이면 가능하나니
너는 여호와를 찬양하라

하나님의 은혜 안에서
나의 존재를 찾으며
인생의 즐거움을 누릴 수 있나니
너는 여호와를 찬양하라

온 몸과
온 정성을 다하여
소리 높여 찬양합니다
할렐루야

25주
# 148
목요일

# 잠언 1~5장

**오늘의 키워드는 "지혜"입니다.**

1장 : 여호와를 경외하는 것이 지식의 근본이거늘 미련한 자는 지혜와 훈계를 멸시하느니라. 악한 자에게는 재앙이 따르며 지혜가 있으면 재앙을 면하니라.

2장 : 지혜를 찾는 자는 여호와 경외하기를 깨달으며 하나님을 아는도다. 지혜가 악함과 음녀로부터 구원하며 선한 길로 행하게 하는도다.

3장 : 너는 범사에 하나님을 인정하라 그리하면 네 길을 지도하시리라. 지혜는 얻는 자에게 생명나무니 지혜를 가진 자는 복되도다.

4장 : 하나님을 높이라 그리하면 그가 너를 높이 들리라. 그가 아름다운 관을 네 머리에 두고 영화로운 면류관을 네게 주리라.

5장 : 음녀의 입술은 꿀과 같고 기름보다 미끄러우나 나중은 쑥 같이 쓰고 칼 같이 날카롭도다. 사람의 길은 여호와의 눈 앞에 있나니 그가 그 사람의 모든 길을 평탄케 하시느라.

묵상시

우물속의 물고기가
창공을 볼 수 없음같이
인간의 머리는 한 됫박이요
인간의 지혜도 한 됫박이니
자신을 비우는 자
하늘로부터 오는 지혜를 얻으리다

많은 노복을 거느리고
대궐같은 집에 살아도
복이 없으면 소용 없고
인간의 부귀영화도 물거품이니
자신을 높이지 말고
하나님이 주는 지혜를 얻으라

25주
149
금요일

# 잠언 6~9장

오늘의 키워드는 **"지혜의 기본"**입니다.

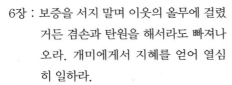

6장 : 보증을 서지 말며 이웃의 올무에 걸렸거든 겸손과 탄원을 해서라도 빠져나오라. 개미에게서 지혜를 얻어 열심히 일하라.

7장 : 어리석은 자는 음란한 여인의 옷을 따르나니 소가 도수장으로 가는 것 같고 미련한 자가 벌을 받으려고 쇠사슬에 매이러 가는 것과 같으니 화살이 심장을 뚫고 새가 그물로 들어가는 것과 같도다.

8장 : 여호와를 경외하는 것은 악을 미워하는 것이라. 지혜를 사랑하는 자들이 지혜를 입으며 지혜를 간절히 찾는 자가 지혜를 만날것이라.

9장 : 여호와를 경외하는 것이 지혜의 근본이요 거룩하신 자를 아는 것이 명철이니라. 어리석은 자는 높은 곳에 앉아 떠들며 죽은 자들이 있는 것과 지옥이 있는 것을 알지 못하는도다.

묵상시

하라, 하라
하지마라, 하지마라
하나님이 자연을 만드시고
자연계의 법칙을 정해주셨으니
이는 누구에게나 공평히 적용되는
노아에게 약속하신 언약이요
우리의 지켜야 할 이치요
사회의 규범이요
도덕 법이라

하라, 하라
하지마라, 하지마라
하나님이 한 가지 더 주셨으니
이는 하나님의 백성에게 적용되는
모세에게 주신 시내산 언약이라
여호와를 경외하며 따름이
성도가 지킬 기본이요
지혜의 교훈이요
천국 법이라

25주
150
토요일

# 잠언 10~15장

오늘의 키워드는 **"의와 악"**입니다.

10장 : 지혜로운 아들은 아비를 기쁘게 하거니와 미련한 아들은 어미의 근심이라. 의인의 입은 생명 샘이라도 악인의 입은 독을 머금었느니라.

11장 : 속이는 저울은 여호와께서 미워하시나 공평한 추는 그가 기뻐하시느니라. 지략이 없으면 백성이 망하여도 지략이 많으면 평안을 누리느니라.

12장 : 슬기로운 자는 지식을 감추어도 미련한 자의 마음은 미련한 것을 전파하느니라. 부지런한 자의 손은 사람을 다스리게 되어도 게으른 자는 부림을 받느니라.

13장 : 입을 지키는 자는 자기의 생명을 보전하나 입술을 크게 벌리는 자에게는 멸망이 오느니라.

14장 : 여호와를 경외하는 자에게는 견고한 의뢰가 있나니 그 자녀들에게 피난처가 있으리라.

15장 : 유순한 대답은 분노를 쉬게 하여도 과격한 말은 노를 격동하느니라. 여호와는 악인을 멀리하고 의인의 기도를 들으시느니라.

묵상시

낮과 밤을 나누시고
바다 넘어 육지를 주시고
나무 위에 잎사귀로 덮음 같이
하나님이 이 땅에
아름다운 조화를 이루시고
사람을 만드시고
생육하며 번성하라 하셨는데

하나님을 배반하는 자는
타락한 자와 손을 잡고
선한 땅에 악을 심어
시기와 질투를 거두고
창조 질서를 파괴하지만
여호와를 경외하는 자는
견고한 의뢰가 있나니
자녀들에게 피난처 되심이요
의의 열매 맺음이라

26주

151

월요일

# 잠언 16~20장

오늘의 키워드는 **“지혜로운 삶”**입니다.

16장 : 너의 행사를 여호와께 맡기라 그리하면 네가 경영하는 것이 이루어지리라. 제비는 사람이 뽑으나 모든 일을 작정하기는 여호와께 있느니라.

17장 : 도가니는 은을, 풀무는 금을 연단하거니와 여호와는 마음을 연단하시느니라. 말을 아끼는 자는 지식이 있고 성품이 냉철한 자는 명철하니라.

18장 : 사람의 심령은 그의 병을 능히 이기려니와 심령이 상하면 누가 그것을 일으키겠느냐. 제비 뽑는 것은 다툼을 그치게 하여 강한 자 사이에 해결 하느니라.

19장 : 집과 재물은 조상에게서 상속하거니와 슬기로운 아내는 여호와께로서 말미암느니라. 사람의 마음에 많은 계획이 있어도 오직 여호와의 뜻만이 완전히 서리라.

20장 : 처음에 속히 잡은 산업은 마침내 복이 되지 아니하느니라. 한결같지 않은 저울추는 여호와께서 미워하는 것이요, 속이는 저울은 좋지 못한 것이라.

묵상시

도가니는 은을
풀무는 금을 연단하지만
여호와께서는 마음을 연단하시나니
오늘의 고난은 내일의 소망을 간구함이요
오늘의 인내는 내일의 희망을 위함이라

다윗이 골리앗을 이김 같이
엘리야가 이방 제사장 850을 이김 같이
고난을 두려워하지 아니하고
믿음으로
물매를 돌려라

하나님 편에 서는 자
하나님이 홍해의 물을 가르고
길을 열어주심 같이
일을 이루시리라

26주
152
화요일

# 잠언 21~24장

오늘의 키워드는 **"여호와 보시기에"**입니다.

21장 : 사람의 행위가 자기 보기에는 모두 정직하여도 여호와는 마음을 감찰하시느니라. 공의와 정의를 행하는 것은 제사 드리는 것보다 나으니 여호와께서 기쁘게 여기시느니라.

22장 : 패역한 자의 길은 가시와 올무가 있거니와 영혼을 지키는 자는 이를 멀리 하느니라.
마땅히 행할 길을 여호와께 가르치라 그리하면 늙어도 그것을 떠나지 아니하리라.

23장 : 술을 즐겨하는 자들과 고기를 탐하는 자들과도 더불어 사귀지 말라. 음녀는 깊은 구덩이요 이방 여인은 좁은 함정이라 참으로 그는 강도같이 매복하여 사람을 사악하게 만드느니라.

24장 : 지혜 있는 자는 강하고 지식 있는 자는 힘을 더하나니 너는 전략으로 싸우라 승리는 지략에 있느니라. 의인은 일곱 번 넘어져도 다시 일어나려니와 악인은 재앙으로 말미암아 엎드러지느니라.

묵상시

거룩한 몸
거룩한 의복
거룩한 예배
많이 베풀고 섬기며
당당한 부자 청년처럼
자기 의로움을 내려놓지 못하는 자
여호와 보시기에 부족함이요

돈도 없고
재능도 없고
큰 일을 하지 못하여
알아주는 이 없지만
눈물 흘리는 한나처럼
자신의 부족함을 고백하는 자
여호와 보시기에 합당함이라

26주

153

수요일

# 잠언 25~31장

오늘의 키워드는 **"마음을 다스림"**입니다.

25장 : 오래 참음은 관원도 설득할 수 있고 부드러운 혀는 뼈를 꺾느니라. 자기의 마음을 제어하지 아니하는 자는 성벽이 무너지는 것과 같으니라.

26장 : 미련한 자의 입의 잠언은 술 취한 자의 손에 든 가시나무 같도다. 장인이 온갖 것을 만들지라도 미련한 자를 고용함은 지나가는 행인을 고용함과 같으니라.

27장 : 도가니로 은을, 풀무로 금을, 칭찬으로 사람을 단련하느니라.

28장 : 중한 변리로 재산을 늘리는 것은 가난한 사람을 불쌍히 여기는 자를 위해 그 재산을 저축하는 것이라.

29장 : 묵시가 없으면 백성이 방자히 행하거니와 율법을 지키는 자는 복이 있느니라.

30장 : 부모를 조롱하며 불순종하는 자는 까마귀에게 쪼이고 독수리에게 먹히리라.

31장 : 고운 것도 거짓되고 아름다운 것도 헛되나 오직 여호와를 경외하는 자는 칭찬을 받으리라.

묵상시

시위를 떠난 화살과 같이
입을 떠난 말을
주어담을 수 없나니
사람은 말하기에 앞서
자신의 마음 먼저 다스려야 함이라

묵시가 없는 백성은 방자해지나
율법을 지키는 자는 복이 있나니
율법은 마음을 보는 거울이요
믿음의 행위는
천국을 누리는 아름다움이라

마음을 다스리는 자가
성을 빼앗는 자보다 귀하나니
도가니는 은을
풀무는 금을
연단은 마음을 다스리느니라

26주
154
목요일

# 전도서 1~6장

오늘의 키워드는 **"헛됨"**입니다.

1장 : 해 아래 수고하는 모든 수고가 사람에게 무엇이 유익한가. 한 세대는 가고 한 세대는 오되 땅은 영원하도다.

2장 : 내 손으로 한 모든 일과 내가 수고한 모든 것이 다 헛되어 해 아래에서 무익한 것이로다. 하나님은 그가 기뻐하시는 자에게 지혜와 지식과 희락을 주시는도다.

3장 : 하나님이 행하시는 모든 것은 영원함이요 더할 수도 덜할 수도 없도다.

4장 : 재주를 부려도 이웃에게 시기 받나니 이것은 바람을 잡는 것이요, 해 아래 모든 것이 헛되도다.

5장 : 재물을 사랑하는 자는 재물로 만족하지 못하나니 노동자는 잠을 달게 자거니와 부자는 그 부요함 때문에 자지 못하느니라.

6장 : 사람의 수고는 다 자기 입을 위함이니 사람이 우매자보다 나음이 없음은 욕심이 그들을 움직이기 때문이라.

묵상시

땅 따먹기 하는 아이들
해가 지면 모두 놓고
집으로 돌아가야 하는데
돌아갈 집이 없으면 무슨 소용 있으리요

땀흘리며 열심히 사는 사람들
해가 지면 모두 놓고
아버지 집으로 돌아가야 하는데
돌아갈 천국이 없으면 무슨 소용 있으리요

한 세대는 가고 한 세대는 오나니
해 아래 수고하는 모든 것이
인생에게 무슨 유익이 있는가
돌아갈 집이 없음은 모든것이 헛됨 뿐이로다

26주
155
금요일

# 전도서 7~12장

오늘의 키워드는 **"지혜로운 삶"**입니다.

7장 : 하나님께서 굽게 하신 것을 누가 능히 곧게 하겠느냐. 형통한 날에는 기뻐하고 곤고한 날에는 되돌아 보아라 장래의 일을 능히 알게 하심이라.

8장 : 명령을 지키는 자는 불행을 알지 못하고 지혜자의 마음은 때와 판단을 분변하느니라.

9장 : 하나님이 해 아래 네게 주신 모든 날에 너는 즐겁게 살지어다. 그것이 네가 평생에 해 아래에서 수고하고 얻은 네 몫이니라.

10장 : 연장이 무디어졌는데 날을 갈지 아니하면 힘이 더 드나니 지혜로 행함은 성공하기에 유익하니라.

11장 : 너는 일곱에게나 여덟에게 나누어 투자하라 무슨 재앙이 땅에 임할는지 알지 못함이니라.

12장 : 육은 여전히 땅으로 돌아가고 영은 하나님께로 돌아가나니 하나님은 모든 행위와 모든 은밀한 일을 선악 간에 심판하시리라.

묵상시

보신탕집 입구에서 잠자는 개는
무슨 배짱인가
태풍 소식을 듣고도 노는 사람은
무슨 배짱인가
심판의 소식 듣고도 타락에 빠진 사람은
무슨 배짱인가

여행하는 자는
옷과 음식과
필요한 것 준비하고
영혼을 위하여
성경책을 준비하나니
지혜로운 자
하늘의 이치를 알고 순응함이라

26주
156
토요일

# 아가서 1~4장

오늘의 키워드는 **"순결한 신부"**입니다.

성경은 하나님과 사람의 사랑 이야기를, 아가서는 솔로몬과 술람미 여인의 사랑 이야기를 다룹니다. 솔로몬은 예수 그리스도로, 술람미 여인은 성도로 나타납니다. 전도서는 인간이 지혜로 만족을 얻지 못한다고 하지만, 아가서는 사랑으로 만족을 얻음을 말합니다.

1장 : 나의 사랑하는 자는 내 품 가운데 몰약 향주머니요 엔게디 포도원의 고멜화 송이로다.

2장 : 겨울도 지나고 비도 그치고 꽃이 피고 비둘기 소리 들리니 우리를 위하여 포도원을 허는 여우를 잡으라 우리를 방해하는 것들이라

3장 : 예루살렘의 딸들아 나의 신부를 부탁하니 사랑하는 자가 원하기 전에는 깨우지 말아라

4장 : 내 신부는 순결한 잠근 동산이요 덮은 우물이요 레바논에서 흐르는 시내로다 북풍아 일어나라 남풍아 불어서 향기를 날리어라.

묵상시

흙을 일구며 사는 여인은
엔게디 포도원의 고멜화 송이처럼
아름답도다
겨울도 지나고
비도 그치고
들판에 씨앗을 심고
새싹이 돋나니
포도원을 허는 여우를 잡으라

흙에서 피어나는 순결한 꽃은
거친 세파에도 쓰러지지 아니하고
줄기 위에서 피어나
붉은 향기를 머금었으니
솔로몬 궁전과
로마의 황실과
세상을 물들였구나

27주
157
월요일

# 아가서 5~8장

오늘의 키워드는 **"성숙한 사랑"**입니다.

5장 : 나의 누이, 나의 사랑, 나의 비둘기, 나의 완전한 자야 문을 열어다오 내 머리털에는 밤이슬이 가득하였구나.

6장 : 돌아오고 돌아오라 술람이 여자야 돌아오라 너의 모습을 보여주어라

7장 : 우리가 일찍 일어나서 포도원을 살펴보자 거기에서 나의 사랑을 네게 주리라.

8장 : 네가 내 어미의 젖을 먹은 오라비 같았더라면 내가 밖에서 너를 만날 때 입을 맞추리라.

연인은 언제라도 깨질 수 있지만 오누이는 깨질 수 없는 혈연관계입니다. 연인에게 시련이 왔으나 서로는 간절한 사랑으로 극복하며 오누이의 관계로 표현되고 있습니다. 하나님과 백성(교회)의 관계도 마찬가지입니다. 시련이 와도 사랑이 있으면 극복할 수 있습니다. 하나님은 탕자에게 회복의 길을 열어주십니다. 영접하는 자 곧 그 이름을 믿는 자에게 하나님의 자녀가 되는 권세를 주셨도다.

묵상시

나의 누이
나의 사랑
나의 비둘기는 성숙하여
새벽같이 일어나
가족을 위하여
영혼의 문을 여는구나

나의 누이
나의 사랑
나의 비둘기는 부지런하여
새벽같이 일어나
가솔을 위하여
아침의 문을 여는구나

27주
158
화요일

# 이사야 1~5장

오늘의 키워드는 **"멸망 이유"**입니다.

이사야가 등장하는 시기는 북 이스라엘과 아람과 앗수르의 공격에 직면한 때입니다. 이사야는 유다의 위기를 외부적인 이유 보다는 내부적인 문제에서 찾습니다. 백성이 여호와를 버린 것과 형식적인 제사와 악한 행실과 우상 섬기는 것에 대한 심판을 이야기 합니다.

슬프다 범죄한 나라여 너희는 허물어진 백성이라. 여호와의 말씀이 예루살렘에서부터 나올 것이니 오라 여호와의 빛에 행하자. 대저 만군의 여호와의 날이 모든 교만한 자에게 임하리니 그들이 낮아지리라. 그날에 여호와의 싹이 피어날 것이요 땅의 소산은 피난자를 도우리라.

좋은 포도 맺기를 기다렸거늘 들포도를 맺음은 어찌 됨인고. 내가 울타리를 헐어 먹힘을 당하게 하고 짓밟히게 할 것이라. 내 백성이 무지함으로 말미암아 사로잡힐 것이요, 그들의 귀한 자는 굶주릴 것이요, 스올이 크게 입을 벌린즉 호화로움에 취한 자들은 삼킴 당하리라.

묵상시

좋은 포도 맺기를 기다렸거늘
들포도를 맺음은 어찜인가
선민으로 살기를 바랬거늘
악인으로 사는 것은 어찌됨인가
담을 헐고 들어가서
짓밟고
빼앗고
죽이리라

흙을 굽고
나무를 깍고
쇠를 녹여서 우상을 만들고
그것을 자신의 신이라 불렀으니
이것이 멸망의 이유요
백성이
정의와 공의를 행하지 않고
거짓되이 살았기 때문이라

27주

# 159

수요일

## 이사야 6~8장

**오늘의 키워드는 "소명"입니다.**

하나님이 이사야를 부르신 이유는 하나님의 말씀을 전하기 위함입니다. 여호와의 말씀을 백성이 들어도 깨닫지 못할 것이요 보아도 알지 못하리라. 여호와께서 백성을 멀리 포로로 끌려가게 하시리라. 그 중에서 십분의 일이 남을 것이나 황폐하게 될 것이요. 나무가 베임을 당하여도 그루터기가 남아있는 것 같이 거룩한 씨가 그루터기로 남아 있으리라.

아람과 북 이스라엘의 공격으로 왕과 백성의 마음이 흔들리지만 이사야는 그들에게 여호와를 의지하라 말합니다. 그들은 연기 나는 두 부지깽이에 불과하니 아람과 북 이스라엘은 패망하여 다시는 나라를 이루지 못할 것입니다. 그러나 유다가 여호와의 약속을 의심하고 앗수르를 의지하면 앗수르에 의하여 끝내 패망할 것입니다. "주께서 친히 징조를 너희에게 주실 것이니 보라 처녀가 잉태하여 아들을 낳을 것이요 그의 이름은 임마누엘이라."

묵상시

언더우드가 이 땅에 오고
주의 청년이 외국으로 나가며
인생 다가도록
그 일을 감당하는 것은
부르심 받았기 때문이라

적막하고 황량한 땅에
젊음을 불사르고
인생을 불사르며
복음 위해 사는 것은
타오르는 소명이 있기 때문이라

모두 베임 당하고
모두 떠나버린 자리에
의지할 것 없으나
그루터기로 남아있는 것은
큰 나무를 꿈꾸기 때문이라

27주
160
목요일

# 이사야 9~12장

오늘의 키워드는 **"평강의 왕"**입니다.

한 아이가 태어났으니 그의 어깨에는 정사를 메었고 그의 이름은 기묘자라 모사라 전능하신 하나님이시라 평강의 왕이라. 메시야를 보내신다는 소망에도 불구하고 돌아오지 않는 이스라엘에 대해 원수를 일으켜 공격하리니 너희는 움킬지라도 주리고 먹을지라도 배부르지 아니하리라.

앗수르는 화있을진저 하나님이 쓰시는 진노의 막대기요 그 손에 든 몽둥이라. 앗수르는 토색하여 돈을 빼앗으며 허다한 나라를 멸절하려 하나니 하나님이 채찍을 들어 그를 치시리라. 여호와께서 앗수르를 심판하시리니 그 장대한 가지가 꺾일 것이요 높은 자가 낮아지리라.

이새의 줄기에서 한 싹이 나며 그 뿌리에서 한 가지가 나서 결실할 것이요, 그가 공의로 가난한 자를 심판하며 정직으로 세상의 겸손한 자를 판단할 것이요, 그의 입의 막대기로 세상을 치며 그의 입술의 기운으로 악인을 죽일 것이니 내가 주께 감사하리이다.

묵상시

그 어깨에 정사를 메었으니
기묘자라
모사라
전능하신 하나님이시라

돌아오지 않는 백성을 위하여
십자가의 다리를 놓으셨으니
주는 생명이요
구원의 하나님이시라

죄악을 씻어내시려고
십자가의 붉은 꽃을 피우셨으니
주는 사랑이요
평강의 왕이시로다

27주

# 161

금요일

# 이사야 13~16장

오늘의 키워드는 **"바벨론"**입니다.

바벨론은 애곡할지어다 여호와의 날이 가까웠으니 전능자에게서 멸망이 임할 것이로다. 여호와께서 메대 사람을 충동하여 바벨론을 치게 하리니 그들은 소돔과 고모라와 같이 멸망당하리라. 들짐승이 차지하고 승냥이가 부르짖으며 궁전에는 들개가 울 것이라.

그 날에 야곱의 족속이 본토로 돌아오리니 전에 자기들을 사로잡던 자들을 사로잡아 주관하며 노비로 삼으리라. 여호와께서 앗수르를 파하며 짓밟으리니 그의 짐이 어깨에서 벗어질 것이라. 이것이 여호와께서 온 세계를 향하여 정한 경영이며 열방을 향하여 편 손이라.

하룻밤에 모압이 망하여 황폐할 것이라 하셨으니 모압은 롯의 후손이요 이스라엘과 친척이지만 이스라엘을 괴롭힘 때문이라. 그들은 거리에서 굵은 베로 몸을 동이며 지붕과 넓은 곳에서 애통하여 심히 울며 군사들도 크게 울부짖으며 그들의 혼까지 속에서 떠는도다.

묵상시

나무를 깎아서 막대기를 만들었으면
막대기는 주인의 손에 들리고
가죽을 엮어 채찍을 만들었으면
채찍은 주인의 손에서 움직여야 하거늘

이스라엘을 길들이기 위하여
바벨론을 사용하셨는데
바벨론은 주제파악 못하고
주인 행세 하는구나

지음 받은 피조물이
하늘의 뜻을 따라야 하거늘
스스로 높아지면
폭풍우에 넘어지리라

27주
162
토요일

# 이사야 17~23장

오늘의 키워드는 **"이방나라 멸망"**입니다.

이스라엘의 멸망은 그들이 이방 나라들과 연합하여 유다를 공격하였기 때문입니다. 주께서 앗수르 멸망을 말씀하십니다. 슬프다 많은 민족이 소동하였으되 파도 치는 소리 같으며 열방이 충돌하였으되 파도가 몰려옴 같도다.

구스(이디오피아)는 강 건너편의 날개치는 소리나는 땅으로 구원 받음을 표현합니다. 애굽에 대한 경고로 나일 강물이 마르며 땅이 황폐할 것입니다. 이사야의 벗은 몸과 벗은 발로 다니는 퍼포먼스는 애굽과 구스가 앗수르의 포로로 끌려가는 모습을 보여주고 있습니다.

마병대가 쌍쌍이 오니 바벨론이 함락되었고 그들이 만든 우상이 땅에 떨어졌도다. 두마(에돔)의 멸망은 고요한 적막과도 같으며, 아라비아는 약탈당할 것이고, 유다는 경솔함이 가득한 환상의 골짜기로, 셈나는 유다의 희망이 여호와께 있음을, 두로와 시돈의 몰락과 회복입니다.

묵상시

하늘 문이 열릴 때
구분이 있었더냐
모두가 아담의 뿌리에서 난 것을...
방주의 문이 열릴 때
구분이 있었더냐
모두가 노아의 자녀인 것을...

생육하고 번성하라는 명령 받들어
말씀을 누리고
다스리며 살아야 하거늘
누구는 안쪽에서
누구는 바깥쪽에서 살며
구분되어 있으니

혈과 육의 구분이 아니요
안과 밖의 문제로다
이방나라의 멸망은
그들 조상 때문이 아니나니
그리스도 안에 있으면 생명이요
그리스도 밖에 있으면 사망이라

28주

163

월요일

# 이사야 24~27장

오늘의 키워드는 **"여호와의 날"**입니다.

여호와께서 땅을 공허하게 하시며 뒤집어엎으시고 그 주민을 흩으시리니 감람나무를 흔듦 같고 포도의 남은 것을 추수할 것이요. 이는 세계 모든 민족 중에 임하는 것으로 모든 죄악 세력을 심판하시는 하나님이요, 하나님이 승리를 거두시는 모습을 보게 할 것입니다.

주께서 성읍을 돌무더기로 만드시며 견고한 성읍을 황폐하게 하시므로 포악한 나라들의 성읍이 주를 경외할 것입니다. 여호와께서 자신의 백성을 원수들에게서 구원하시리니 여호와의 구원하심을 기뻐하며 즐거워할 것입니다. 여호와께서 원수의 요새를 헐어 진토로 만드십니다.

약속을 반드시 지키시는 하나님을 찬양합니다. 그 날에 사탄은 죽임 당하고 하나님은 포도원지기가 되어 당신의 백성을 보살피리니 아무도 해치지 못할 것입니다. 그 날에 여호와께서 큰 나팔을 불리니 흩어진 자들을 모으시며 그들이 돌아와서 여호와께 예배할 것입니다.

묵상시

감람나무를 흔들어
열매를 떨어뜨림 같이
사람들을 흔들어 흩으시고
죄악의 세력을 징계하심이
보복의 날이로다

성을 헐어내려
돌무더기로 만들며
요새를 헐어 진토를 만들리니
주의 백성이 돌아오는
회복의 날이로다

흩어진 세대를 정돈하고
사탄을 진멸 하시고
친히 포도원지기 되시나니
주의 백성이 승리의 나팔 부는
여호와의 날이로다

28주
**164**
화요일

# 이사야 28~31장

**오늘의 키워드는 "심판"입니다.**

에브라임의 술취한 자들의 교만한 면류관은 화 있을진저 그들은 쇠잔해 가는 꽃 같으리라. 그 날에 만군이 여호와께서 자기 백성의 남은 자에게 영화로운 면류관이 되시며 아름다운 화관이 되실 것이라. 너희는 오만한 자가 되지 말라. 귀를 기울여 여호와의 목소리를 들으라.

자기의 계획을 숨기는 자는 화 있으리라. 여호와께서 유다를 치시리니 영적 방탕과 무지와 위선과 형식적 신앙과 하나님을 멸시함 때문이라. 그럴지라도 유다를 치는 대적은 세미한 티끌 같으리니 여호와께서 그들을 우레와 지진과 폭풍과 불꽃으로 징벌하시리라.

입으로만 믿는 유다의 형식주의 자들 때문에 하나님은 앗수르를 보내어 징계하실 것입니다. 유다는 여전히 자신의 힘을 의지하고 애굽을 의지하지만 앗수르에 의해 무너집니다. 유다를 괴롭히던 앗수르 역시 그들의 교만으로 인하여 멸망 당하리니 이사야는 유다의 회개를 촉구합니다.

묵상시

진리를 듣고도 알아듣지 못하는 귀
음식 먹고도 만족하지 못하는 입은
물을 주어도 말라죽는 나무요
진리를 듣고도 타락함과 같도다

겉으로는 하나님을 믿으나
착취와 거짓을 일삼으며
형식으로는 제물을 드리나
터진 것 상한 것을 드리는 자이니

우레와 지진과 폭포와 불꽃으로
여호와의 심판이 있으리라
성전을 더럽힌 자들을 채찍하는
주님이 징계함이 있으리라

28주
165
수요일

# 이사야 32~35장

**오늘의 키워드는 "약속"입니다.**

보라 한 왕이 공의로 통치할 것이요 방백들이 정의로 다스릴 것이니 백성에 대한 심판과 회복을 말합니다. 안일에 빠진 여인들아 옷을 벗어 몸을 드러내고 베로 허리를 동이며 회개하라. 위에서부터 영을 부어 주시리니 광야가 밭이 되며 정의와 공의가 그 밭에 거하리라.

앗수르에게 공격당하는 히스기야여 놀라지 말고 여호와를 의지하라. 우리의 재판장이시요 우리의 왕이신 하나님이 우리를 구원하실 것이라. 열국이여 민족들이여 들으라. 여호와께서 열방을 향하여 진노하시며 살육 당하게 하시리니 이는 여호와께서 행하시는 구원의 날이로다.

메시야 왕국을 노래하라. 광야와 메마른 땅이 기뻐하며 사막이 백합화 같이 피어 즐거워하며 너희 약한 손을 강하게 하며 무릎을 굳게 하리라. 너희는 하나님의 아름다움을 보리라. 여호와의 속량함을 받은 자들이 돌아오되 노래하며 시온에 이르러 기쁨과 즐거움을 얻으리라.

묵상시

이마에 못이 박히도록 외쳤건만
외면하는 무지한 백성아
허리에 칭칭 배를 동이고
머리마다 온통 재를 흩날려라

죄악의 값을 찾으리니
적들에게 살육 당하고
쇠사슬에 묶여 갈 것이요
너희 죄악을 깨우치기 위함이라

완전히 죽지는 않으리니
너희가 뉘우치고 돌아오는 날에
약한 손을 강하게
여호와의 속량함을 받으리라

28주
166
목요일

# 이사야 36~39장

**오늘의 키워드는 "기도"입니다.**

앗수르의 침략을 들은 히스기야는 옷을 찢으며 하나님께 기도하기를 천하 만국이 주만이 여호와이신 줄 알게 하옵소서라고 합니다. 하나님은 이사야를 통하여 앗수르의 침략은 실패할 것이고 그 왕은 죽을 것이며 유다를 그들의 손에서 구원하시리라 말하십니다.

히스기야가 병으로 죽게 되매 얼굴을 벽으로 향하고 필사적인 기도를 드리니 여호와께서 그의 수명을 십오 년 연장시키시고 그 증표로 해의 그림자를 십 도 물러가게 하십니다. 인생은 고난의 열매입니다. 죽음 앞에서의 필사적인 기도를 하나님이 들으시고 역사 하십니다.

히스기야의 소식을 듣고 바벨론의 사자가 예물을 가지고 유다를 방문합니다. 우쭐해진 히스기야는 유다의 보물 창고와 무기고와 모든 것을 보여줍니다. 하나님은 그의 교만을 꾸짖으시며 모든 것을 바벨론에게 빼앗기고 그의 후손들이 바벨론에 포로 되어 끌려갈 것을 말하십니다.

묵상시

우물에 빠진 사람이
지상의 밧줄을 잡음 같이
세상에 빠진 사람이
하늘의 밧줄을 잡아야 하나니
기도는 생명을 살리는 밧줄이요
하나님의 도움 받는 길이로다

생명이 경각에 달려
절망 중에 빠진 히스기야
생명의 기도로 매달렸으니
하나님이 들으시고
하나님이 잡아주시고
하나님이 그를 세우셨도다

28주
167
금요일

# 이사야 40~44장

오늘의 키워드는 **"희망"**입니다.

보라 주께서 장차 강한 자로 임하실 것이요 친히 그의 팔로 다스리실 것이라. 누가 손바닥으로 바닷물을 헤아렸으며 뼘으로 하늘을 쟀느냐. 오직 여호와를 앙망하는 자는 새 힘을 얻으리니 독수리가 날개치며 올라감 같을 것이요. 너는 두려워하지 말라 내가 너와 함께 함이라.

나의 종 내가 택한 사람에게 여호와의 영이 임하리니 그가 이방에 정의를 베풀리라. 보라 내가 새 일을 행하리니 이제 나타낼 것이라 내가 광야에 길을 사막에 강을 내어 내가 택한 자들로 마시게 할 것이라. 이 백성은 나를 위하여 지었나니 나를 찬송하게 함이니라.

나의 택한 백성아 들으라 우상을 만드는 자는 허망하도다. 사람이 나무를 가지고 우상을 만드나니 그 나무를 땔감으로 쓰기도 하고 우상으로 만들기도 하나니 우매한 자들이 그것들 앞에 절 하는도다. 그것은 마음에 생각도 없고 지식도 없고 총명도 없도다.

묵상시

무지개를 찾아
먼 산을 헤매고 다녔으나
무지개는 아니보이고
눈썹에 서리만 내리는구나

영혼의 안식 위해 우상 섬기고
풍요을 위해 물질을 섬기는 자들아
귀를 기울여라 소리가 들리는가
눈을 떠봐라 희망이 보이는가

지구의 움직임 소리 아니들려도
세월의 지나가는 모습 아니보여도
하나님의 주권 아래 운행되나니
참된 희망을 원하는 자
창조주 하나님을 의지하여라

28주
# 168 토요일

# 이사야 45~48장

오늘의 키워드는 **"고레스"**입니다.

하나님은 고레스를 통해 유다의 구원을 말씀하십니다. 내가 그의 오른 손을 붙들고 그 앞에 열국을 항복하게 하며 그 앞에 문들을 열고 성문을 닫지 못하게 하리라. 땅을 만들고 사람을 창조하신 하나님이 그의 손으로 하늘을 펴고 하늘의 모든 군대에게 명령하였노라.

처녀 딸 바벨론아 내려와 티끌에 앉으라. 너는 사치하고 마음에 이르기를 나 뿐이라 나 외에 다른 이가 없다고 말하며 영영히 주인 행세를 하였으니 네 속살이 드러나고 네 부끄러운 것이 보이며 재앙이 네게 임하리라. 이는 교만한 바벨론의 멸망을 말함입니다.

여호와께서 새 날을 약속하십니다. 보라 내가 너를 연단하였으나 은처럼 하지 아니하였고 너를 고난의 풀무 불에서 택하였노라. 너희는 바벨론에서 나와서 땅 끝까지 반포하여 이르기를 여호와께서 구원하셨다 하라. 여호와께서 말씀하시되 악인에게는 평강이 없다 하셨느니라.

묵상시

마부가 채찍을 거머쥐고
말을 다스림은
채찍을 통하여 말을 달리게 함인데

채찍이 스스로 움직이며
말을 때리고
말을 죽게 만들었으니

마부는 채찍을
아궁이에 집어던지어
불에 타게 만드는도다

고레스도 이와 같이
유다를 함부로 대했으니
여호와의 손에 심판 당하리라

29주

169

월요일

# 이사야 49~51장

오늘의 키워드는 **"소망"**입니다.

너희가 잊을지라도 나는 너를 잊지 아니하리라. 내가 너를 손바닥에 새겼고 너의 성벽이 항상 내 앞에 있나니 네 자녀들은 빨리 걸으며 너를 헐며 너를 황폐하게 하던 자들은 너를 떠나가리라. 모든 육체가 나 여호와는 네 구원자요 네 구속자요 야곱의 전능자 인 줄 알리라.

너희는 너희의 죄악으로 말미암아 팔렸고 너희의 어미는 너희의 배역함으로 말미암아 내보냄을 받았으니 너희의 잡혀감은 너희의 죄악 때문이라. 그러나 여호와께서 나를 도우시므로 내가 부끄러워하지 아니하고 내 얼굴을 굳게 하였으므로 내가 수치를 당하지 아니할 줄 아노라.

나는 네 하나님 여호와라 바다를 휘저어서 그 물결을 뒤흔들게 하는 자이니 그의 이름은 만군의 여호와니라. 내가 내 말을 네 입에 두고 내 손 그늘로 너를 덮었나니 이는 내가 하늘을 펴며 땅의 기초를 정하며 시온에게 이르기를 너는 내 백성이라 말하기 위함이라.

묵상시

지구를 허공에 메달고
그 속에 땅을 만들고
물을 부어 바다를 만들고
큰 바람과 물결을 일으키는
나는 네 하나님 여호와라

태초부터 나의 손바닥에
너의 이름을 새기고
너를 만들어
걷고 뛰며 춤추게 하였나니
나는 네 하나님 여호와라

산들이 요동치고
적들이 너를 공격하지만
세상이 너를 범할 수 없나니
너는 내 아들이요
나는 네 하나님 여호와라

29주
170
화요일

# 이사야 52~57장

**오늘의 키워드는 "대속"입니다.**

시온이여 깰지어다. 우리는 그를 귀히 여기지 아니하였으나 그는 우리의 질고를 지고 우리의 슬픔을 당하였도다. 그가 찔림은 우리의 허물을 인함이요 그가 상함은 우리의 죄악 때문이라 그가 징계를 받으므로 우리는 평화를 누리고 그가 채찍에 맞으므로 우리는 나음을 받았도다.

잉태하지 못하고 출산하지 못한 너는 노래할지어다. 너를 지으신 이가 네 남편이라 그의 이름은 만군의 여호와이시라. 자기가 쓸 만한 연장을 제조하는 자도 내가 창조하였고 파괴하고 진멸하는 자도 내가 창조하였은즉 너를 치려고 제조된 모든 연장이 쓸모없을 것이라

보라 네가 알지 못하는 나라를 네가 부를 것이고 너를 알지 못하는 나라가 네게로 달려오리니 여호와 네 하나님 곧 이스라엘의 거룩하신 이로 말미암음이니라. 이는 그가 너를 영화롭게 하셨으니 너희는 여호와를 만날 만한 때에 찾으라. 가까이 계실 때에 그를 부르라.

묵상시

병에 걸려 죽게된 아들을 구하려고
아비는
퇴직금을 다 털어넣고
빈털털이 되었네

적군에 포위된 병사를 위해
사투를 벌이며
대장은
병사들을 구하고
장렬하게 전사했네

죄에 빠진 인류 위해
십자가의 다리를 놓으신
주님은
인류를 구하시고
골고다 언덕에서 죽으셨네

29주

# 171

수요일

# 이사야 58~62장

**오늘의 키워드는 "아름다운 소식"입니다.**

네 목소리를 높여 내 백성의 허물을 알리라. 너희가 금식하되 보아주는 자를 찾으며 금식하는 날에 오락을 구하며 종들에게 과도한 일을 시키는도다. 내가 기뻐하는 금식은 압제 당하는 자를 자유케 하는 것이니 그리하면 네 빛이 새벽 같이 비칠 것이며 네 고통이 치유되리라.

일어나라 빛을 발하라 이는 네 빛이 이르렀고 여호와의 영광이 네 위에 임하였음이라. 내가 노하여 너를 쳤으나 이제는 나의 은혜로 너를 불쌍히 여겼은즉 이방인들이 너를 섬길 것이며 그들이 네게로 재물을 가져오며 그들의 왕들을 포로로 끌어 옴이라.

여호와의 은혜의 해와 보복의 날을 선포하며 시온에서 슬퍼하는 자에게 화관을 주어 그 재를 대신하며, 기쁨의 그릇으로 그 슬픔을 대신하시고, 찬송의 옷으로 그 근심을 대신하시고 여호와께서 심으신 그 영광을 나타낼자라 일컬음을 받게 하려 하심이라.

묵상시

우상을 자기 신이라 말하는 자
쾌락과 음란을 좋아하는 자
자기를 드러내는 자
병든 것을 바치는 자
고아와 과부를 외면하는 자를
징계하시나니

여호와께서 기뻐하시는 금식은
죄악과 짝하지 아니하며
자기를 드러내지 아니하며
영과 진리로 예배드리는 것이라

여호와의 말씀을 순종하는 자들아
아름다운 소식을 들으라
여호와의 은혜의 해와
보복의 날이 오리니
화관으로 슬픔을 대신하고
찬송의 옷으로 근심을 대신하여라

29주
172
목요일

# 이사야 63~66장

오늘의 키워드는 **"새 하늘과 땅"**입니다.

우리가 범죄하므로 주께서 진노하셨으며, 우리는 부정하여 우리의 의는 더러운 옷 같으며, 우리는 잎사귀 같아서 우리의 죄악이 바람 같이 우리를 몰아가나이다. 우리는 진흙이요 주는 토기장이시니 우리는 다 주의 손으로 지으신 것이요 우리는 다 주의 백성이니이다.

내가 새 하늘과 새 땅을 창조하나니 그들이 부르기 전에 내가 응답하겠고 그들이 말을 마치기 전에 내가 들을 것이라. 이리와 어린 양이 함께 먹을 것이며 사자가 소처럼 짚을 먹을 것이며 뱀은 흙으로 양식을 삼을 것이며 나의 성산에서 해함도 없고 상함도 없으리라.

여호와께서 불과 칼로 가증한 자들에게 심판을 베푸실 것이요 여호와의 때가 이르면 뭇 나라와 언어가 다른 민족들을 모으리니 그들이 와서 여호와의 영광을 볼 것이라. 내가 지을 새 하늘과 새 땅이 내 앞에 항상 있는 것 같이 너희 자손과 너희 이름이 항상 있으리라.

묵상시

화산이 폭발하면
물은 마르고
귀한 것 천한 것 가릴 것 없이 태우며
아우성마저 사라지고
숲을 잿더미로 만들어버리지만

주의 심판의 날이 이르면
심판대 앞에 선 사람들
참과 거짓이 가려지리니
알곡은 곳간으로
쭉정이는 아궁이로 던져지리라

여호와의 날이 임하면
모든 나라가 보는 중에
사막에 강을 광야에 길을 만드시며
이리와 어린 양이 함께 뒹구는
새 하늘과 새 땅을 여시리라

29주
173
금요일

# 예레미야 1~3장

오늘의 키워드는 **"예레미야"**입니다.

"내가 너를 모태에 짓기 전에 너를 알았고 네가 배에서 나오기 전에 너를 성별하였고 너를 여러 나라의 선지자로 세웠노라"를 통해 하나님이 예레미야를 세웠음을 알게 합니다. 끓는 가마의 환상은 재앙이 북에서부터 남쪽에 이르며, 우상을 섬김이 재앙의 원인인 것을 보여줍니다.

백성의 죄악을 지적합니다. 첫째는 생수의 근원인 여호와를 버림이요 둘째는 스스로 웅덩이를 판 것인데 웅덩이는 우상이요 물을 가두지 못하는 터진 웅덩이라. 참포도나무를 심었으나 이방 포도 열매를 맺었으니 앗수르에게 수치를 당하며 애굽에게 수치를 당할 것을 말씀합니다.

예레미야는 유다를 간음한 아내로 비유하며 이스라엘에 대한 회개와 회복의 메시지를 통하여 죄악에 물든 유다의 교만을 깨우칩니다. "이스라엘아 돌아오라 나의 노한 얼굴을 너희에게로 향하지 아니하리라 나는 긍휼이 있는 자라 노를 한없이 품지 아니하느니라."

묵상시

모태에 짓기 전에
여호와께서 너를 알았고
모태에서 나오기 전에
여호와께서 너를 성별했고
너를 선지자로 세웠노라

민족의 방황을 아파하며
돌아오라고
예레미야는 민족의 귀에 외쳐댔건만
그들은 오히려
예레미야의 가슴에 못을 박는구나

불러도 귀를 막고
다리가 있어도 움직이지 않는
화인 맞은 백성 앞에서
예레미야는 한없이
눈물을 흘리는구나

29주
174
토요일

# 예레미야 4~6장

오늘의 키워드는 **"회개 권고"**입니다.

북방에서 큰 재난과 멸망을 가져오리니 너희는 회개의 나팔을 불며 시온을 향하여 깃발을 세우라. 너희는 적들에게 에워싸여 공격당하고, 모든 성읍이 여호와의 진노 앞에서 무너지며, 해산하는 여인같이 헐떡이나니 너희가 여호와의 말씀을 외면하고 죄악이 흉악함 때문이라.

너희가 여호와께 '어찌하여 이 모든 일을 우리에게 행하였나이까?' 물으나 여호와께서 어리석고 지각이 없고 눈이 있어도 보지 못하는 자들에게 대답하시기를 '너희가 여호와를 버리고 너희 땅에서 다른 신을 섬겼은즉 이와 같이 너희 땅이 아닌 곳에서 이방인들을 섬기리라'

여호와께서 선지자를 통하여 말씀하시나 백성이 듣지 아니하리라고 말하며 버티는구나. 여호와께서 그들에게 재앙을 내리리니 이는 백성의 잘못된 생각 때문이요 여호와의 율법을 거절하였기 때문이라. 보라 북방에서 적들이 몰려오리니 너희는 버려진 은처럼 나뒹굴리라.

묵상시

사방으로 둘러싸임 당하고
어디 갈 길이 없고
소망을 잃었을때
하늘 길을 찾아보라

자신을 높이고
우상을 섬기고
공산주의를 기웃거리고
광란의 것들을 묵인하는 죄악을
휴지통에 던져버리라

적들에게 노략질 당하기 전에
여호와를 거역하는 것들
모두 회개하고
다시 이 땅을
다시 이 나라를
복음으로 하나님께 드리라

30주
175
월요일

# 예레미야 7~10장

오늘의 키워드는 **"성전 신학"**입니다.

예배만 드리면 만사형통하리라고 생각하는 유대 사람들아 들으라. 너희의 길과 행위를 바르게 하여 이웃에게 정의를 행하며, 이방인과 과부를 압제하지 아니하며, 무죄한 자의 피를 흘리지 아니하며, 우상을 섬기지 않으며, 악을 행하지 아니하는 것이 참된 '성전 신학'이라

너희가 여호와를 떠나 물러감이 어찌됨이냐 그들이 거짓을 말하고 돌아오기를 거절하고 서기관들은 법을 굽게 만들고 제사장들을 거짓을 행하며 백성의 아픔을 가벼이 여기며 평강이 있다 말하지만 평강이 없도다. 너희를 진멸하리니 포도나무에 포도가 없음 같으리라.

너희가 혀를 놀려 거짓을 말하고 땅에서 강성하나 진실하지 아니하고 악에서 악으로 진행하며 여호와 알기를 싫어하고 있구나. 여호와께서 그들을 녹이고 연단하리라. 사망이 창문을 통하여 다가오리니 너희 지혜자는 지혜를, 용사는 용맹함을, 부자는 부함을 자랑하지 말라.

묵상시

망망대해에 떠있는 조각배
몇 마리의 물고기에 배가 부르고
몇 점의 구름에 낮잠 즐기니
하늘 아래 부러울 것 없어
이제는 하늘 향해 비웃는구나

비를 주시지 않으면
바닷물로 갈증 채우려 하느냐
바람을 주지 않으시면
언제 집으로 가려하느냐

망망대해에 떠있는 조각배
거친 풍랑이 몰려오는데
언제까지 쾌락을 즐기며
죄에 빠져있느냐
조각배에 있으면 안전하고
성전만 있으면
죄를 저질러도 무사하더냐

30주
176
화요일

# 예레미야 11~14장

오늘의 키워드는 **"언약"**입니다.

묵상시

낡은 가죽 부대에
죄악으로 가득한 포도주를 부으니
그 부대는 터지고
바닥은 붉은 피로 물들었구나

새 술은 새 부대에 넣으라 하셨나니

낡은 부대야
터진 웅덩이야
너의 몸을 올리브기름으로 칠하여
새 부대를 만들면
터지지 아니하리라

여호와께서 모세에게 주신 언약을 예레미야에게 다시 말씀하십니다. 언약의 목적은 이스라엘 백성이 거룩하게 살기를 바라는 것이요 복을 주시기 위함입니다. 가나안 거주민들이 섬기는 우상을 섬기지 아니하고 하나님의 명령을 따르는 것입니다.

그러나 백성의 입은 주께 가까우나 마음은 멀리 떨어져서 온갖 죄악을 저지르니 여호와께서 백성과 맺은 언약을 파기하십니다. 지도자마다 백성을 위하지 아니하고 백성을 망가뜨리고 짓밟아서 여호와께서 기뻐하시는 땅을 황무지로 만들고 있습니다.

유다의 지도자는 썩은 가죽부대와 같고 백성은 죄악으로 가득한 포도주 같아서 곧 터질 것 같은 멸망의 위기에 처해있습니다. 여호와께서는 거짓 선지자의 예언과 백성의 죄악을 칼과 기근과 전염병으로 다스릴 것을 말씀하시며 금식할지라도 듣지 않으시리라 말씀하십니다.

30주

177

수요일

# 예레미야 15~17장

**오늘의 키워드는 "징계"입니다.**

유다의 죄악은 관영하여 칼로 죽고 기근으로 죽을 것을 말씀하십니다. 므낫세의 죄악이 크기 때문에 그들을 세계 여러 민족 가운데로 흩으실 것을 말씀하십니다. 이 말을 들은 백성이 예레미야를 죽이려하니 실의에 빠진 예레미야를 여호와께서 보호하신다고 약속하십니다.

유다에 심판이 임박하였으니 하나님은 예레미야에게 결혼 하지도 말고 자녀를 낳지도 말고 백성을 위하여 애곡하지도 말라 하십니다. 많은 민족으로 유다를 사냥하리니 백성이 여호와를 부르짖으면 여호와께서 백성을 구하실 것을 말씀하십니다.

유다의 죄악은 금강석 철필로 기록되어 이방에게 노략당할 것을 말씀하십니다. 여호와를 의지하는 자에게는 복을 약속하십니다. 짐을 지고 예루살렘 성문으로 들어가지 말라 하심은 안식일에 일하지 말며 거룩하게 지키라는 것입니다. 온전하게 맡기면 온전하게 채워주십니다.

묵상시

죄악의 포도주는 흘러
옷 속 깊이 베었나니
피 냄새를 맡은 이리가 무리를 지어
사방에서 몰려오리라

천둥과 폭풍우가 몰려오면
만신창이 되어 상하리니
너는 결혼 하지도 말고
환난의 때를 지나가라

죄악으로 물든 죄악은
무엇으로도 지워지지 않으나
그리스도의 보혈이면 가능하나니
너는 속히 돌아오라

30주

# 178

목요일

# 예레미야 18~20장

오늘의 키워드는 **"깨진 옹기"**입니다.

불평하는 백성에게 토기장이의 비유를 말씀하심은 백성에 대한 절대 주권이 하나님에게 있음을 깨우치심이라. 백성은 언약을 듣고서도 자신들의 마음대로 살겠다고 다짐하며 가증한 행위를 일삼고 있습니다. 심지어 예레미야를 죽일 것을 모의하고 있습니다.

백성이 힌놈의 아들의 골짜기에서 자신들의 아들들을 죽여 몰렉에게 제물로 바칩니다. 백성의 사악한 모습으로 인하여 하나님은 예레미야에게 그 현장에 가서 옹기를 깨뜨리라 하십니다. 옹기가 깨짐 같이 유다에게 임할 형벌은 돌이킬 수 없음을 알게 하십니다.

예레미야가 유다의 멸망을 예언하니 성전 총감독 바스훌은 예레미야를 때리고 그의 목에 착고를 채웁니다. 하나님이 예레미야를 풀어주시고, 유다의 귀중품은 탈취 당하고 사람들은 바벨론의 포로 되어 끌려갈 것을 말씀하시니 하나님의 원하심은 백성의 회개입니다.

묵상시

무지한 백성이 복을 받기 위하여
자신들의 아들을
몰렉의 입 속에 제물로 바치니
죽음의 공포에서 부르짖는
힌놈의 아들의 울음소리가
골짜기에 가득 퍼지고
하늘에까지 들리는구나

여호와께서 예레미야를 보내어
옹기를 깨뜨리라 하셨으니
사악하고 무지한 백성에게 경고하는
다가올 형벌을 예고함이요
바벨론의 전차에
백성은 밧줄에 묶여
천리 길을 끌려감이라

30주
179
금요일

# 예레미야 21~23장

오늘의 키워드는 **"생명의 길"**입니다.

결국 바벨론의 침략을 받은 시드기야는 다급해져서 여호와의 도움을 간구합니다. 이 때 여호와께서는 예레미야를 통하여 생명의 길과 사망의 길을 전합니다. 생명의 길을 바벨론에 항복하는 것이요, 사망의 길은 바벨론에 대항하여 싸우는 것임을 알려줍니다.

하나님의 통치를 대행하고 있는 유다 왕들에게 정의와 공의를 행할 것을 말씀하십니다. 요시야 왕의 선행과는 다르게 악을 저지르는 살룸과 여호야김과 여호야긴 왕에 대한 경고는 바산에서의 불의에 대한 탄식과 모든 악으로 인하여 수치를 당할 것을 말씀하십니다.

그럼에도 불구하고 하나님은 흩어진 양 떼를 다시 모으실 것이며. 또한 백성을 위하여 예수 그리스도가 나올 것을 말씀하십니다. 70년의 기간은 우상으로 더러워진 땅을 쉬게 하고 죄악에 물든 백성을 뉘우치게 하는 기간이며 예수 그리스도를 믿으면 생명으로 가는 것입니다.

묵상시

높은 곳에 있는 바산의 암소를 보라
목자는 양을 돌보지 아니하고 도망치고
거짓 목자는 양을 잡아먹으며
바산의 암소처럼 살만 쪄있구나

정의와 공의를 행하지 아니하고
백성을 노략질하는 유다여
말씀을 떠난 지도자들이여
여호와께서 흩으시리니 사망의 길이로다

회개하고 돌아오는 날
양의 문을 열어 주리니 생명을 얻으리라
도둑은 강탈을 위함이나
예수가 오심은 구원을 위함이라

30주
180
토요일

# 예레미야 24~25장

오늘의 키워드는 **"순종과 불순종의 결과"**입니다.

무화과 열매는 유다에 대한 비유입니다.

바벨론에 항복하라는 말씀에 순종하는 자들은 좋은 무화과 열매를 먹고 여호와께서 그들을 보호하시어 고국으로 돌아오게 하시며, 자신의 생각대로 반항하여 애굽으로 도망치는 자들에게는 나쁜 무화과 열매를 버림 같이 그들을 모든 나라 가운데로 흩어지며, 환난과 저주와 칼과 기근으로 멸망할 것을 말씀하십니다.

유다가 칠십 년 동안 바벨론을 섬길 것은 백성의 신앙 회복을 위한 하나님의 계획입니다. 유대 땅이 우상과 죄악으로 물들었기 때문에 그 땅을 정화할 것이요, 죄로 물든 백성을 고난을 통하여 하나님께로 돌아오게 하시려는 목적을 가지고 계십니다. 하나님의 백성이 하나님의 말씀을 듣지 않을 때에 하나님은 극약 처방으로 그 사람이 회복되기까지 연단의 풀무에 넣으십니다.

묵상시

옷을 입히고
농토를 주어 살게 했지만
내 말이 무시당하고
내 명령이 거절당하였나니
불순종의 종에게 좋은 과실이 왠 말이야

너희가 잠시 나를 떠났으나
회개하고 돌아오면 살리니
이제는 죄악의 옷을 벗어버리고
연단의 풀무에서 땀을 흘려라
순종하는 생수를 먹이리라

31주
181
월요일

# 예레미야 26~29장

오늘의 키워드는 **"거짓 믿음과의 대결"**입니다.

하나님이 예레미야를 다시 보내심은 백성이 회개할 기회를 주시는 것입니다. 예레미야가 여호와의 명령을 전하니 백성이 예레미야를 죽이려 합니다. 그러나 하나님은 사반의 아들 아히감을 통하여 예레미야를 백성에게 넘겨지는 것을 차단하십니다.

하나님은 백성에게 바벨론 왕을 섬기라고 명령하십니다. 거짓 예언자 하나냐는 바벨론은 멸망할 것이고 포로로 끌려간 백성은 다시 돌라올 것을 말합니다. 예레미야는 그의 말대로 돌아오기를 원하지만 하나님의 명령대로 이루어질 것을 다시 말합니다.

백성을 향한 하나님의 궁극적인 생각은 재앙이 아니라 평안과 희망과 회복입니다. 백성이 돌이켜 부르짖으면 들으시고 보호하시는 것입니다. 그러나 스마야와 거짓 예언자들은 바벨론의 멸망을 예언하며 백성을 선동하고 있습니다.

묵상시

콩 심은 곳에 콩이 나야 하는데
악한 종은 그 콩을 숨기고
백성 앞에서
다른 식물을 보이느냐

돌이키지 않는 백성에게
살 길을 열어주는데도 불구하고
거짓 종은 여전히
껍데기만 붙들고 평안을 외치느냐

다시 흙을 파고
진실의 씨앗을 파종하여라
추수의 낫이 다가오나니
너는 정직한 땅의 열매를 맺으라

31주
# 182
화요일

# 예레미야 30~33장

오늘의 키워드는 **"회복을 약속"**입니다.

하나님은 야곱에게 하신 약속을 잊지 않으셨습니다. 야곱아 너는 두려워하지 말라. 이스라엘아 놀라지 말라. 너를 구원하고 네 자손을 구원하리라. 여호와께서 악인들을 제거하시고 백성의 귀환과 더불어 그리스도의 영원한 왕을 계획하고 계십니다.

여호와께서 이스라엘을 다시 세우시리니 목자가 양떼를 돌봄 같을 것이라. 여호와께서 이스라엘과 유다의 집에 새 언약을 맺으리라. 그들이 여호와를 버리고 언약을 깨뜨렸으나 여호와께서 그들의 죄를 사하시고 다시는 그 죄를 기억하지 아니하리라.

예레미야가 시위대 뜰에 갇혔을, 그때 여호와의 말씀이 임하시니라. 일을 행하시는 여호와, 그것을 만들어 성취하시는 여호와께서 이르시기를, 너는 내게 부르짖으라 내가 네게 응답하겠고 네가 알지 못하는 크고 비밀한 일을 네게 보이리라.

묵상시

아무 말 없어도 지구는 돌아가고
낮의 바통을 밤이 받고
다시 낮이 그 바통을 이어 받고
하나님은 여전히 우주를 운행하십니다

거짓이 진실을 누르고
거짓이 악을 저지르나
천지를 주관하시는 하나님이
지금도 바라보고 계십니다

너는 내게 부르짖으라
내가 네게 응답하겠고
네가 알지 못하는 크고 비밀한 일을
너에게 보이리라

31주
183
수요일

# 예레미야 34~38장

오늘의 키워드는 **"멸망의 원인"**입니다.

바벨론 군대가 유다를 공격하니 시드기야는 하나님 앞에서 언약을 맺고 남녀 노비를 놓아주어 전쟁에 참여할 수 있도록 합니다. 바벨론의 공격이 느슨해지자 고관들은 노비들을 다시 끌어들여 노비로 삼았으니 이는 하나님과 맺은 언약의 파기입니다.

예레미야가 바룩을 통하여 성전에서 여호와의 말씀을 낭독하니 백성이 여호와 앞에서 금식을 선포합니다. 여호야김이 그 두루마리를 불태우는 오만을 보이니 하나님은 그를 바벨론 포로로 끌려가게 하십니다.(1차, BC 605)

바벨론에 의하여 왕이 된 시드기야는 애굽이 득세하고 바벨론이 위축될 때 애굽을 의지하여 독립을 시도합니다. 바벨론을 의지하라는 말을 무시하고 고관들은 예레미야를 때리고 옥에 가둡니다. 그러나 예레미야는 계속 외칩니다.(여호야긴, 2차, 597)

묵상시

재판관 앞에서는 농부를 풀어주고
집에 와서는 다시 붙들어 매고

재판관 앞에서는 눈물로 회개하고
집에 와서는 그 판결문을 불태우고

신하가 임금의 명령을 거역하고
자신의 뜻대로 행했나니

유다의 멸망 원인은
하나님을 버리고 관능적으로 행했음이라

31주
184
목요일

# 예레미야 39~44장

오늘의 키워드는 **"끝없는 방황"**입니다.

결국 바벨론에 의하여 예루살렘이 함락되니 시드기야는 붙잡혀 그의 앞에서 아들과 귀족들이 죽임 당하고 그의 눈은 뽑히고 쇠사슬에 묶여 끌려갑니다(3차, 586). 유다의 땅들은 빈민들에게 주어져 경작하게 하였고 예레미야도 끌려가다가 라마에서 풀려납니다.

예레미야는 유다에 머물고 그다랴가 유다를 통치합니다. 이스마엘이 그다랴를 죽이고 암몬으로 도망칩니다. 사태는 요하난에 의해 평정되었으나 바벨론의 보복이 두려운 요하난은 애굽으로 피신하기를 원하나 예레미야는 유다에 머물도록 말합니다.

결국 요하난은 예레미야와 바룩과 백성들을 대리고 애굽으로 이주합니다. 예레미야는 백성이 애굽의 우상을 숭배하는 것으로 인하여 백성과 애굽의 멸망을 예언합니다. 그렇지만 백성이 듣고 여호와께로 돌아오기를 간청합니다.

묵상시

여호와의 말씀을 거역하던 시드기야
바벨론의 포위를 견디지 못하고
한 밤중에 지하 동굴을 지나
사해 방향으로 도망쳤으나

여리고 들판에서 붙잡힌 시드기야
군졸들을 산산히 흩어지고
적군에게 눈 뽑히고
쇠사슬에 묶여 끌려갔네

심판의 날도 이와 같으리니
생명책에 기록된 내용대로
불의한 자는 음부로 던짐 당하고
의로운 자는 구원이 주어지리라

31주
185
금요일

# 예레미야 45~49장

오늘의 키워드는 **"이방나라 심판"**입니다.

여호와께서 유다의 암담한 미래를 알고 좌절감에 빠진 바룩에게 희망을 주십니다. 그리고 예레미야에게 애굽의 멸망을 알려주셨으니 그 예언은 B.C.567년에 이루어짐을 보게 됩니다. 그래도 여호와께서는 야곱에게 주신 구원의 약속을 백성에게 상기시킵니다.

예레미야는 블레셋의 멸망을 예언합니다. 블레셋은 이스라엘을 약탈하였고 이스라엘의 포로를 노예로 판 이유입니다(암1:6). 북쪽에서 내려오는 바벨론은 마치 물결치는 시내처럼 밀려들어 블레셋 땅과 그곳에 있는 모든 것을 휩쓸 것입니다.

모압의 멸망은 그들의 우상숭배와 교만 때문이요, 암몬의 멸망은 그들이 갓을 점령하였기 때문이요, 에돔의 멸망은 스스로 지혜있다고 교만하게 생각하며 이스라엘을 공격함 때문이요, 다메섹과 게달과 하솔과 엘람 등에 대한 멸망을 예언합니다.

묵상시

가나안 땅을 정복하기 전에
기생 라합의 일을 상세히 기록함은
그녀의 구원을 통하여
이방나라에도 구원이 있음을 보여줌이라

주변 나라들에 대한 심판을 말씀하심은
그들이 이스라엘에게 악을 행한 것이
하나님을 대적한 것으로 간주됨이요
하나님의 심판이 그들에게 미침이라

구원은 이스라엘의 혈통과
거룩한 절기와
정결 예식이 아니요
믿음에 의하여 이루어지나니
심판도 공정하게 이루어지느니라

31주
186
토요일

# 예레미야 50~52장

오늘의 키워드는 **"바벨론을 심판"**입니다.

바벨론에 대한 심판 경고는 그들이 하나님이 쓰시는 심판의 도구로 사용되었음에도 불구하고 스스로 높아져 교만하게 굴기 때문입니다. 여호와께서 북쪽에서 한 민족을 일으키어 바벨론을 치리니 바벨론의 약탈 당하는 소리가 땅에 진동할 것입니다.

바벨론이 멸망하리니 여호와께서 바사(페르시아)를 움직이실 것이요. 그 이유는 예루살렘 성전 파괴에 대한 책임과, 유다를 치는 회초리로 불렀으나 과격하고 폭력적이기 때문입니다. 결국 바벨론은 멸망하고 그 땅이 황폐할 것입니다.

시드기야는 바벨론에 저항하다가 예루살렘 성에 양식이 떨어지니 지하 동굴을 통하여 탈출합니다. 그러나 여리고 평지에서 붙잡혔으니 두 눈이 뽑히어 끌려가고 여호야긴이 왕의 자리를 이어갑니다. 솔로몬의 죄악이 이토록 무서운 결과로 나타나는 것를 봅니다.

묵상시

양치기가 개를 데리고 다니는 것은
양들을 돌보기 위함인데
개가 주인의 명령을 따르지 않고
양을 물기도하고 죽이기도 하였으니
그 개는 존재의 가치를 잃음이라

하나님이 유다의 연단을 위해
바벨론을 고용하셨는데
그들은 너무 악하고 잔인하여
유다를 물고 찢었으니
이제 바벨론은 존재의 가치를 잃음이라

32주

187

월요일

# 예레미야애가 1~2장

오늘의 키워드는 **"비탄의 현실"**입니다.

슬프다 이 성이 어찌 그리 적막하고 제사장들이 탄식하며 처녀들이 근심하는가. 바벨론에게 짓밟힌 예루살렘의 처참함이여, 백성이 당하는 괴로움이여. 모든 백성이 생명을 보본하려고 보물로 먹을 것을 바꾸고 탄식으로 양식을 구하나 먹을 것이 없구나. 예루살렘이 크게 범죄함으로 조소거리 되었구나. 주께서 불순종의 이 백성을 술틀에 밟으셨나니 위로할 자 없으되 하나도 없구나.

여호와께서 자기 제단을 버리시며 시온의 성벽을 헐기로 결심하시고 줄을 띠고 무너뜨리시니 성벽과 성곽은 통곡하며 시온의 장로들은 땅에 앉아 티끌을 머리에 덮어쓰고 굵은 베를 허리에 둘렀구나. 내 눈이 눈물에 상하며 내 창자가 끊어지며 내 간이 땅에 쏟아짐이여 내 자녀가 패망하여 길거리에 기절하였나이다. 여호와여, 여호와여 어찌하오리이까.

묵상시

슬프다 유다여
슬프다 예루살렘이여
바벨론에게 짓밟힌 너는 양식이 없고
네 자녀들은 술틀 밟힘 같이 밟히리라

성벽과 성곽이 무너져도
대항할 사람이 없고
장로들이 통곡하나 때가 늦었음이요
바벨론에게 처참히 짓밟힘이라

슬프다 유다여
슬프다 불순종의 예루살렘이여
여호와의 말씀이 끊어졌으니
희망의 끈이 모두 끊어졌음이라

32주
**188**
화요일

# 예레미야애가 3~5장

오늘의 키워드는 **"비탄의 노래"**입니다.

백성이 당하는 고통을 자신의 것으로 여기는 예레미야의 절규의 소리를 들으소서. 유다는 끝장났으나 하나님의 자비는 무궁하시오니 유다의 진멸을 거두소서. 내가 심히 깊은 구덩이에서 주의 이름을 부르오니 주의 귀를 막지 마소서

젖먹이가 목말라 혀가 입천장에 붙음이여, 떡을 구하나 줄 사람이 없음이여, 백성의 죄가 소돔보다 무거우니 먹을 것이 없는 부녀는 자식을 삶아먹음이여, 여호와의 명령을 무시하고 허탄한 것들을 붙잡은 백성에게 부으시는 진노의 술잔이여...,

여호와여 우리를 돌아보소서, 비탄에 젖은 당신의 자녀를 구원하소서. 우리의 죄악으로 인하여, 우리의 죄악으로 인하여 주께서 진노하셨사오니 여호와여 이제 거두소서. 우리가 주께로 돌아가겠사오니 우리의 날들을 다시 새롭게 하소서.

묵상시

나의 민족이 죄악 중에 거함으로
이제 끝장났음이여
내가 깊은 구덩에서 부르짖사오니
여호와여 들으소서

젖먹이는 목말라 입천장에 혀가 붙고
부녀자는 배고파 자녀를 삶아먹고
불순종의 백성이 맞이하는
아픈 현실이여

억만번 꿇어도 돌이킬 수 없으나
탕자가 돌이켜 눈물 흘리오니
여호와여 진노를 풀으시고
백성의 절규를 들으소서

32주
189
수요일

# 에스겔 1~3장

오늘의 키워드는 **"부르심"**입니다.

여호야긴이 사로잡히고 백성이 바벨론에 끌려온 지 5년째 되던 해에 여호와께서 에스겔에게 나타나셨습니다. 그리고 북쪽에서 폭풍과 큰 구름이 오고 그 속에서 불이 번쩍이고 사방에 비치며 네 생물의 형상과 네 바퀴의 환상을 보여주십니다.

하나님이 예레미야를 선지자로 부르십니다. 에스겔에게 패역한 백성과 같이 패역하지 말 것을 당부하며 순종을 훈련시킵니다. 입을 벌리고 먹으라 하셨으니 애곡과 애가와 재앙의 말이 기록되어있는 두루마리 책이요 희망의 말씀입니다.

여호와께서 에스겔은 파수꾼으로 임명하십니다. 악인을 깨우치고 돌이키게 함이요, 의인을 깨우쳐 범죄치 못하게 하려는 목적이 있습니다. 여호와께서 에스겔의 혀를 입천장에 붙게 하심으로 자의로 말하지 못하게 막으시며 말과 행동에서 하나님의 통제를 받게 하십니다.

묵상시

태양을 보지 못한지 5년
퀴퀴한 냄새 풍기는 동굴에서 백성은
절망에 빠져있는데
그발 강 가에서 여호와의 말씀이
에스겔에게 임하시며
민족의 파수꾼 삼으셨네

너를 부름은 백성을 돌이키려 함이니
너는 두루마리를 먹고
네 백성에게 가서 전하라
애곡과 재앙의 말이 적혀있으나
배에 들어가니 달기가 꿀 같으니
에스겔은 하나님의 대언자라

32주
190
목요일

# 에스겔 4~7장

오늘의 키워드는 **"퍼포먼스"**입니다.

아무리 말해도 듣지 않는 백성을 위하여 하나님은 토판 위의 모형을 통하여 예루살렘성에 닥칠 환난을 보여주십니다. 또한 음식에 대한 상세한 표현을 포위당하여 겪게 될 상황에 대한 설명을 함으로 백성을 깨우치려는 노력을 기울이십니다.

하나님은 에스겔의 머리털과 수염을 깎아 삼등분하여 저울에 달아두라 하신다. 그 중 하나는 성읍 안에서 불사르고, 하나는 사방에서 칼로 치고, 하나는 바람에 흩날리라 하십니다. 첫째는 기근으로 죽고, 둘째는 칼로 죽고, 셋째는 흩어짐을 의미합니다.

백성은 우상을 섬긴 죄로 인하여 처참하게 살육 당하고서야 하나님의 존재를 알게 될 것입니다. 이러한 상황들을 계속하여 외치며 보여주며 속삭이는 것은 성전만 있으면 자신들은 망하지 않으리라는 백성의 잘못되고 안일한 생각을 바꾸시려는 의도입니다.

묵상시

불러도 듣지 않고
보여주어도 반응이 없고
꼬집어도 돌이키지 않는 백성을 향하여
하나님은 에스겔을 통해
퍼포먼스를 보여주시네

기근으로 죽고
칼로 죽고
흩어짐 당하리니
듣고 보고 만지고 깨달아서
임박한 심판의 날을 대비하라

우상과 동성애와
거짓 사상으로 인하여 심판하리니
찢기고 베이고 죽어야만 깨닫겠느냐
허탄한 생각 모두 버리고
아버지의 품으로 속히 돌아오라

32주

# 191

금요일

# 에스겔 8~11장

오늘의 키워드는 **"죄악의 현장"**입니다.

하나님은 에스겔에게 예루살렘 성전에서 벌어지고 있는 우상숭배의 현장을 보여주신다. 그곳 장로들은 하나님이 자신들을 버렸고 보지 않으신다고 생각하여 방 안 어두운 곳에서 우상을 섬기며, 여인들은 앉아서 담무스를 위하여 애곡하고 있습니다.

예루살렘을 향한 하나님의 분노하심은 심판의 모습으로 보여주십니다. 하나님의 의도하심은 심판이 목적이 아니요 구원하심이 목적이십니다. 하나님의 긍휼하심은 백성의 가증한 모습을 보고서 탄식하며 우는 신실한 백성을 보호하실 것을 약속하십니다.

심판의 모습은 숯불을 가득 움켜쥐고 성읍 위에서 흩으실 것으로 보여주십니다. 그리고 여호와의 영광이 성전 문지방을 떠납니다. 불의하며 악한 자들을 포로로 끌려가게 하시지만 그곳에 가서도 하나님은 그들의 회복을 위하여 성소가 되실 것을 말씀하십니다.

묵상시

예루살렘의 장로들아
목숨 다하여 여호와를 섬겨야하거늘
여호와께서 보지 않는다 생각하여
우상을 숨겨놓고 섬기느냐

한 겨울에 도망치는 꿩처럼
얼굴만 처박으면 숨었다고 생각하니
손바닥으로 하늘을 가리고
손바닥으로 비를 막을 수 있느냐

마실 것이 더 필요하면
진노의 잔을 마시어라
피울 것이 더 필요하면
숯불을 가득 움켜쥐어라

32주
192
토요일

# 에스겔 12~16장

오늘의 키워드는 **"거짓 선지자"**입니다.

심판 경고에도 불구하고 예루살렘은 결코 망하지 않으리라는 잘못된 생각을 하는 백성을 향하여 포로의 행장을 하고 끌려가는 모습을 연출하게 합니다. 왕의 눈이 뽑힘 같이 얼굴을 가리고, 떨면서 음식을 먹고, 근심의 물을 마시며...

백성의 판단 착오는 거짓선지자를 때문입니다. 하나님은 말씀에 근거하지 않고 자기의 생각대로 말하는 모습은 하나님을 배신하는 행위입니다. 평강이 없으나 평강이 있다 말하며 우상을 마음에 들이며 죄악의 걸림돌을 자기 앞에 두는 자들을 심판하십니다.

하나님이 죄악의 현장을 칼과 기근과 사나운 짐승과 전염병으로 심판하실 것입니다. 예루살렘 주민은 수풀 가운데 나무같이 불에 노출된 땔감같이 되리니 그들이 우상을 만들어 행음하는 영적 간음이며 다른 남자와 여자가 저지르는 육적 간음을 심판하십니다.

묵상시

일기예보 알림 같이
폭풍의 소식 들려주었는데
거짓 선지자는 아직도
평안을 말하고 있구나

온갖 악행을 저지르면서
성전만 있으면 무사하다고 생각하니
그들은 우상을 섬기면서도
구원 받는다고 말하고 있구나

심판이 문턱을 넘어서
칼과 기근과 전염병으로 다가오나니
예루살렘 숲은 불의 땔감이요
행음하는 자들은 칼끝의 이슬이로다

33주
193
월요일

# 에스겔 17~19장

오늘의 키워드는 **"우화로 보여주심"**입니다.

독수리 두 마리와 백향목과 포도나무로 구성된 우화는 유다의 현실을 잘 나타내고 있습니다. 첫 독수리는 바벨론이고 둘째 독수리는 애굽이며 백향목은 유다 백성을 가리킵니다. 바벨론을 의지하면 살 것이지만 애굽을 의지하면 죽으리라는 내용을 비유합니다.

자신들이 당하는 고통이 조상들의 죄악 때문이라고 생각합니다. 그러나 우화의 비유는 아버지가 신 포도를 먹었다고 아들의 이가 시린 일을 없음같이 자신의 파멸은 자신의 죄에서 비롯된 것을 알려주며 정직과 공의를 행할 것을 말씀하십니다.

두 사자의 우화는 바벨론으로 끌려가는 유다의 두 왕 여호아아스와 여호야긴을 비유하고, 포도나무의 우화는 바벨론에게 뽑힘 당하여 멸망하는 시드기야를 비유하는 것으로 보입니다. 나무는 꺾이고 열매는 마르니 희망이 없는 그곳에 애가가 흘러나옵니다.

묵상시

첫 독수리가 백향목 높은 가지를 꺾고
연한 가지 끝을 꺾어 다른 곳에 두고
종자를 꺾어 큰 물가에 심음은
바벨론이 유다를 꺾음이요
유다의 왕들과 백성의 바벨론 유수를 말함이요

포도나무가 물을 받아 열매 맺기 위하여
둘째 독수리에게 뿌리를 뻗으나
독수리가 그것들을 쪼아 먹으리니
유다가 애굽을 의지하여 살고자 하나
오히려 애굽에게 버림 받음이라

독수리는 바벨론과 애굽을 상징함이니
바벨론으로 끌려감은 하나님의 뜻이요
애굽을 의지함은 하나님 뜻이 아님이라

33주

194

화요일

# 에스겔 20~24장

오늘의 키워드는 **"순종이 없는 자들"**입니다.

임박한 심판의 원인을 이야기 합니다. 애굽 땅에서 우상을 섬기지 말라 하였으나 그들이 반역하였고, 여호와의 이름을 위하여 애굽을 떠나 광야에 이르게 하였고, 백성에게 복을 주시려고 광야에서 율법을 주었으나 백성이 지키지 않았기 때문입니다.

여호와의 심판이 의인과 악인에게 모두 임합니다. 바벨론 왕이 침략하니 왕관은 벗겨지고 유다 왕조는 잠잠히 끌려가고 있습니다. 심판의 목적은 회개하고 돌아오라는 것입니다. 인자야 탄식하되 허리가 끊어지듯 탄식하고 그들의 목전에서 울어라.

여호와의 명령이 울려 퍼지지만 그들은 여전히 음행하며 이익을 탐하며 우상을 버리지 아니합니다. 여호와께서는 뉘우치지도 아니하고 순종하지 않는 백성을 숯불 위에 놓인 솥에 던져진 뼈가 그 속에서 삶아지며 녹아 소멸될 것을 말씀하십니다.

묵상시

아침의 태양은 시작을 알림이요
석양은 하루의 마감을 알림이요
선지자의 외침은
인생을 결산하는 회개의 타종이라

유다는 여전히
하나님 믿으나 우상도 섬기는 간음자요
음란과 착취와 불법과
방탕과 거짓 사상에 젖어있구나

순종이 없는 자들이
지금은 다 활개치고 노닥거리지만
숯불 위의 고깃덩이로 전락할
심판의 시간이 임박하구나

33주

# 195

수요일

## 에스겔 25~28장

오늘의 키워드는 **"이방나라를 심판"**입니다.

물과 빛과 공기와 토지의 산물을 먹는 것처럼 하나님의 보편적인 은혜는 누구에게든지 공평하게 주어집니다. 그럼에도 불구하고 우상을 섬기며 악의 길을 걷는 자들에 대한 하나님의 은혜는 유한하며 심판의 날이 기다리고 있습니다.

이방 나라가 심판 받음은 그들이 유다를 비웃고 하나님을 모욕하였음이니 북쪽의 암몬은 유다가 망할 때 손뼉 쳤음이요, 동쪽의 모압과 세일은 유다의 끌려감을 기뻐하였으며, 남쪽의 에돔과 서쪽의 블레셋은 하나님과 유다를 대적하였음이라.

북쪽 해안에 위치한 두로와 시돈을 치실 것을 말씀하십니다. 경제적으로 부유한 그들은 예루살렘의 멸망을 보고서 자신들이 취할 경제적 이익을 생각하며 기뻐하고 있습니다. 하나님이 주신 은혜를 자신들의 영광으로 돌리는 자들에 대한 심판입니다.

묵상시

하나님이 주신
햇볕과 바람과 물을 받으며
계절의 변화 속에서
감사하며 살아야 하는데

누가 농장 주인의 아들을 비웃고
누가 그의 아들을 대적하였는가

이방나라를 심판하심은
그들이 유다의 심판을 기뻐하며
음행과 불법을 누리고 있음이니
하나님의 공의가 그들에게 임하리라

33주
196
목요일

# 에스겔 29~32장

오늘의 키워드는 **"애굽을 심판"**입니다.

여호와께서 우주만물을 만드셨는데 애굽의 왕 바로는 나일강을 자신이 만들었다고 말하며 교만을 떨고 있습니다. 하나님은 교만한 그를 강 가운데 누운 악어라고 표현하며 갈고리로 그의 아가미를 꽤어 잡아 들짐승과 새의 먹이로 삼겠다고 하십니다.

유다의 시드기야 왕은 하나님의 명령을 거역하고 군사적으로 강한 애굽을 의지하여 바벨론을 등지고 있습니다. 여호와께서 세우신 구원의 계획은 바벨론을 통하여 이루시는 것이기 때문에 바로의 팔은 꺾어서 내리시고 바벨론 왕의 팔은 올려주십니다.

바로의 멸망에 대하여 슬픈 노래를 불러라. 많은 나라들이 그를 광야에서 호령하는 사자로 여겼으나 실은 강가에 사는 악어에 불과하다고 하십니다. 역사를 이끌어가시는 하나님이 교만한 자를 멸하시고 바벨론을 도구로 새로운 질서를 만드십니다.

묵상시

아담도 아브라함도 애굽의 바로도
저기 보이는 바다와 육지와 산들도
하나님이 만드신 피조물인데
바로는 자신을 신이라 말하고
자신이 나일강을 만들었다고 말하네

자신의 존재를 모르는 자는
머리를 쳐서 곡식을 까불러도
깨닫지 못함이니

나일강의 범람하는 물은 피가 되며
나일강의 곤충들은 너의 곡식을 할퀴며
애굽은 패댕이침 당하는
나일강의 악어니라

33주
197
금요일

# 에스겔 33~34장

오늘의 키워드는 **"파수꾼"**입니다.

여호와께서 에스겔에게 파수꾼 역할을 부여하시고 여호와의 말씀을 전하라 하십니다. 파수꾼의 소리를 듣고도 회개하지 않는 자는 그 피가 자기에게로 돌아갈 것이요 그러나 회개하고 돌아오는 자는 용서하신다는 말씀을 전하게 하십니다.

예루살렘은 결국 적들에게 함락 당합니다. 그럼에도 불구하고 우매한 백성은 아직도 하나님의 말씀을 청종하지 아니하고 자신들이 아브라함의 후손들로서 구원 받을 것이라 생각합니다. 이에 하나님께서는 그들의 교만을 철저하게 꺾으실 것을 말씀하십니다.

거짓 목자들이 양떼를 거두지 아니하고 오히려 잡아먹으니 목자 없는 양떼는 짐승의 밥이 되고 높은 산마다 유리되어 온 지면에 흩어져 있습니다. 여호와께서 양떼를 구원하시기 위하여 참 목자이신 예수 그리스도를 따르라 하십니다.

묵상시

파수꾼을 세움은
적들의 공격에서 백성을 보호함이요
여호와께서 파수꾼을 세우심은
죄악으로부터 백성을 보호하심이라

적들이 사방에서 몰려오는데
파수꾼의 나팔 소리를 듣고도
타락한 지도자는 사나운 늑대처럼
양들을 잡아먹고 있으니

파수꾼의 양각 나팔 소리는
온 지면에 울려 퍼지고
흩어진 양들을 향하여
양의 문으로 들어오라 하시네

33주
198
토요일

# 에스겔 35~36장

오늘의 키워드는 **"오직 은혜"**입니다.

에돔은 장자권에 대한 한을 품고 오랜 동안 이스라엘을 대적하였습니다. 에돔은 이스라엘의 황폐함을 보고 욕하며 자신들의 즐거움을 삼고 있습니다. 에서와 야곱은 이삭의 아들이지만 하나님은 에돔(에서의 후손)의 황무함을 계획하십니다.

죄악으로 인해 흩어진 백성에게(36:19) – 하나님의 거룩한 이름을 위하여(22) – 회개를 통한 회복을 이루시며(25) – 하나님이 그들에게 새 영, 새 마음을 주심으로(26) – 너는 내 백성, 나는 너의 하나님이 되리라(28) 하십니다.

포로된 백성을 바벨론에서 구출하시고 옛 영토로 돌아오게 하심은 백성의 회개나 선한 행위 때문이 아닙니다. 오직 하나님의 은혜를 입는 것으로서 우리의 실패에도 불구하고 하나님은 지금도 우리 안에서 역사하심을 보여주십니다.

묵상시

부부가 이혼하면 남이 되지만
부모자식은 끊을 수 없는
혈연 관계로다

죄로 인해 흩어진 백성
아버지가 자녀를 죄악에서 건지시고
새 옷을 입혀주시고
새 영토를 주셨으니

그를 구원하심은
하나님의 자녀이기 때문이요
죽을 수밖에 없는 죄인을
오직 은혜로 살려주심이라

34주
199
월요일

# 에스겔 37~39장

오늘의 키워드는 **"권능"**입니다.

은혜를 입은 자들은 하나님의 권능을 바라볼 수 있습니다. 골짜기에 가득한 마른 뼈들에게 여호와의 말씀이 선포되니 뼈들이 연결되고 힘줄과 살과 가죽이 덮히고 큰 군대를 이루는 것을 보여주심은 하나님으로 인한 회복입니다.

막대기의 환상을 통하여 민족의 통일을 보여주십니다. 재건되는 나라로 돌아오는 자들마다 그리스도의 화평으로 영원한 언약을 받게 되며 그들을 견고하고 번성하게 하여 하나님의 성소에서 영원히 이르게 하실 것입니다

북쪽에서 강성한 나라 곡이 연합군을 형성하여 구름이 땅을 덮음 같이 이스라엘을 침략할 것 입니다. 그들은 하나님에 의하여 칼과 전염병과 우박과 불과 유황으로 진멸당하며, 하나님의 백성이 최후의 승리를 거둠으로 하나님의 섭리를 증거 할 것입니다.

묵상시

마른 뼈들아 일어나라 명하니
힘줄과 살과 가죽이 붙고
흩어진 뼈들이 들어맞아
군대를 이룸이라

사탄의 군대가 몰려오나
두려울 것 없음은
도단 산성에서의 권능으로
여호와께서 보호하시고 이끄심이라

실의에 빠진 대한민국아
여호와를 의지하여라
여호와의 권능이 임하시리니
생명의 말씀이 너희를 살리리라

34주
200
화요일

# 에스겔 40~43장

오늘의 키워드는 **"성전 재건"**입니다.

중요한 것은 인간의 소망이 아니라 하나님께 드릴 영광입니다. 곡에서의 승리는 백성을 구원하시려는 하나님의 승리입니다. 새로운 성전의 재건은 고난을 이긴 자들이 하나님께 드리는 영광의 절정입니다.

성전 내부를 보여주시고 지성소 앞에서 멈추었으니 하나님은 성전을 사랑하시고 그곳에서 인간을 만나기를 원하십니다. 새 성전의 모습은 세상의 건물이 아니요 예수 그리스도의 몸으로 세워지는 무형의 교회요 우리 인생이 예배로 다가설 무형의 장소입니다.

성전을 떠나셨던 여호와의 영광이 성전으로 들어왔으니 이제 하나님과 백성 간에는 새로운 시대가 열리고 있습니다. 여호와께서 영원히 거하실 그곳은 이제 세상의 헛된 것들은 찾아볼 수 없고 오직 기쁨과 감사로 드릴 영원한 곳입니다.

묵상시

꿈을 꾸는 자는
꿈의 씨앗을 먼저 땅에 심으라
감사하는 자는 입으로 하지 말고
소중한 것으로 감사를 표시하라

하나님은 인간의 회복을 원하시나니
너의 거룩함을 하나님께 드리라
참된 성전은 보이는 건물이 아니요
예수의 몸으로 이루는 것이라

하나님께 나아가는 자마다
여호와의 영광이 온 땅에 가득하기까지
꿈과 재능을 모두 모아
여호와의 기뻐하시는 성전을 재건하라

34주
# 201 수요일

# 에스겔 44~48장

**오늘의 키워드는 "여호와 삼마"입니다.**

여호와의 영광이 동쪽 문으로 들어오고 성전에 가득 임합니다. 마음과 몸에 할례 받지 아니한 자는 성전 안으로 들어가지 못하고 성결한 제사장만이 들어가 제사를 드립니다. 절기와 안식일을 지키고 안식일과 초하루를 지키라 하십니다.

성전 문지방 아래서 생명수가 흘러나와 황무지를 적시고 사해로 들어가니 바닷물이 되살아나고 강 좌우에는 각종 과실나무가 자라나 열매를 맺고 그 잎사귀는 약재가 됩니다. 여호와께서 백성에게 땅을 정해주어 살게 하십니다.

여호와께서 거룩한 그곳을 각 지파에게 나누어 주십니다. 그리고 성읍의 문을 지키게 하시고 그 성의 이름을 '여호와 삼마'라 하셨으니 '여호와가 거기에 계시다'는 뜻이요 하나님의 백성 가운데 거하시는 하나님의 임재 장소입니다.

묵상시

폭풍은 지나가고
성전 문지방 아래서 생명수가 흘러
광야를 지나 사해로 흘러가니
바닷물이 되살아나고
모든 생물이 되살아나고
엔게디에서 에네글라임까지
고기잡는 어부가 줄을 서리라

그날이 오면
그리스도의 사랑의 숨결이
광야에 이슬로 적셔지고
사랑의 꽃으로 피어나리니
주의 청년들이 열방에 이르도록
복음 전하는 발걸음마다
'여호와 삼마'가 임하시리라

34주
202
목요일

# 다니엘 1~3장

오늘의 키워드는 **"다니엘과 세 친구"**입니다.

여호야김 즉위 삼 년 째 바벨론 왕 느부갓네살이 예루살렘을 정복하고 청년들을 데리고 갑니다. 그들에게 갈대아의 학문을 가르치고 왕궁의 음식을 먹여서 왕 앞에 서게 만들지만 다니엘과 세 친구의 믿음은 신앙인의 모본으로 전해지고 있습니다.

바벨론 왕이 꾼 꿈을 해석한 다니엘은 높은 자리에 앉게 됩니다. 머리는 순금, 가슴과 두 팔은 은, 배와 넓적다리는 놋, 종아리는 쇠, 발은 쇠와 진흙의 모습은 세상의 왕조를 말함이요. 손대지 아니한 돌이 그것들을 부서뜨림은 예수 그리스도의 세계가 다가옴을 말함입니다.

고관들의 모략으로 세 친구가 죽을 위기에 처합니다. 그러나 하나님은 천사를 보내어 그들을 보호하시고 불 가운데서 보호하십니다. 그 모습을 목격한 느부갓네살 왕은 그의 입으로 하나님을 찬송하며 세 친구를 더욱 높게 등용합니다.

**묵상시**

포로로 끌려간 다니엘과 세 친구
바벨론 왕이 제공하는 음식 앞에서
신앙의 위기를 맞이하나
믿음으로 맞서서 환관장을 설득했네

테스트를 마치신 하나님이
다니엘을 쓰시려고
바벨론 왕에게 꿈을 꾸게 하시고
그 꿈을 맞추게 하셨네

신앙의 위기는 항상 있는 법
모함에 빠진 세 친구
믿음으로 풀무를 무사히 통과하였으니
만방에 가득 하나님 영광 드러내네

34주
203
금요일

# 다니엘 4~6장

오늘의 키워드는 **"신앙의 승리"**입니다.

느부갓네살 왕이 나라의 번영으로 인하여 교만하였을 때 하나님은 두 번째 꿈을 꾸게 하시고 그 꿈을 다니엘을 통하여 해석하게 하십니다. 결국 왕은 꿈대로 궁에서 쫓겨났다가 칠년 후에 다시 돌아오게 되었으며 하나님을 찬양합니다.

벨사살 왕이 성전에서 탈취한 그릇으로 술을 마실 때 사람의 손가락들로 벽에 쓰여지는 것들로 인하여 떨고 있습니다. 다니엘이 "메네 메네 데겔 우바르신"의 뜻을 해석하여 셋째 통치자가 되고 왕은 그날 밤에 적들에게 살해당합니다.

모범적인 신앙을 고수하는 다니엘은 고관들의 음모로 사자 굴에 던짐 당합니다. 그러나 다니엘은 전혀 상하지 않고 하나님의 살아계심을 증거합니다. 그 일로 인하여 다리오 왕은 하나님을 찬양하고 나라는 형통합니다.

묵상시

인간의 왕조는 바뀌지만
신앙의 줄기는 사라지지 않나니
교만 떨던 느부갓네살도
곤혹을 치룬 뒤 왕궁으로 돌아오고
하나님을 대적하던 벨사살도
그날 밤에 살해당하고
메대 사람 다리오가 왕위에 올랐네

인간의 왕조는 바뀌지만
다니엘은 꾸준하였나니
그를 시기하던 자들도
사자 굴에 집어넣은 자들도
다 무너지고
신앙의 승리를 보여주는 다니엘은
여호와의 영광을 만방에 보여주네

34주
204
토요일

# 다니엘 7~9장

오늘의 키워드는 **"환상"**입니다.

다니엘이 꿈에 네 짐승의 환상을 봅니다. 이 꿈은 바벨론 · 메대 · 바사 · 알렉산더제국 · 로마를 상징하는 것으로 해석됩니다. 이러한 세상의 역사 변천 과정에 하나님이 개입하심이며 그리스도를 통한 영원한 나라가 이루어 질 것을 보여주십니다.

숫 양과 숫 염소의 환상을 보여주셨으니 이는 바벨론의 멸망 후에 벌어질 일들입니다. 숫양은 메대 바사 제국이요, 숫염소는 알렉산더(헬라) 제국이요, 그 나라는 넷으로 나뉠 것이며 그 중 한 왕이 자신을 신들의 대표라고 내세울 것입니다.

이스라엘의 포로 생활 70년 중 66년 경과되었지만 포로 귀환의 조짐은 전혀 보이지 않습니다. 이러한 상황 속에서 다니엘은 답답하여 하나님이 약속하신 귀환이 실현되기를 기도드립니다. 하나님은 큰 전쟁이 있을 것을 보여주십니다.

묵상시

우주를 만드신 하나님이
인간의 역사를 주관하시나니
포로생활 66년이 지나가도록
귀환의 조짐은 아니 보이고
답답해하는 다니엘에게
다가올 역사를 환상으로 보이시네

사자 곰 표범 넷째 짐승과 열 뿔은
인간의 왕조의 변천이요
그리스도께서 역사의 중심에서
다스리시고 인도하시나니
그리스도 우리의 왕이여
긍휼하심과 자비하심으로 인도하소서

35주
205
월요일

# 다니엘 10~12장

오늘의 키워드는 **"최후의 전쟁"**입니다.

바벨론 시대는 끝나고 바사 왕 고레스 1년에 첫 포로 귀환이 이루어지고 3년에 다니엘은 큰 전쟁의 환상을 봅니다. 지상에서는 1차 귀환 백성이 사마리아인들에게 고통 받고, 영의 세계에서 사탄의 방해공작이 있음을 보여주십니다.

다리오 원년의 환상입니다. 고레스 이후 네 왕이 나오지만 헬라의 알렉산더에게 패배합니다. 알렉산더 사후 왕조는 4개(이집트 · 시리아 · 마케도니아 · 비구니아)로 나뉘고, 이집트와 시리아의 전쟁과 종말, 유대교에 대한 박해가 나옵니다.

큰 환란이 다가오지만 그것을 이기는 자에게 구원과 상급이 주어집니다. 종말의 때에 악과 선이 구별되리니 악인은 깨닫지 못하지만 지혜 있는 사람은 고통을 이김으로 희고 정결한 모습으로 하나님의 나라를 맞이할 것입니다.

묵상시

다니엘에게 보여주신 환상은
인류의 종말을 예표하심이네

권모와 술수가 만연한 곳에서
치고 박고 부수고 무너뜨리고
땅 따먹기 하느라
피 튀기며 전쟁하고 있으니
돌아가야 할 집은 있느냐

주님 앞에 서는 날
부끄러움 없이 드려야 하나니
세찬 폭풍에서도 견디는 자
주님의 권능의 날에 손잡고
사탄과의 전쟁에서 승리하리라

35주
**206**
화요일

# 호세아 1~3장

오늘의 키워드는 **"일방적인 사랑"**입니다.

하나님은 호세아를 북 이스라엘에 보내어 음란한 여인 고멜을 아내로 맞이하라 하십니다. 그녀가 아이를 낳으매 '이스르엘', '로루하마', '로암미'라 부르게 하시어 음란한 이스라엘을 꾸짖으시며 장차 있을 회복을 말씀하십니다.

음란한 백성에 대하여 "논쟁하고 논쟁하라"는 명령문은 회개를 촉구함이요. "그는 내 아내가 아니요 나는 그의 남편이 아니라" 함은 부부의 혼인 관계를 거부함이요 하나님과 이스라엘 간의 언약 관계를 거부할 수 있는 언어로 봅니다.

이스라엘이 다른 신을 섬기고 음란을 즐길지라도 여호와가 그들을 다시 사랑함 같이 하나님은 집을 나간 여인을 다시 아내로 맞이하라 하십니다. 상식적으로 이해할 수 없는 이런 모습은 우리를 사랑하시는 그리스도를 보게 합니다.

**묵상시**

불러도 되돌아가고
데려다 놓아도 다시 도망치는
고멜과 같은 이스라엘 사람들아

음란을 좋아하여 가정을 버리고
우상을 좋아하여 하나님을 버렸더냐

아무리 패륜을 저질러도
부모가 자식을 외면할 수 없음 같이
하나님이 백성을 버릴 수 없나니

인류의 죄를 대신하여
아들의 죽음으로 해결하셨도다

35주
207
수요일

# 호세아 4~10장

오늘의 키워드는 **"여호와를 알자"**입니다.

하나님은 죄악뿐인 이스라엘을 지적하고 있습니다. 제사장이 먼저 음행함으로 인하여 그 악함이 백성에게로 이어졌고, 제사장들이 우상을 섬기는 영적 간음을 조장함으로 인하여 제사장의 죄악이 백성에게로 이어졌음을 지적합니다.

이스라엘의 타락의 원인이 여호와를 알지 못하기 때문입니다. 그들은 누구를 가릴 것 없이 모두 죄 짓는 일에 혈안이 되어있고 죄를 인식하지도 못하고 있습니다. 선지자의 "여호와를 알자"라는 외침은 백성을 구원으로 인도하는 길입니다.

악을 밭 갈아 죄를 거두고 거짓 열매를 먹는 이스라엘을 경고합니다. 그들은 나라의 번영에 도취되어 우상을 섬기며 부패함을 일삼고 있습니다. 하나님은 백성에게 임박한 심판의 나팔을 불게 함으로 경고합니다. 그리고 돌아올 날을 기다리십니다.

묵상시

눈 덮힌 동화나라 같이
이스라엘은 온통
음행과 우상이 판을 치는
육신과 영혼의 죄악으로 덮혀있도다

죄악인줄 알지도 못하고
죄악에 더러워진 줄도 모르고
관능적으로 살아가는 자들아
여호와를 알자

주의 나라는
말씀의 터전 위에 세워지나니
죄악은 모양이라도 본받지 말고
여호와를 따르자

35주
208
목요일

# 호세아 11~14장

오늘의 키워드는 **"돌아오라"**입니다.

출애굽시키신 하나님의 은혜를 잊은 백성이 온갖 죄를 저지르고 있습니다. 그들에 대하여 징계가 이루어지지만 하나님은 긍휼하심으로 이스라엘을 완전히 멸망시키지는 않으실 것을 말씀하십니다. 그것은 하나님이시기에 가능한 일입니다.

이스라엘이 돌아와야 할 이유는 그들이 하나님의 백성이기 때문입니다. 아브라함에게 주신 약속을 이루시기 위하여 야곱을 벧엘에서 만나주시고 그에게 씨름을 걸으신 하나님이시기 때문에 이스라엘 백성은 그 약속을 믿고 돌아와야 할 것입니다.

솔로몬이 경우처럼 은혜가 크면 형벌도 큽니다. 이스라엘은 값없이 택함 받았기에 더욱 성결해야 하지만 에브라임은 여전히 바알을 섬기고 이스라엘은 여전히 죄악의 길을 헤메고 있습니다. 그래도 하나님은 여전히 기다리고 계십니다.

묵상시

하나님이 먼저 아시고
하나님이 구원하시려고
불안에 떠는 야곱을 찾아오셨네

하나님의 자녀요
하나님의 백성이기 때문에
돌아오면 반드시 받아주실텐데

아직도 바알을 섬기고
행음하며 쾌락을 즐기며
탕자처럼 살고 있느냐

35주
# 209
금요일

# 요엘 1~3장

오늘의 키워드는 **"여호와의 날"**입니다.

불순종한 백성에 대한 경고는 곤충의 심판과 가뭄으로 확대되어갑니다. 쾌락과 술에 취한 자들은 울고, 제사장은 굵은 베를 동이고 울고, 수종 드는 자들도 울며 회개함으로 여호와를 찾으며 임박한 심판을 대비하라는 말씀입니다.

메뚜기 떼가 구름처럼 몰려옴 같이, 큰 군대가 몰려옴 같이 여호와의 심판이 다가오고 있으니 너희는 지금이라도 금식하고 울며 돌아오라. 옷을 찢지 말고 마음을 찢으며 회개하라. 누구든지 여호와의 이름을 부르는 자는 구원을 얻으리라.

하나님은 주의 백성을 공격하는 자들을 멸하십니다. 백성을 끌어가고 소년과 소녀를 기생과 술로 바꾼 두로와 시돈과 블레셋과 사방의 나라들을 멸하십니다. 여호와의 날이 주의 백성에게는 회복의 날이요 적들에게는 심판의 날입니다.

묵상시

언제까지 방탕하게 살려느냐
심판의 날이 다가오나니
너희 백성은 회개하고 울어라
메뚜기 떼 같이 큰 군대가 몰려오리니
통곡하며 눈물을 흘리어라

제사장은 굵은 베를 동이고
지도자는 그의 머리에 재를 뿌리고
너희 백성은 마음을 찢으며 울어라
여호와의 날이 다가오리니
심판이 기쁨이 되도록 회개하여라

35주
210
토요일

# 아모스 1~6장

오늘의 키워드는 **"회복의 길"**입니다.

물질은 풍요롭고 신앙은 캄캄한 여로보암 2세 때에 하나님이 아모스를 보내시어 심판을 말씀하십니다. 이스라엘의 뿐만 아니라 죄악으로 가득찬 다메섹과 가사와 두로와 에돔과 암몬과 모압과 아모리에 대한 징계를 말씀하십니다.

여호와께서 거짓 종교행위를 일삼으며 돌아오지 않는 이스라엘의 모든 죄를 보응하실 것입니다. 또한 사마리아 산에 있는 바산의 암소(힘 없는 자들을 학대하며 착취하여 살이 오른 부유층)와 같은 자들에게 경고합니다.

"너희는 나를 찾으라 그리하면 살리라"고 죄악에 빠진 백성에게 회복을 말씀하십니다. 부당함과 사치와 타락을 버리고 선을 구하면 살리라. 번제나 소제를 드려도 받지 아니하리니 너희는 정의를 물 같이 공의를 강같이 흐르게 할지어다.

묵상시

물질이 넘쳐나는 도성
말씀이 떠난 곳에는 악이 뿌리 내려
어둠이 퍼지고 죄악이 퍼지는구나

지도자의 착취는 도를 넘어
바산의 암소처럼 피둥피둥 살이 오르고
제사장의 형식적인 예배는
상하고 병든 것으로 드리나니
거짓이 있는 곳에 재앙이 넘쳐남이라

심판이 임하리니
이제는 수양의 기름을 받지 않음이요
정의와 공의만이 회복의 길이로다

36주
211
월요일

# 아모스 7~9장

**오늘의 키워드는 "심판"입니다.**

이스라엘의 죄악은 너무 멀리 와있어서 심판을 피할 수 없으니 메뚜기의 재앙과 불의 재앙과 다림줄의 재앙이 기다립니다. 아모스가 예언하나니 패역한 이스라엘은 창녀가 되고 자녀들은 칼에 죽고 백성은 사로잡혀 포로가 되어 떠나리라

내가 기근을 땅에 보내리니 양식이 없어 주림이 아니요 물이 없어서 갈함이 아니요 여호와의 말씀을 듣지 못한 기갈이라. 이 바다에서 저 바다까지 다녀도 얻지 못하며 여호와의 말씀을 구하여도 얻지 못하며 모든 백성이 다 갈하여 쓰러지리라.

성전 문지방 붕괴의 환상으로 주셨으니, 갈멜산에 숨어도 바다 밑에 숨어도 살지 못할 것이나 야곱의 집을 완전히 멸하지는 아니하리라. 여호와께서 다윗의 무너진 장막을 일으키시리니 백성이 돌아오고 포도원을 가꾸고 다시는 뽑히지 아니하리라.

묵상시

목수가 줄을 띠어가며
건축할 부분을 점검함 같이
회개하지 않는 백성에 대한 측량을
차근차근 진행하리라

심판의 봇다리를 땅에 풀리니
패역한 백성은 적군의 놀이개 되어
죽임 당하고 겁탈 당하고
그들의 자녀들은 포로로 끌려가리라

양식이 없어 주림이 아니요
물이 없어서 갈함이 아니요
백성이 당하는 심판은
여호와의 말씀을 거부하였기 때문이라

36주
212
화요일

# 오바다 1장

오늘의 키워드는 **"에돔을 심판"**입니다.

에서의 후손 에돔에 관한 심판의 내용입니다. 그들은 바위틈에 거주하며 높은 곳에 살며 누가 나를 끌어내리겠느냐고 교만이 하늘을 찌르는구나. 네가 독수리처럼 높이 오를지라도 여호와께서 너를 끌어내리니 너는 죽임 당하리라.

너는 언제까지 피해의식을 버리지 못하겠느냐 야곱의 이스라엘 됨을 인정하고 형제의 도리를 다할지라. 너는 야곱의 후손이 멸망할 때 돕지 아니함으로 인하여 부끄러움 당할 것이요. 또한 야곱에게 행한 포악으로 인하여 멸망하리라.

야곱은 말씀을 붙들고 몸부림치며 하나님을 찾으며 동행하는 삶을 살았도다. 에서에게서는 하나님과 동행한 장면을 찾을 수 없으니 하나님을 떠난 삶이로다. 하나님이 심판하시나니 에서 족속은 지푸라기요 야곱 족속은 그것을 태우는 불이 되리라.

묵상시

스스로 높은 줄 알고
바위틈에서 날개 짓하며 사는 에돔아
네가 독수리처럼 높을지라도
여호와께서 잡아 내리시리라

하나님이 평탄한 길 주셨는데
언제까지 야곱을 불평하고
하나님의 은혜를 먹고 자랐는데
언제 하나님을 떠날테냐

형제를 돕지 않음이 너의 잘못이요
형제를 공격함이 큰 죄악이니
너를 재는 추는 이미 기울었음이요
심판의 날이 임박했음이라

36주
213
수요일

# 요나 1~4장

오늘의 키워드는 **"구원 받을 대상"**입니다.

요나는 니느웨로 가서 여호와의 심판이 임박했음을 알리라는 말씀을 듣고 도망치며 다시스로 가는 배를 탑니다. 풍랑이 일고 침몰 위기에서의 제비뽑기는 요나를 죄인으로 지목합니다. 그리고 바다에 던지니 풍랑이 잔잔해집니다.

하나님을 믿으나 국지적인 하나님으로 생각하였더냐. 고래 뱃속에 갇힌 그는 비로소 하나님께 감사기도 드리나니, 하나님이 아니계신 곳이 없으며, 생사여탈권을 쥐고 있음을 고백합니다. 뱃속에서 나온 그는 결국 니느웨에 가서 외칩니다.

니느웨 사람들이 듣고 굵은 베 옷을 입고 금식하였으니 어느 민족 누구든지 회개하면 용서 받는 것입니다. 요나는 악한 그들에 대한 심판이 멈춘 것에 불만을 토로하였으나 하나님은 박넝쿨을 비유로 니느웨 백성도 구원 받을 대상임을 말씀하십니다.

묵상시

나를 괴롭히던 사람이 싫다고
주인의 명령을 거부해도 되는가
니느웨 사람을 싫어하는 요나
하나님 명령 어기며 다시스로 향하느냐

너의 모습을 숨기면 못 찾을 줄 알고
배 밑바닥에서 잠을 자고 있느냐
만유의 주님을 신뢰하지 못하여
니느웨로 가는 것을 두려워하느냐

하나님은 아니계신 곳 없으시니
피할 곳 없음이요
하나님은 모든 민족을 사랑하시나니
너는 가서 만방에 복음을 전하여라

36주
**214**
목요일

# 미가 1~7장

오늘의 키워드는 **"회복을 위하여"**입니다.

이스라엘의 죄는 사마리아에서 맺히고 유다의 죄는 예루살렘에서 맺히고 있는가. 종교는 타락하여 우상을 섬기고, 가진 자는 약한 자를 탈취하고 있으니 너희 악인들은 슬픈 노래를 불러라. 여호와께서는 남은 자를 모으시는도다.

시온을 피로 예루살렘을 죄악으로 건축하였으니 지도자들은 뇌물로 재판을 굽게 하는도다. 선지자는 돈을 위하여 점을 치면서 그의 입으로 '여호와가 우리 안에 계시니 우리에게 재앙이 임하지 않으리라'는 잘못된 성전신학을 가지고 있도다.

남은 자들은 이슬 같아 기다리지 아니하며 사자 같이 강인하여 여러 민족을 밟고 지나가리니 너는 여호와의 말씀을 외치라. 여호와께서 원하시는 것은 형식으로 드리는 예배가 아니요 오직 정의를 행하며 인자를 사랑하며 하나님과 함께 행하는 것이라.

묵상시

예루살렘 도성에
죄악의 먼지를 날리며
지도자는 왜곡된 재판을 하고
선지자는 복채를 위해 점을 치면서
우리에게는 성전이 있으니
우리는 망하지 않으리라 말하는
왜곡된 신학 가졌는가

소돔과 고모라가 망함은
그 도성이 허술했기 때문이 아니요
그 곳 사람들의 행위가 악했기 때문이니
하물며 너희일까보냐
회복을 위하여 남은 자들이 일어나리니
너희는 헛된 신념을 버리고
정직으로 예배 드리어라

36주
215
금요일

# 나훔 1~3장

오늘의 키워드는 **"니느웨를 심판"**입니다.

여호와께서는 회개하는 백성에게 구원을 베푸시지만 그 백성이 다시 범죄하면 결코 방관하지 아니하십니다. 그러므로 악을 행하며 백성을 공격하는 니느웨는 멸망당할 것이요. 아름다운 소식을 알리고 화평을 전하는 자의 발은 산 위에 있도다.

여호와께서 니느웨를 심판하려고 바벨론을 보내셨도다. 그들의 방패는 붉고 옷도 붉으며 병거가 번쩍이며 창이 요동하는구나. 수문은 열리어 왕궁 바닥을 드러내고 왕후는 벌거벗은 몸으로 끌려가나니 모든 시녀가 비둘기같이 슬피 우는도다.

화 있을진저 피의 성이여, 거짓과 포악이 가득하구나. 채찍 소리 휙휙, 전차 소리 윙윙, 바벨론의 칼과 창에 무수히 넘어지는구나. 다시 포악의 길을 걸은 니느웨여, 가증하고 더러운 것에 똥물 끼얹듯이 세상에서 웃음거리 되는구나.

묵상시

모든 백성이 구원 받을 대상이요
모든 백성이 회개하면 용서받는데
니느웨는 다시 교만하여서
여호와를 다시 대적하며
이스라엘을 압박하고 있으니
여호와께서 바벨론을 도구로 치시는도다

휘리릭 휘리릭 채찍소리 울리며
붉은 병거와 창들아 달려라
강한 파도에 조각배 부서지듯
속절없이 무너지는 니느웨야
왕후는 벌거벗은 모습으로 끌려가니
포악하고 가증스런 니느웨는 끝장났구나

36주
216
토요일

# 하박국 1~3장

오늘의 키워드는 **"믿음으로 살리라"**입니다.

왜 선한 사람이 고난당하고 악한 사람이 득세하는가. 왜 유다를 멸하시려 더 악한 바벨론을 보내셨는가. 바벨론이 자신들의 힘을 의지하며 바람같이 급히 몰아 나라들을 정복하니 그들의 창칼 아래서 나라들이 떨고 있도다.

너는 여호와의 묵시를 토판에 새기고 언제든지 읽으라. 정한 때가 있나니 그들에게 종말이 속히 이르겠고 결코 거짓되지 아니하리니 반드시 응하리라(단5:30). 보라 그의 마음은 교만하여 정직하지 못하나니 의인은 믿음으로 말미암아 살리라.

여호와여 주의 일을 수년 내에 부흥하게 하옵소서. 무화과나무가 마르고 포도나무에 열매가 없고 감람나무에 소출이 없고 밭에 먹을 것이 없으며 외양간에 소가 없어도 나는 여호와로 인하여 즐거워하며 구원의 하나님으로 인하여 기뻐하리라.

묵상시

곡식은 연약한데
길가의 잡초는 왜 그리도 잘 자라는가
선한 사람이 고난 당하는데
악한 사람이 왜 그리도 득세하는가

하나님의 백성은 하나님이 가꾸시나니
하나님의 토양 위에서
하나님의 물을 마시고
하나님의 방법으로 사는 것이라

포도나무에 열매가 없고
밭에 소출이 없어 먹을 것 없어도
믿음으로 살리니
여호와께서 먹이시고 입히시리라

37주

# 217

월요일

## 스바냐 1~3장

오늘의 키워드는 **"그는 구원을 베푸실"**입니다.

여호와께서 유다와 예루살렘을 멸절하리니 일월성신과 우상을 따르면서 하나님을 겸하여 섬기는 자들을 멸절하리라. 그 날은 분노의 날이요, 환난과 고통과 패망의 날이라. 사람들을 맹인같이 만들리니 그들이 여호와께 범죄 하였음이라.

여호와의 분노와 진노가 내리기 전에 너희는 여호와를 찾으며 공의와 겸손을 구하라. 블레셋이 망하리니 유다의 남은 자에게 돌아가며, 모압과 암몬이 조롱하였나니 소돔과 고모라 같아 되며, 구스와 앗수르를 멸하여 비웃음거리 되게 하리라.

예루살렘아 평안하냐, 패역하고 포악을 버리지 못하였으니 여호와의 진노를 기다리라. 교만한 자들을 제거하고 가난한 자들을 모으리니 이스라엘의 남은 자들이라. 너의 하나님 여호와가 너의 가운데 계시니 그는 구원을 베푸실 전능자시라.

묵상시

신앙을 보험처럼 생각하며
양다리 걸치고 있느냐
하나님과 우상을 겸하여
섬기는 자를 멸하리라
불의를 행하는 주변 나라는 망하리니
블레셋과 모압과 암몬이요
구스와 앗수르가 망하여
비웃음 당하리라

여호와께서 교만한 자들을 징계하시고
가난한 자들을 모으시리니
이스라엘의 남은 자들이라
너의 하나님 여호와가
너의 가운데 계시니
그는 구원을 베푸실 전능자라
그가 너를 기뻐하시며
너를 사랑하시리라

37주
218
화요일

# 학개 1~2장

**오늘의 키워드는 "성전 건축"입니다.**

포로 귀환을 경험했으나 백성의 생활은 곤고하고 핍절하기만 합니다. 자기 거처를 짓기에는 빠르고 하나님 성전 건축은 뒷전이구나. 여호와께서 성전 건축을 명령하시고 감동을 주시니 스룹바벨과 여호수아와 남은 모든 백성이 시작함이라.

솔로몬 성전을 보았던 자들이 새 성전의 초라함을 보고서 실망합니다. 솔로몬이 지은 성전보다 못하니 백성은 대성통곡합니다. 하나님은 이후의 받을 복과 평안을 약속하셨으니 은도 금도 내것이라. 나중 영광이 이전 영광보다 크리로다.

너희는 불평하지 말고 이전 일을 기억하라. 너희의 창고가 비었더냐 너희의 나무가 열매를 맺지 못하였더냐. 여호와께서 여러 나라를 멸하고 너희 민족을 세우리니 이는 다윗 왕권의 회복이요 너희를 통해 세상을 복 주리라.

묵상시

먹고 살기가 어려운 사람
다른 것에는 관심 없는 것처럼
포로에서 돌아온 백성은 궁핍하여
성전 짓기는 관심조차 없구나

선지자의 솔선으로
뜻을 모아 건축한 성전이
솔로몬의 성전에 비하여 초라하니
백성은 통곡하며 실의에 빠져있구나

금도 은도 내 것이요 성전도 내 것이라
나중 영광이 이전 보다 크리니
너희는 실망하지 말고 힘을 내라
너희에게 복 주리니
너희는 회복되리라

37주
219
수요일

# 스가랴 1~6장

오늘의 키워드는 **"성전 재건을 도우심"**입니다.

하나님이 성전 재건을 위하여 스가랴에게 8가지 환상을 보여주십니다. 말을 탄자들의 환상은 여호와의 숨겨진 기사들을 나타내며, 네 개의 뿔과 대장장이 네 명의 환상은 유다를 공격하는 나라들이 고난당함을, 측량줄 잡은 사람의 환상은 하나님의 눈동자와 같은 보호하심으로 성곽이 필요 없음을, 천사 앞에 선 여호수아는 부정한 옷이 벗겨지고 정결한 옷으로 갈아입은 하나님의 권위를, 순금 등잔대는 재건될 성전을, 두 감람나무는 오직 하나님의 영으로 됨을 나타내며, 날아가는 두루마리는 도둑질하는 자와 망령되이 맹세하는 자에게 임할 심판을, 날아가는 에바는 죄악이 제거되어 옮겨지는 모습을, 이동 중인 네 병거는 사방으로 적들을 향해 달리고 있음을 나타냅니다.

묵상시

성전 재건은
하나님의 도우심 없이는 할 수 없나니
인간의 일이기 전에
하나님이 행하시는 하나님의 일이도다

여호와의 숨은 군사들이 나와서
공중권세 잡은 사탄을 결박하리니
측량줄을 잡은 자들은 높이 일어나고
기초를 놓는 자들은 힘을 모아라

너는 정결의 옷을 입고
여호와의 돌보심을 기다리라
마음 밭에 성전을 세우는 자
여호와가 도우시고 그 길을 여시리라

37주

220

목요일

# 스가랴 7~9장

오늘의 키워드는 **"금식 보다 순종을"**입니다.

너희를 위하여 먹고 마시더니 이제는 금식이 왠 말이냐. 너희가 잡혀간 까닭은 금식이 없음이 아니요 청종이 없었음이라. 너희는 진실한 재판을 행하며 인애와 긍휼을 베풀며 과부와 고아와 나그네와 궁핍한 자를 압제하지 말며 의로움을 이루라.

백성의 죄악으로 인하여 언약 관계가 깨어졌으나 하나님의 사랑은 그것을 회복시킵니다. 심판의 끝은 새로움의 시작이 되나니 여호와께서 예루살렘으로 돌아오심은 그곳이 진리의 성읍으로 다시 시작됨이요 여호와의 성산이라 일컫게 되리라.

갇혀 있으나 소망을 품은 자들아 여호와의 요새로 돌아오라. 너희로 헬라의 자식들을 치게 하며 너를 강하게 하리라. 이 날에 여호와께서 자기 백성을 양떼 같이 구원하시리니 그들이 왕관의 보석 같이 여호와의 땅에 빛나리로다.

묵상시

사라를 바로에게서 구하심이
아브라함의 금식 때문이었더냐
이삭을 위해 양을 준비하심이
아브라함의 금식 때문이었더냐

아브라함이 구하지 않았어도
하나님이 구하시고 되돌려놓았나니
아브라함의 믿음이 약했으나
그가 순종하고 따랐기 때문이라

금식하며 죄악을 저지르는 자들아
약한 자를 짓누르고 빼앗느냐
너희의 잡혀감은 금식이 없어서가 아니요
순종이 없기 때문이라

37주

221

금요일

# 스가랴 10~14장

오늘의 키워드는 **"메시야 예고"**입니다.

유다의 지도자들에게서 양 떼를 구출하시고 노예로 끌려간 여러 나라에서 흩어진 백성을 모으리라. 나의 백성이 가는 길에 바다는 물결치고 나일강은 마르고 앗수르의 교만은 낮아지리니 여호와를 의지하는 자를 통하여 행하리라.

예루살렘 주민이 여호와로 인하여 힘을 얻으리니 횃불같이 타오를 것이요. 여호와께서 이방 나라들을 멸하리라. 성령께서 은총과 간구하는 심령을 주시리니 "그들이 그 찌른 자를 보리라"(요19:37)함과 같이 그를 바라보고 애통함이 므깃도 골짜기의 애통과 같을 것이라.

목자를 치면 양들이 흩어지리니(마26:31)와 작은 자들 위에 손을 드리우리라. 그날에 생수가 예루살렘에서 솟아나서 동과 서로 흐를 것이요. 이방 나라들이 공격하나 그들은 서로 싸울 것이요. 그들 중 남은 자들이 여호와께 경배하리라.

묵상시

여호와의 가는 길에
홍해는 길을 열고
여호와의 행하심에
앗수르의 교만은 낮아지고
여호와를 의지하는 자는 힘을 얻으리니
여호와의 정의가
이방 나라를 멸하리라

나는 양의 문이라
거짓 목자는 걸러내고
양들은 들어오리니
양들을 위하여 푸른 초장을 내리니
남은 자들은 돌아오고
이스라엘은 소리 높여 찬양하리라

37주
222
토요일

# 말라기 1~4장

오늘의 키워드는 **"메시야를 기다림"**입니다.

기다리는 메시야는 오지 않고 기근과 흉작이 겹치니 돌아온 백성은 하나님의 사랑을 의심합니다. 제사장들의 신앙은 식어가고 형식주의로 변해가니 여호와의 제단에 더러운 떡과 눈 먼 희생 제물과 병든 것을 올려드리고 뻔뻔하기만 합니다.

"내게 돌아오라"는 여호와의 간절함을 듣고도 "어떻게 하여야 돌아가리이까"라고 반문하는 그들에게 말씀하십니다. 이방 여인을 아내로 취하지 마라. 십일조 생활을 올바로 이행하라. 형제에게 거짓을 행하거나 가난한 자를 압제하지 마라.

여호와의 날이 이르리니 악인은 뿌리까지 멸절할 것이요 여호와를 경외하는 자들에게는 공의의 해가 떠올라 치료하는 광선을 비추리라. 그리스도의 새로운 시대가 다가오나니, 너희는 그리스도 앞에서 정직하며 너희 자녀를 가르치라.

묵상시

목이 길어서 슬픈 짐승처럼
메시야를 기다리는 백성은 목이 굳어서
슬픔이 되어버렸는가
기근이 덮치니 마음이 고달픈가
제사장은 상한 것을 제물로 드리고
양심마저 굳어버려
형식주의 신앙에 빠져버렸는가

여호와의 날이 이르리니
악인은 뿌리까지 멸절할 것이요
너희는 돌이키고 돌이키라
신앙의 양심을 회복하여
우상의 것들과 몸을 섞지 말고
자녀를 정직으로 교육하며
여호와의 날을 기다리라

# 신 구약 중간기 (말라기~예수탄생)

| 제국 | 왕조 | B.C | 유대 사회 |
| --- | --- | --- | --- |
| 페르시아 | | 415 | 형식주의(율법주의) - 회복의 소망 잃고 예배 소홀 (말 1:6-2:9)<br>회의주의(영적 무관심) - 잡혼 간통 탐닉의 죄악 (말 2:10-16)<br>디아스포라 형성과 신앙 결속 - 300만명의 유대인이 127개주에 분산거주 |
| 헬라시대 330-164 | 알렉산더 대제 | 331 | 디아스포라 구심점인 회당(synagogues)이 복음전파의 기틀이 됨<br>헬라언어의 확대 |
| | 프톨레미 왕조 (이집트) | 320 | 구약성경 70인역 헬라어로 집대성 - 타민족에게 성경보급<br>알렉산드리아 건설 - 유대인 이주, 초기 기독교 번성 |
| | 셀류쿠스 왕조 (시리아) | 198 | 종교박해, 성전약탈, 성전에 제우스 신상 세움. 어린이, 여인들 노예로 판매 |
| | | 169 | **마카비전쟁** : 유다의 마카비우스 가문이 안티오쿠스에게 반기를 듬, 히시딤(경건주의자들)의 합류 |
| 하스몬 왕조 164-63 | | 164 | **마키비우스** : 예루살렘 탈환, 우상제거, 배교자 척결, 히시딤의 분리<br>율법주의, 형식주의 → 바리새파로 발전<br>금욕주의, 신비주의 → 엣세네파로 발전 |
| | | 134 | **요한히르카누스** : 영토확장, 사두개파와 바리새파간의 갈등<br>사두개파(귀족, 제사장중심) - 회의주의, 사독의 후예, 부활이 없다는 견해<br>바리새파(평민중심) - 부활신앙, 형식주의 |
| | | 103 | **아리스토블루스**<br>잔악통치 - 정복지에 강제 할례실시 / 로마에 항거하는 열심 당원의 거점 |
| | | 102 | **알렉산더 얀네우스**(요나단의 헬라식 이름)<br>사두개파의 정권 장악 - 바리새파 6천명 학살, 800명을 십자가 형에 처함 |
| | | 72 | **히르카누스 2세와 살로메 알렉산드리아**<br>균형잡힌 정치, 바리새판의 산헤드린 공회 참여 |
| | | 67 | **히르카누스 2세와 아리스토블루스의 전쟁**<br>유대의 내분 |
| 로마시대 (B.C.) 63-135(A.D.) | 폼페이우스 | 63 | **히르카누스 2세** : 유대의 내분, 폼페이우스에게 점령당함<br>로마의 발달된 도로망 - 여행과 복음전파가 수월해짐 |
| | | 40 | **아리스토블루스 2세** : 파프티아인들의 도움으로 예루살렘 정복<br>예루살렘이 6개월동안 포위됨 |
| | 헤롯 1세 | 37 | **헤롯의 통치** : 헤롯(에서의 후손 이두메인, 자신의 가족 숙청)<br>베들레헴의 어린이들 학살 |
| | | 19 | 성전건축 시작(헤롯) |
| | | 5~0 | **예수탄생** |

도표5. 300일 성경통독 2019. 윤 석

# 초대 기독교 연대기

로마시대 (B.C.) 63-135(A.D.)

| 왕조 | 총독 | 헤롯 왕조 |
|---|---|---|
| 티베리우스 14-37 | 빌라도 26-36 | 헤롯 빌립 (B.C.)4-34 |
| 칼리굴라 37-41 | | 헤롯 아그립바 1세 34-44 |
| 클라우디우스 41-54 | 벨릭스 52-60 | 헤롯 아그립바 2세 44-92 |
| 네로 54-68 | 베스도 60-62 | |
| 네로 아들 | | |
| 베스 파시아누스 70-79 | | |
| 티투스 79-81 | | |
| 도미티아누스 81-96 | | |
| 네르바 96-98 | | |

| 연도 | 유대 사회 |
|---|---|
| 28 | 세례자 요한의 사역 시작 / 예수의 사역 시작 |
| 30 | 예수의 고난, 죽음, 부활, 승천<br>오순절 강림 전도 명령 |
| 33 | 사울의 회심(다메섹 가는 길에 예수 만남) |
| 41 | 야고보 순교(아그립바에 의해) |
| 44 | 바울의 1차 전도 여행<br>베드로 투옥, 야곱.시몬의 순교(아그립바에 의해 십자가형) |
| 48 | 갈라디아서 기록(안디옥에서 /바울)<br>바울의 2차 전도 여행<br>데살로니가전.후서 기록(고린도에서/바울) |
| 52 | 바울의 3차 전도 여행<br>고린도전서 기록(에베소에서/바울)<br>고린도후서 기록(마게도냐에서/바울) |
| 57 | 로마서 기록(고린도에서/바울)<br>바울의 투옥, 가이사랴로 이동 |
| 60 | 바울의 로마 이송(항해) |
| 62 | 야고보 순교(사두개인/아나누스에 의해)<br>바울의 가택 연금 당함(로마에서)<br>베드로전서 기록(로마에서/베드로)<br>히브리서 기록(기록자 미상)<br>누가복음.사도행전 기록(누가)<br>헤롯성전 건축 완료 |
| 64 | 로마 대 화재(네로), 기독교인 대량 학살<br>베드로후서 기록(베드로), 유다서 기록(유다)<br>디모데후서 기록(바울)<br>바울.베드로 순교(로마에서/네로가 유대인들의 환심 사려고) |
| 66 | 유대 로마 전쟁(가이사랴에서/유대인과 헬라인 사이의 폭동으로 시작) |
| 67 | 쿰란 공동체 파괴 |
| 70 | 예루살렘 성전 파괴(로마의/티투스에 의해)-요하난 벤 자카이 등장 |
| 73 | 마사다 요새 정복 당함 |
| 85 | 요한복음 기록(요한),<br>요한 1.2.3서 기록(에베소에서/요한) |
| 95 | 요한계시록 기록(밧모 섬에서/요한) |
| 96 | |
| 98 | 로마의 박해 공식적으로 종료(네르바 황제에 의해서) |

도표6. 300일 성경통독 2019. 윤 석

38주
223
월요일

# 마태복음 1~4장

오늘의 키워드는 **"왕으로 오심"**입니다.

아브라함과 다윗의 자손 예수 그리스도의 계보입니다. 보라 처녀가 잉태하여 아들을 낳을 것이요 그의 이름은 임마누엘이라 하였으니 이를 번역한즉 하나님이 우리와 함께 계시다 함이요. 아들을 낳으매 그 이름을 예수라 부릅니다.

별을 따라서 온 동방박사들이 '유대인의 왕'의 탄생을 알립니다. 성령에 의하여 헤롯의 살해 음모를 알게 된 요셉은 예수를 데리고 애굽으로 피신하였다가 헤롯이 죽은 후에 이스라엘 땅으로 돌아왔으니 이는 구약 예언의 성취입니다.

예수께서 요한에게 세례를 받으시니 "이는 내 사랑하는 아들이요 내 기뻐하는 자라"고 하늘로부터 소리가 들립니다. 예수께서 사십 일 금식기도 후에 사탄의 시험을 이기신 후에 제자들을 부르시고 사람들을 가르치시고 고치시고 천국 복음을 전하십니다.

묵상시

신구약 중간기를 지나
드디어 예수께서 이 땅에 오셨습니다
천사들이 기쁨의 소식을 전하고
목동들과 박사들은 아기예수를 경배합니다

사탄의 시험을 이기신 예수께서
요한에게 세례 받으시니
하늘로부터 소리가 나기를
"이는 내 사랑하는 아들이요
내 기뻐하는 자라"고
증거합니다

제자들을 부르시고
천국 복음을 전하시고
표적을 통하여 하늘의 일들을 보이시며
하나님의 아들이심을 증거합니다

38주
224
화요일

# 마태복음 5~7장

오늘의 키워드는 **"제자의 도"**입니다.

예수께서 제자들에게 천국 시민의 요건을 산상수훈에서 말씀하십니다. 모세가 전달한 십계명이 율법이요 속박의 기능이 있다면, 예수님이 주신 산상수훈은 복음이요 살리는 기능이요 소금과 빛으로 살아가는 성도의 역할을 강조합니다.

예수께서 당시 지도자들과 바리새인들의 부패하고 형식에 치우친 상황들을 경계하시며 천국 시민이 지켜야 할 신앙 윤리를 말씀하십니다. 제자들에게 기도의 모범을 알려주시고 먼저 주의 나라와 의를 구할 것을 당부하십니다.

예수께서 천국 시민의 실천을 강조하십니다. 구하고 찾고 두드림은 하나님과의 연결되는 통로요, 좁은 문으로 들어감은 생명으로 가는 길이요, 거짓 선지자를 삼가는 것은 유혹을 경계함이요, 믿음으로 구원 받으나 그 믿음은 열매로 나타납니다.

묵상시

사두개인은 부활이 없다하여
복음을 거부하고
바리새인은 율법을 강조하나
행함이 없어
의로움의 옷만 입고 있으니
예수께서 제자들에게
신앙의 윤리와 기도를 가르치시네

모세의 율법은 속박의 기능이요
그리스도의 복음은 회복의 기능이니
하나님의 나라를 위하는 자마다
먼저 그의 나라와 의를 구하라
그리하면 이루리라
그러므로 은혜 입은 자는
말씀에 합당하게 사는 것이네

38주

# 225

수요일

## 마태복음 8~10장

**오늘의 키워드는 "예수의 능력"입니다.**

예수께서 나병 환자를 고치시고, 백부장의 하인을 고치시고, 베드로의 장모의 열병을 고치시고, 귀신들을 내쫓으시고, 바람과 바다를 잔잔케 하십니다. 이러한 이적들을 보여주심은 예수가 하나님의 아들이신 것을 증거 하는 것입니다.

중풍병자를 데리고 온 친구들의 믿음을 보시고"죄 사함"을 받았다고 말하니 서기관들이 예수를 신성모독 한다고 몰아세웁니다. 육신이 병은 의사에게로 갈지라도 영혼의 병(죄)은 오직 예수 그리스도만이 고치실 수 있습니다.

예수께서 열두 제자를 부르시고 귀신을 쫓아내고 병을 고치시고 권능을 주신 이후에 전도특공대로 파송합니다. 돈이나 두벌의 옷을 가지지 말라 하심은 먹이시고 인도하시고 역사하시는 성령님을 의지하라는 뜻입니다.

묵상시

천지를 창조하시고
인간을 만드신 삼위일체 하나님이
병자들을 고치시고
귀신들을 쫓으시고
출렁이는 바람과 바다를 꾸짖으심은
예수의 신성을 보여주시는
당연한 모습이라

표적을 행하심은
천국 복음을 위함이요
죄 사함 받았다 함은
영혼의 치료를 행하심이니
예수를 믿으면 구원 받음을 보이심이라
복음을 위하여 길 떠나는 자들아
예수의 행하심을 의지하여라

38주
226
목요일

# 마태복음 11~12장

오늘의 키워드는 **"질문"**입니다.

세례자 요한이 "오실 이가 당신입니까" 라고 감옥에서 질문하고 있으니 메시야 왕국을 기다리던 그에게 영육이 지쳐있음을 발견합니다. 예수께서는 그의 질문에 대해 지금까지 행한 일들을 통하여 자신이 예수 그리스도이심을 증거하십니다. 피리를 불어도 춤추지 않고 복음을 들어도 변하지 않는 자들을 질책하십니다.

안식일에 이삭을 잘라 먹는 것과 손 마른 사람을 고치는 모습을 본 유대의 지도자들은 왜 안식일을 범했는지 질문합니다. 예수께서는 어린 양 한 마리를 예로 들어 한 생명의 소중함을 역설합니다. 유대인의 반박이 있을 것을 아시는 주님이 굳이 안식일에 그 일을 행하심은 예수께서 안식일의 주인이심을 그들에게 일깨워 주시려는 의도가 있음을 발견합니다.

묵상시

피리를 불어도 춤추지 않고
복음을 들어도 변하지 않는 자들이
안식일에 행함을 빌미삼아
예수께 질문을 던지고 있는가

일하지 아니하고
일정 거리 이상을 이동하지 아니하며
눌러앉은 것이 안식일을 지킴이냐
위선과 악독과 불법을 행하는 자들아

안식일은 인간을 위해 만드셨나니
안식일의 주인은 하나님이시라
안식일에 먹는 것과 병 고침은
인간을 위해 당연함이라

38주
227
금요일

# 마태복음 13~15장

오늘의 키워드는 **"천국의 비유"**입니다.

씨 뿌리는 자와 흙에 관한 비유는 수용자의 태도를, 겨자씨의 비유는 믿음의 성장을, 좋은 씨와 가라지의 비유는 선과 악인의 결과를 말합니다. 천국은 감추인 보화요, 진주를 구하는 장사요, 물고기를 걸러내는 그물에 비유합니다.

모세가 죽고 여호수아가 세워짐 같이, 엘리야가 떠나고 엘리사가 세워짐 같이, 세례자 요한의 죽음이 있은 후 예수님은 본격적으로 사역하십니다. 오병이어와 물 위를 걸으시는 기적은 예수께서 하나님의 아들이심을 만방에 증거하는 것입니다.

하나님께 드렸다고 핑계하며 부모를 공경하지 않는 자들을 나무라며, 입으로 들어가는 것이 더러움이 아니요 입에서 나오는 것이 더럽게 함을 말씀하십니다. 여인의 딸을 고쳐주심은 믿음을 보심이요 이방인의 구원을 보여주십니다.

묵상시

농부가 씨를 뿌렸으나
자라고 안자라고의 차이는
토양 때문이니
토양은 마음이라
어린 싹이 새들에게 먹히나
줄기를 내고 크게 자라면
오히려 새들이 그 안에 거함 같이
겨자씨의 비유는 신앙의 단계를 말함이라

하나님께 드렸다 하며
부모 공양을 소홀히 하는 자는
천국 시민의 자격이 없음이니
어린 싹이 자라 큰 나무 이루듯이
믿음의 자람을 경주하여라
성도는 입의 말을 조심하고
마음으로 행함을 너그럽게 함으로
천국 백성의 본이 될 지니라

38주
228
토요일

# 마태복음 16~20장

오늘의 키워드는 **"요나의 표적"**입니다.

표적을 구하는 자들에게 요나의 표적을 말씀하심으로 메시야를 통한 천국을 준비하라 말씀하시며 공생애를 마무리 하십니다. 제자들에게 자신이 고난을 받고 죽임당하고 부활 하실 것을 말씀하심으로 수난의 길로 접어드십니다.

영광스런 모습으로 변형 됨은 예수의 그리스도이심을 나타내는 것입니다. 죽음을 앞두고 제자들을 교육하십니다. 어린아이의 마음을 소유하며, 잃은 양 한 마리를 소중히 여기며, 용서에 대하여, 교회 공동체의 합심 기도의 효력을 알려주십니다.

포도원 품꾼의 비유는 구원이 하나님의 주권적 은혜임을 비유하시며 믿음의 가치를 강조하십니다. 아들의 높은 자리를 원하는 여인에게 예수께서는 고난의 잔을 말씀하십니다. 또한 섬김을 원하는 자에게 섬김의 도를 가르치십니다.

묵상시

들어도 듣지 못하며
보여주어도 깨닫지 못하는 자들에게
요나의 표적 외에 더 보일 것 없도다

고기 뱃속에 갇혀 있다가
삼일 만에 살아난 요나는
음부에 들어갔다가
삼일 만에 살아나심을 보이심이라

요나가 니느웨에서 외침 같이
예수 그리스도의 죽으심은
잃은 양을 구하기 위함이요
천국을 보여주시는 표적이라

39주

229

월요일

# 마태복음 21~25장

오늘의 키워드는 **"예루살렘 입성"**입니다.

왕이신 예수께서 예루살렘에 입성하시어 성전을 정화하십니다. 불법을 저지르는 자들은 예수께 항거하지 못하고 물러납니다. 악한 소작인의 비유는 선지자를 죽이고 예수를 죽이는 유대인을 가리킵니다. 구원은 열매 맺는 백성에게 열려있습니다.

혼인잔치의 초대에 응하지 않은 자들에 대한 경고입니다. 세금의 비유는 정교 분리의 원칙이요 하나님의 주권 아래 있음을 말합니다. 서기관과 바리새인들이 율법을 강요하지만 행함이 없는 그들의 좋은 말은 받아들이고 행위는 본받지 말라 하십니다.

예루살렘 성전은 무너질 것이며, 세상 끝 날에는 여러 징조가 있을 것이며, 주께서 다시 오실 것이니 너희는 깨어있으라. 주께서 모든 민족을 그 앞에 모으고 양과 염소를 구분하리니 악인은 영벌에, 의인들은 영생에 들어가게 하시리라.

묵상시

죽으시기 위하여
예루살렘으로 입성하십니다
성전을 정화하심은
하나님 집의 거룩의 회복입니다

건축자의 버린 돌이
모퉁이의 머릿돌 되심 같이
버림받은 예수께서 자신의 몸으로
천국 집을 지으십니다

종과 횡의 한복판에서
십자가의 다리를 놓으시고
죄에 빠진 인류의
구원 받을 자를 부르십니다

39주
230
화요일

# 마태복음 26~28장

오늘의 키워드는 **"유언"**입니다.

예수께서 제자들과 마지막 만찬을 나누십니다. 져야할 짐이지만... 죽음을 앞둔 주님은 겟세마네 동산에서 "땀이 땅에 떨어지는 핏방울 같이" 되기까지 기도하십니다. 때가 되니 유다는 배반하고, 예수는 끌려가시고, 공회 앞에서 주님은 하나님의 아들이심을 증언하십니다.

빌라도의 책임 회피 속에서 예수는 고통을 받으며 십자가에 못 박히십니다. "엘리 엘리 라마 사박다니" 큰 소리 외치시고 영혼이 떠나가시니 성소의 휘장이 위로부터 아래까지 찢어져 둘이 되고 땅이 진동하여 바위가 터지고... 요셉이 예수의 시신을 장사지냅니다.

성전을 헐라 내가 다시 세우리라는 예언대로 주님은 사흘 만에 다시 살아나시어 길이요 진리요 생명 되심을 확증 하십니다. 마리아와 제자들에게 나타나시고 승천하시기 전에 말씀하십니다. 너희는 가서 모든 민족으로 제자를 삼으라고...

묵상시

짊어질 짐이지만
너무 무겁고 가혹하기에
땀이 핏방울 되기까지
주님은 하나님께 기도드립니다

아무 죄도 없으시지만
인류를 구원하시려고
주님은 채찍과 창으로
죄인처럼 고난 당하십니다

십자가에서 죽으셨지만
삼일 만에 다시 살아나시고
제자들에게 부탁하십니다
모든 민족에게 복음 전하라고...

39주

231

수요일

# 마가복음 1~4장

**오늘의 키워드는 "믿음"입니다.**

베드로의 증언을 기록한 마가복음은 종으로 오신 예수님을 부각시킵니다. 세례를 받으시고, 제자들을 부르시고, 기도의 모본을 보여주시고, 귀신을 쫓아내시고, 열병과 나병과 중풍병을 고치시고 오신 목적이 '전도'인 것을 말씀하십니다.

안식일에 이삭을 자르는 것과 손 마른 자를 고쳐주시는 것에 대한 논쟁에서 안식일은 사람을 위한 것이요 주님이 안식일의 주인이심을 말하십니다. 전도와 귀신을 내쫓는 권능을 주시려고 열두 제자를 세우십니다.

제자들을 가르치기 위하여 비유를 말씀하십니다. 네 가지 땅은 우리의 자세를, 등경 위의 등불은 그리스도의 말씀을, 자라나는 씨는 하나님 나라를, 겨자씨의 장성함은 믿음의 분량을 말씀하시고 광풍을 꾸짖어 바다를 잔잔케 하시며 믿음의 중요성을 말씀하십니다.

묵상시

믿음은
예수를 하나님의 아들로 인정함이니
모든 자연계와
숨 쉬는 것과
권능과 능력과 지식이
그분 안에서 행해짐을 인정하고 따름이라

창조주에 대한 올바른 지식은
신학의 바탕 위에서 지식을 낳고
철학과
인문학과
자연과학과
예술 문화 각 분야에서 피어남이라

39주

232

목요일

# 마가복음 5~8:26절

오늘의 키워드는 **"표적"**입니다.

귀신 들린 사람을 고쳐주시고, 예수의 옷에 손을 댄 열두 해 혈루병 앓은 여인과 다른 여인을 고쳐주시고, 사람들은 죽었다고 여기지만 회당장의 딸을 잔다고 표현하며 살려주심은 하늘의 일을 보여주는 표적입니다.

예수께서 고향에서 복음을 전하나 배척당합니다. 열두 제자에게 복음을 전하라 하시며 권능을 주십니다. 세례자 요한은 죽임 당하고 예수님의 사역은 확대되어갑니다. 오병이어의 기적과 바다 위를 걸으심은 하늘의 일을 보여주는 표적입니다.

하나님의 계명을 버리고 사람의 전통을 따르는 장로들을 꾸짖으시며, 더러운 것은 마음에서 나오는 악한 생각이라 하십니다. 떡이 없어서 고민하는 제자들에게 바리새인의 표적을 주의하라 하심은 그들이 칠병이어의 표적을 보고서도 하늘의 표적을 구하기 때문입니다.

묵상시

손가락으로 위를 가리키는 것은
높은 곳에 찬란히 떠있는
별들을 바라보라 함이요

예수께서 기적을 행하심은
초자연적인 일들을 통해
하나님의 나라를 보게 하는 표적이라

우리에게 표적을 보이심은
예수 그리스도를 믿게 함으로
우리를 구원하려 하심이라

39주
233
금요일

# 마가복음 8:27~10장

오늘의 키워드는 **"죽음과 부활"**입니다.

빌립보 지방으로 이동하십니다. 주님이 제자들에게 "①인자가 많은 고난을 받고 죽임 당하고 살아나리라"는 장래의 일을 말씀하십니다. 항변하는 베드로에게 그 일이 하나님의 계획인 것을 말씀하시며 십자가를 지고 따를 것을 요구하십니다.

예수의 옷이 희어지고 하늘로부터 "이는 내 사랑하는 아들이니"라는 음성이 들립니다. 귀신들린 아이를 고치지 못하는 제자들에게 믿음과 기도를 강조하십니다. 그리고 "②인자가 사람들 손에 죽임 당하고 삼 일만에 살아나리라" 말씀하십니다.

하나님 나라의 자격은 어린아이와 같은 순수한 마음인 것을 강조하시고 부자 청년을 가르치십니다. 제자들에게 "③인자가 죽임 당하고 삼 일만에 살아나리라"하시고, 인자가 온 이유가 모든 사람을 섬기며 자신의 목숨을 대속물로 주려 함이라고 하십니다.

묵상시

예수께서 제자들 앞에서
광채가 나는 흰 옷을 보여주심은
예수의 메시야 이심을 보여주심이요

엘리야를 보여주심은
갈멜산에서 믿음의 승리를 보여준
구약의 위대한 선지자이기 때문이요

모세를 보여주심은
느보산에서 불평없이 순종하였기 때문에
하나님이 그를 높이셨음이니

예수의 죽으심을 믿는 자마다
그가 부활하심을 믿으며
그분의 계획에 나를 맡기는 것입니다

39주

234

토요일

# 마가복음 11~13장

**오늘의 키워드는 "충돌"입니다.**

예수께서 예루살렘으로 입성하십니다. 불법으로 더럽혀진 성전을 정화하시며 "내 집은 만민이 기도하는 집이라"고 하십니다. 예수의 권위에 눌려 아무 항변도 못하고 당했던 지도자들이 예수께 나와서 그 권위가 어디에서 온 것인지를 묻습니다.

포도원 주인이 소작료를 받으려 종을 보내었으나 농부에게 계속 죽임 당합니다. 처음 종은 선지자요 나중 종은 예수 그리스도요 농부는 유대인들입니다. 부활을 믿지 않는 사두개인들에게 출3:6을 인용하여 산 자의 하나님이심을 말씀하십니다.

예루살렘 성전의 웅장함에 경탄하는 제자들을 향하여 성전이 파괴(A.D. 70년에 성취됨)를 말씀하시며 종말의 자세를 교훈하십니다. 그날은 환난의 날이요 거짓이 난무하리니 그들에게 미혹되지 말며 주의 말씀 붙들고 깨어있으라 하십니다.

묵상시

성전을 더럽히는 자들은
거룩하게 드릴 예배를
방해하는 것이니
하나님 나라를 업신여김이요

포도원 주인이 보낸 종을 죽임은
선지자와 예수 그리스도를 죽임이니
하나님의 권위를 대항함이요

세금 바치는 것을 물어봄은
예수를 곤경에 빠뜨리려 함이니
그들의 사악함은 진리와 충돌함이라

40주

**235**

월요일

# 마가복음 14~16장

**오늘의 키워드는 "이루심"입니다.**

하나님의 뜻은 예수가 우리를 위해 죽는 것입니다. 여인은 향유를 붓고, 유다는 배신하고, 주님은 감당할 고난을 위해 눈물이 핏물 되도록 기도하십니다. "아버지여 이 잔을 내게서 옮기시옵소서 나의 원대로 마옵시고 아버지의 원대로 하옵소서…."

잡히시고, 공회 앞이 서시고, 빌라도에게 재판 당하시고, 군중에게 조롱당하시고, 십자가에 못 박히시고 죽으십니다. 성소의 휘장이 위로부터 아래로 찢어짐은 성소와 지성소의 구별이 없어지는 성전 제사의 무효성이요. 누구나 예수를 통한 하나님과의 소통입니다.

죽으신지 삼 일만에 살아나시고, 마리아와 제자들과 여러 사람들에게 보이십니다. 제자들에게 예수의 이름으로 행하며 복음 전파를 부탁하시고, 하늘로 올려지사 하나님 우편에 앉으시니, 제자들이 표적(행 5:12)을 행하며 말씀을 증거합니다.

묵상시

눈물이 핏물 되기까지
깊은 밤에 기도하시던 주님이
군중에게 잡히시고
공회 앞에 서시고
빌라도의 선고를 받으시고
조롱당하시며
죽음의 길을 걸으셨네

성소 앞의 휘장이 갈라지고
인간과 하나님과의 단절이 무너지고
삼일 만에 부활하심은
인간의 부활을 확증하심이니
예수를 믿는 자마다
예수의 이름으로 행하여라
예수께서 이루셨도다

40주
236
화요일

# 누가복음 1~3장

오늘의 키워드는 **"탄생"**입니다.

누가복음은 데오빌로에게 쓴 서신입니다. 말라기 이후 400년의 침묵이 지나고 하나님은 다시 백성에게로 나타나십니다. 예수의 오심을 준비하는 세례자 요한은 출생하고, 예수의 탄생을 기다리며 마리아는 찬가를 부르고 사가랴는 예언합니다.

베들레헴에서 예수가 탄생하셨으니 백성에게 보여주시는 표적입니다. 천군천사가 찬송하며, 목자들이 천사의 말을 전하며, 평생 예수를 기다리던 시므온은 아이를 앉고 기쁨으로 찬송하며, 84세 된 안나는 하나님께 감사기도 드립니다.

요한이 빈들에서 백성에게 죄사함의 회개를 외치며 세례를 베풉니다. 예수께서도 요한에게 세례를 받으시고 기도하실 때 성령이 임하시고 하늘로부터 소리가 나기를 "이는 내 사랑하는 아들이요 내가 너를 기뻐하노라"는 음성을 들려주십니다.

묵상시

다윗이 기다리던 주님이
말라기 400년의 침묵을 깨고
탄생하셨으니
천사들이 그를 찬송하고
박사들이 그를 경배하고
목자들이 그를 맞이함이여

평생토록 기다리던 시므온이
아기를 앉고 하나님을 찬송하고
성전에서 주야로 머무르던
안나 할머니가 기뻐 찬송함이여
나라들아 그를 찬송하고
민족들아 그를 찬송하여라

40주

# 237

수요일

## 누가복음 4~6장

**오늘의 키워드는 "사역"입니다.**

광야에서 사탄의 시험을 이기시고 공생애를 시작하십니다. 예수께서 하시는 것은 "주의 은혜의 해"를 전파하는 것이니 가난한 자에게 복음을, 포로 된 자에게 자유를, 눈 먼 자에게 다시 보게 함을, 눌린 자를 자유롭게 하는 것입니다.

깊은 데로 가서 그물을 던지라는 말에 순종하는 베드로는 영의 차원에서 자신을 돌아봅니다.

세리와 함께 식사하는 주님을 비방하는 종교 지도자들에게 "내가 의인을 부르러 온 것이 아니요 죄인을 불러 회개시키러 왔다"고 하십니다.

예수께서는 안식일에 이삭을 잘라 먹는 것을 비판하는 자들에게 자신이 안식일의 주인이심을 말하십니다. 열두 제자를 택하시고 '복'과 '화'를 선포하십니다. 원수를 사랑하며, 비판하지 말며, 외식하지 말며, 행함의 믿음을 강조하십니다.

묵상시

40일 기도 이후
사탄의 시험을 물리치심은
사역의 시작을 알리는 타종이라

피곤하여 지쳐있을 때
깊은 곳에 그물 던지는 베드로는
주의 사역에 순종하는 첫 걸음이라

중풍 병자를 지붕에서 내리는 친구들이
병 고침을 목도하였으니
주의 사역의 깊이가 더해짐이라

내가 의인을 부르러 온 것이 아니요
죄인을 부르러 왔나니
주의 손을 붙드는 자는 생명을 얻으리라

40주
238
목요일

# 누가복음 7~8장

오늘의 키워드는 **"확장"**입니다.

백부장의 종을 치료하심은 구원이 이방인에게도 있음을 시사합니다. 세례자 요한이 잠시 흔들렸으나 그를 높이 세우십니다. 백성은 세례 받으나 종교 지도자들은 받지 않고, 여인은 향유를 붓고 영접하나 바리새인들은 정죄하고 비난합니다.

예수와 제자들의 사역을 물질로 돕는 자들이 많아집니다. 예수께서 씨앗과 땅에 대한 비유를 들어서 좋은 신앙 가질 것과, 등경 위의 등불을 통하여 사명을 가질 것을 말씀하시고, 예수의 가족에 대하여는 말씀을 듣고 행하는 사람들로 표현하십니다.

예수께서 바람을 꾸짖어 잔잔케 하심과 귀신을 꾸짖어 떠나게 하심은 자연계 뿐만 아니라 영계까지 다스리심의 증거입니다. 혈루증 여인을 고치심은 그의 믿음을 보심이요, 회당장의 딸을 살리심은 자신이 하나님의 아들임을 증거하십입니다.

묵상시

백부장의 종을 고치심은
복음의 확장이요
비천한 여인이 옥합을 깨뜨림은
예수의 죽음을 준비함이요
등경 위의 등불을 말하심은
복음으로 세상을 비추며
믿음의 문을 열어라 하심이라

예수께서 다스리시는 영역은
자연계의 규칙과
인간의 생명과 죽음과
지식과 학문과 철학과
영혼의 올라감과 내려옴이니
눈으로 보는 것은 한계가 있으나
하나님의 영역은 측량할 수 없음이라

40주

239

금요일

# 누가복음 9~11장

오늘의 키워드는 **"파송"**입니다.

열두 제자에게 능력과 권위를 주어 전도하러 보냅니다. 여행을 위하여 돈이나 호신용 무기나 두 벌 옷을 가지지 말라 하심은 주님만 의지하라는 말씀입니다. 나를 따르라 하셨으니 손에 쟁기를 들고 뒤 돌아보는 자는 합당치 않다 하십니다.

칠십 인을 세워 전도를 보내십니다. 전대나 배낭이나 신발을 가지지 말며 아무에게도 문안하지 말라 하심은 복음의 긴박성이요 하나님만 의지하라는 것입니다. 사마리아인을 비유로 진정한 이웃의 개념을 자비를 베푼 자로 정의하십니다.

주기도문에 이어서 구하고 찾고 두드림의 기도의 원리를 가르치십니다. 악한 세대가 표적을 구하나 자신을 요나의 표적과 같다 하십니다. 종교적이고 율법적인 바리새인들에 대하여는 하나님의 뜻을 헤아려 공의와 사랑을 지킬 것을 말씀하십니다.

묵상시

복음을 전하러 가는 자는
돈이나
호신용 무기나
두 벌의 옷을 가지지 말라 하셨으니
온전히 성령님만 의지하라 하심이라

저들의 마음을 누가 알며
저들의 마음을 누가 움직이랴

모든 것이 가하나
모든 것이 유익함이 아니요
모든 것이 가하나
모든 것이 덕을 세움이 아니니
오직 전도자는 성령님만 의지하라

40주
**240**
토요일

# 누가복음 12~14장

오늘의 키워드는 **"제자의 도"**입니다.

사람을 의식하여 거룩한 흉내 내고, 높은 자리를 탐내는 바리새인들의 외식을 주의하라. 솔로몬의 영광도 꽃 보다 더하지 못하나니 들풀도 입히시는 하나님을 바라보며 "너희는 그의 나라를 구하라". 그리고 깨어 준비하라 하십니다.

유대인들은 자신들만 구원 받고 이방인은 구원 받지 못하다고 생각합니다. 주님은 좁은 문으로 들어가라 하시니 유대인으로 구원 받음이 아니요 믿음으로 구원 받음을 말합니다. 행악하는 자들은 쫓겨나고 나중 된 자가 먼저 됨을 말하십니다.

잔치에 초대받은 사람들의 비유는 자신의 가진 것이 많고 할 일 많기 때문에 하나님의 일을 소홀히 하는 것을 질책합니다. 소금이 그 맛을 잃으면 소용없어 버림받는 것이요. 제자가 되는 길은 십자가의 고통을 참으며 따르는 것입니다.

### 묵상시

옷술을 길게 달고 다니거나
회당에서 높은 자리를 좋아하는
바리새인의 외식을 주의하라
경건은 겉으로 보여 짐이 아니요
내면에서 무르익는 경외심이요
높고자 하는 자는 낮아지고
으뜸이 되는 자는 종이 되리라

들에 핀 꽃도 입히시거늘
하물며 너희일까 보냐
그리스도의 제자가 되는 길은
십자가의 고통이 수반됨이니
너희는 좁은 문으로 들어가라
생명으로 인도하는 문은 좁고 협착하여
찾는 자가 적음이라

41주
241
월요일

# 누가복음 15~16장

**오늘의 키워드는 "청지기"입니다.**

잃은 양 한 마리와 잃은 한 드라크마의 비유는 약한 자(죄인)를 무조건 찾아 나섬이요. 한 아들의 떠남은 실패를 알지만 기회를 주고, 잘못을 뉘우치고 새사람 되기를 기도하며 기다리고 돌아올 때 잔치를 베풀며 맞이하라는 청지기 교훈입니다.

불성실한 청지기가 막판에 채무자의 증서를 바꿈으로 자신의 살길을 모색하고 있으니 주님은 그의 영민함(악한 일은 제외)을 칭찬하는 직업신학의 모본이요. 돈과 하나님을 겸하여 섬길 수 없음은 돈도 결국 하나님 위하여 사용하라는 것입니다.

부자는 죽어 음부에 들어가고 나사로는 죽어 구원에 이름은, 어려운 이웃을 돌보지 아니하는 부의 남용과 무관심을 꾸짖으심이요. 나사로를 가족에게 보내 달라 하였으나 하나님의 말씀을 믿지 않는 자는 기적을 보아도 믿지 않음을 나타냅니다.

묵상시

많은 것을 위탁 받고도
자신의 것으로 여기는 부자는
흥청망청 누리며 살다가
결국은 세상 사람들처럼 죽었으니
음부가 그의 집이요
고통 속에서 한탄하지만
나사로가 그의 부러움 됨이라

잃은 양 한 마리를 찾음 같이
잃은 한 드라크마를 찾음 같이
한 생명을 소중하게 여김으로
주어진 물질을 나누는 자
칭찬 받는 청지기요
더 큰 것을 위탁 받으리니
맡은 자의 구할 것은 충성이라

41주
242
화요일

# 누가복음 17~19:27절

**오늘의 키워드는 "사명"입니다.**

형제가 죄를 범하거든 먼저 경고하고 회개하면 용서하라. 종이 주인 위해 임무를 다함 같이, 우리도 주님 위해 충성 다 하고 무익한 종이라 고백해야 합니다. 인자의 날이 노아와 롯의 때 같이 오리니 말씀으로 깨어서 준비하라 하십니다.

불의한 재판장의 비유는 기도의 인내를 강조합니다. 거룩함과 죄인임을 고백하는 바리새인과 세리의 비교는 천국에서의 결과는 반대로 나타나며, 나눔을 거부하는 부자 관리에게 천국은 바늘귀 같이 들어가기 어려움을 말합니다.

키 작은 삭개오의 용기와 회개입니다. 진정한 회개는 자신의 주머니에서부터 나오는 것입니다. 종들이 받은 므나의 비유는 사명의 신상필벌을 나타내고 있으니 하나님의 나라는 잘 가꾸고 보살피는 자를 통하여 이루어 가십니다.

묵상시

서쪽 하늘 붉은 노을을 달리는 자
배고파도 가야하고
헐벗어도 가야하는데
뜨거웠던 옛 맹세는
빛바랜 종이처럼 뒤편에서 뒹굴고
세상의 먹을거리를 좇아
뒷걸음 치고 있는가

세상이 달빛처럼 속삭이고
화려한 궁궐에서 불러대지만
나에게 맡겨주신
한 조각의 토지와
한 조각의 지식과
한 조각의 달란트를 가꾸어야 하기에
오늘도 여장을 꾸린다

41주

# 243

수요일

# 누가복음 19:28~21장

**오늘의 키워드는 "머릿돌"입니다.**

아무런 흠이 없으시고 권세를 가지신 분이 하나님의 뜻을 이루기 위하여 예루살렘으로 입성하십니다. 나귀 새끼를 타시고 사람들은 자기의 겉옷을 길에 펴시고 찬송합니다 주의 이름으로 오시는 왕이여 하늘에는 평화요 영광이로다.

성전을 정화하시고 백성에게 복음을 가르치십니다. 백성의 구원을 외치다가 선지자도 죽고 주님도 죽게 되었으니 건축자에게 버림당한 돌이 모퉁이의 머릿돌이요. 다윗이 그리스도를 주라 칭함 같이 그는 인류를 구원하실 그리스도이십니다.

종말의 시기를 준비하는 성도의 자세입니다. 과부의 헌금은 정성이 담긴 헌금이요. 인간의 욕심으로 지은 성전은 무너질 것이요. 환난이 다가와 이방인들에게 짓밟힐 것이니. 너희는 세상의 더러운 것에 짝하지 말고 깨어서 기도하라.

묵상시

환호하던 소리는
야유의 소리로 변하고
석공이 내려치는 정은
주님의 가슴을 때리고 있네

군중의 움직임 따라
이리 밀리고 저리 밀리고
치이고 깨어져서
건축자의 버린 돌은
길모퉁이의 머릿돌 되었네

주님의 죽으심으로
하늘 길이 열렸으니
면과 면이 만나 하나가 되고
수평과 수직이 만나
십자가의 다리를 놓으셨네

41주
244
목요일

# 누가복음 22~24장

**오늘의 키워드는 "최후의"입니다.**

시간이 다가오니 제자들을 모으시고 최후의 만찬을 여십니다. 누가 크냐고 다투는 제자들을 바라보며 이 땅을 맡기고 떠나실 것을 말씀하십니다. 감람산에서 눈에 핏방울이 맺히도록 기도하시고 하나님의 뜻을 이루시기 위하여 잡히십니다.

유대인의 왕이냐 라고 묻는 빌라도에게 "네 말이 옳도다"라고 대답하시고 끌려가십니다. 예루살렘의 딸들아 나를 위해 울지 말고 너희를 위해 울어라. 주님은 십자가에서 죽으시고, 성소의 휘장은 위로부터 찢어졌으니 다 이루셨습니다.

주님은 죽으신지 삼 일만에 부활하시어 여인들과 제자들에게 보이십니다. 두려워 떨고 있는 열한 제자에게 나타나시어 함께 잡수시며 위로하시며 모든 일의 증인이 되라 하십니다. 성령의 힘을 입기까지 기다렸다가 행하라 하십니다.

묵상시

하나님의 아들을 붙잡고
사탄은 축배의 잔을 들었으니
지도자들은 백성을 선동하고
빌라도는 선고 내리고
군중의 비웃음과
로마 병정의 고난에 의하여
예수는 죽음으로 내몰렸구나

예루살렘의 딸들아
나를 위하여 울지 말고
너희를 위해 울어라
심판의 날이 다가오리니
죽음으로 죽은 자를 살리리라
이날은 사탄의 패배의 날이요
그리스도의 승리의 날이라

41주
245
금요일

# 요한복음 1~3장

오늘의 키워드는 **"증언"**입니다.

요한복음은 예수님의 승천 이후에 발생된 유대교로의 역회심과 이단의 성행으로부터 복음 수호하려고 요한이 쓴 서신입니다. 세례자 요한의 증언은 주님이 하나님의 아들이시며 자신은 그분의 길을 예비하러 온 것을 말합니다.

제자들을 모으시고 진행 하시며 보여주신 가나에서의 기적은 예수의 신성을 나타내는 시작입니다. "성전을 헐라" 하심은 인간이 쌓은 죄를 대신하여 주님이 죽으심이요 "사흘 동안 일으키리라"는 주님의 부활로 구원을 이루심입니다.

유대의 종교 지도자 니고데모의 출현입니다. 그는 예수가 하나님의 아들이심을 믿었으나 세상에 드러내기를 싫어하는 비밀신자입니다. 그는 예수님과 많은 대화를 나누었으나 '지정'으로는 알지만 '의'지적인 실천이 없는 어둠의 대표입니다.

묵상시

400년의 암흑기를 지나며
기다림에 지친 사람들은
예수의 오심을 의심하며
말씀을 떠난 삶을 살았지만

성경의 예언대로
예수 그리스도는 출생하셨으니
요한이 그를 증거함이라

그가 세상에 계셨으며
세상은 그로 말미암아 지어졌나니
영접하는 자
곧 그 이름을 믿는 자들에게는
하나님의 자녀가 되는
권세를 주셨음이라

41주
246
토요일

# 요한복음 4~6장

오늘의 키워드는 **"나는 나다(Ἐγώ εἰμι)"**입니다.

모든 사람의 관심 밖에 있는 사마리아 여인을 찾아가십니다. 그녀는 자신뿐만 아니라 자타가 인정하는 죄인입니다. 신앙은 자신의 의를 드러내는 것이 아니나니, 주님 앞에서 죄인임을 고백하는 자에게 주님은 영원한 생수를 주십니다.

안식일에 병 고치니 유대인들은 안식일을 범했다고 난리를 피웁니다. 예수께서는 아들의 권한으로 "아버지께서 일하시니 나도 일 한다"고 하십니다. 선한 일을 행한 자는 생명의 부활로, 악한 일을 행한 자는 심판의 부활로 나오리라.

오병이어의 표적은 예수의 하나님의 아들이심을 선포입니다. 바다 위를 걸어오시는 주님을 보고 두려워하는 제자들에게 내니 두려워 말라 하시니 이는 "나는 나다(Ἐγώ εἰμι)"의 절대자의 표현입니다. 예수께서는 자연을 다스리는 분이십니다.

묵상시

예수께서 승천하신 빈 자리에
헬라의 철학이 들어오고
유대교로 역회심 하고
이단들이 거짓 교리로 미혹할 때
요한은 홀로 그들을 맞서며
성도들에게
예수 그리스도를 증거했네

더 이상의 필요가 없는 언어
"나는 나다(Ἐγώ εἰμι)"
그는 세상을 만드신 분이시오
세상의 주인이시오
세상을 구할 분이시니
어떠한 계산도
어떠한 논리도 허용치 않으심이라

42주
247
월요일

# 요한복음 7~9장

오늘의 키워드는 **"위로부터 오심"**입니다.

예수의 형제들이 예수를 믿지 아니함은 예수께서 인간의 몸으로 오심 때문입니다. 예수가 성전에서 가르치시며 "내가 하나님에게서 났고 하나님이 나를 보내셨음이라"는 말씀을 종교 지도자들은 믿지 아니합니다. 오히려 예수가 율법을 모른다고 저주합니다.

예수를 음해하려는 종교경찰들이 음행하는 여인을 잡아오나 "죄 없는 자가 먼저 돌로 치라" 말하십니다. 예수님의 절대자 이심을 "세상의 빛"으로 표현하십니다. 또한 아브라함 이전부터 계심을 말하시니 유대인들이 예수를 돌로 치려 합니다.

예수께서 안식일에 맹인을 고쳐주신 것을 유대인들은 따집니다. 유대인들은 예수를 믿지 아니하나 맹인은 예수가 하나님의 아들임을 증거합니다. 예수께서 세상에 오신 목적이 보지 못하는 자는 보게 하고, 보는 자는 맹인 되게 하기 위함이라고 하십니다.

묵상시

빛으로 오셨으나
어둠이 존재하는 세상에
주님은
인간의 몸으로 오시어
말씀하시네
죄 없는 자가 먼저 돌로 치라고

아브라함 이전에 계시고
태초부터 계신 주님이
나의 죄를
교회의 죄를
세상의 죄를 씻으시려고
위로부터 오시었네

42주
248
화요일

# 요한복음 10~13장

오늘의 키워드는 **"선한 목자"**입니다.

"나는 양의 문 이니라". 누구든지 나로 말미암아 들어가면 구원 받으리라. "나는 선한 목자라". 이리가 공격하면 삯군 목자는 도망치나 선한 목자는 양을 위하여 목숨을 버리느니라. 그래도 못 믿는 자들에게 주님의 표적을 보고 믿으라 하십니다.

죽은 나사로의 소식을 들으신 주님이 그를 살리시고"나는 부활이요 생명이니" 라고 말씀하십니다. 가야바가 "한 사람이 백성을 위해 죽어서 온 민족이 망하지 않게 됨"이라 무심코 말했으나 이는 예수 그리스도의 오신 목적을 그가 말한 것 입니다.

하나님의 뜻을 이루시려고 예루살렘으로 가십니다. 주님은 제자들의 발을 씻기시고 정결케 하십니다. "내가 너희를 사랑한 것 같이 너희도 서로 사랑하라"는 새 계명을 주십니다. 이는 죽기까지 원수를 사랑하라는 명령입니다.

묵상시

도둑이 오는 것은
도둑질하고 빼앗기 위함이지만
주님이 오심은 양으로 생명을 얻게 하고
더 풍성하게 하려 함이라

선한 목자는 양을 위해 목숨 버리나니
목자는 양의 음성을 알고
양도 목자의 음성을 아는 고로
양은 목자를 따름이라

삯꾼 목자는 그렇지 않나니
사나운 짐승이 오면 도망치고
사나운 짐승이 양을 헤치고
삯꾼 목자도 양을 헤치느니라

42주
249
수요일

# 요한복음 14~17장

오늘의 키워드는 **"생명"**입니다.

"내가 곧 길이요 진리요 생명이니" 나로 말미암지 않고는 아버지께로 올 자가 없느니라, "나는 참 포도나무요 내 아버지는 농부"이니 주님께 붙어있으면 많은 열매 맺으라. 주님이 너희를 택하심은 너희로 가서 많은 열매 맺으라는 것입니다.

제자들에게 임할 환난을 말씀하시고 주님이 떠난 자리에 성령이 오실 것을 말씀하십니다. 지금은 너희가 예수의 말씀을 이해하기 어렵고 행하기 어렵지만 성령이 오시면 가능하리라. 너희가 내 이름으로 구하라 그리하면 받으리라.

"영생은 유일하신 하나님과 예수 그리스도를 아는 것이라" 하셨으니 이는 십자가의 사랑과 헌신과 사역을 말씀하심이라. 예수께서 하나님의 이름을 백성에게 알게 하셨음은 하나님이 예수를 사랑함같이 예수도 백성을 사랑 안에 두려 하심이라.

묵상시

가지가 나무에 붙어 있음은
나무의 양분을 먹고 자라서
좋은 열매 풍성히 맺는 것이라

예수께서
길이요 진리요 생명 되심은
예수께 붙어있는 자 살리려 하심이라

가지가 나무를 택함이 아니요
강함이 약함을 택하나니
주님이 백성을 택하심은 생명을 위함이라

그러므로 영원한 생명은
하나님과 그리스도를 아는 것이요
믿고 따르며 순종하는 것이라

42주
250
목요일

# 요한복음 18~19장

오늘의 키워드는 **"죽으심"**입니다.

수난의 시간은 다가오고, 유다는 예수를 배신하고, 무장한 무리가 예수를 잡으려고 다가옵니다. 예수께서 제자들을 보내시고 자신은 붙잡힘 당하게 내어주셨으니, 이는 양을 위하여 자신의 목숨을 희생하는 선한 목자입니다.

그들이 예수를 안나스에게로, 안나스는 가야바에게로, 가야바는 빌라도의 관정으로 보냅니다. 빌라도가 "네가 유대인의 왕이냐"고 물어봄은 로마 황제의 권위에 위협 되는지를 알려 함이요. 예수께서 "내 나라는 세상에 속한 것이 아니라"고 대답하십니다.

빌라도의 사형 언도가 내려지고, 군인들에게 끌려가시고, 십자가에 못 박히시고 '나사렛 예수 유대의 왕'이라는 팻말이 붙고, 창으로 옆구리를 찔리시고, 숨을 거두십니다. 아리마대 요셉이 빌라도에게 청하여 예수의 시신을 장사지냅니다.

묵상시

한 사람이 백성을 위하여
죽는 것이 유익하다는
가야바의 무심코 던진 말은
성경을 이루시는 하나님의 섭리로다

예수께서 인류의 죄를 씻으시려고
사람들에게 잡히시고
빌라도에게 선고 받으시고
십자가에서 죽으셨나니

이스라엘의 죄를 위하여
이방인의 죄를 위하여
과거와 현재와 미래의 죄를 위하여
어린 양의 제물이 되셨음이라

42주

251

금요일

# 요한복음 20~21장

**오늘의 키워드는 "기록 목적"입니다.**

성경에서 예언한 것을 이루시기 위하여 예수께서는 안식 후 첫 날 살아나십니다. 마리아에게 나타나시고, 제자들에게 나타나시고, 의심 많은 도마가 예수님의 옆구리를 만져보고서 "나의 주님이시오 나의 하나님 이십니다" 라고 고백합니다.

예수께서 많은 이적을 행하심은 천국을 바라보게 하는 표적입니다. 이 내용을 기록한 목적은 예수께서 하나님의 아들 그리스도이심을 믿게 하려는 것이요. 우리로 믿고 힘입어 생명을 얻게 하려는 것이라.

베드로에게 나타나시어 사랑하느냐고 묻습니다. 그리고 대답하는 베드로에게 '양을 치라'고 말하십니다. 우리는 말씀을 듣고 가만히 있기를 원하지만 주님은 우리의 역할 이행을 요구하십니다. 주님을 따르는 길을 십자가를 짊어지고 따르는 것입니다.

묵상시

많은 기적 행하심은
복음을 전하기 위함이니
기적은 천국을 보여주는 표적이라

요한복음을 기록함은
예수 그리스도가 하나님의 아들심을
독자들에게 믿게 하는 것입니다

예수의 이름을 믿는 자는
결코 정죄함이 없나니
사망에서 생명으로 옮기심이라

42주

252

토요일

# 사도행전 1~2장

오늘의 키워드는 **"제자들의 사역"**입니다.

사도행전은 예수님의 사역이 제자들을 통해 행해지는 것을 나타냅니다. 예수의 초기 사역과 승천 이전 상황을 나타내고 있으며, 이스라엘의 회복의 시기를 묻는 제자들에게 그 때는 알 수 없고 성령의 능력을 받아 땅 끝까지 증인 되라 명하십니다.

유다의 빈자리를 제비뽑기를 통해 맛디아를 세웁니다. 오순절이 다가오니 백이십여 명의 문도가 마가의 다락방에 모였는데, 하늘로부터 급하고 강한 바람 같은 소리와 함께 불의 혀처럼 갈라지는 것들이 보이며 각 사람에게 임하니 성령의 충만입니다.

그들이 다 성령 충만을 받으니 각 나라의 방언으로 말 합니다. 베드로가 회개를 선포하고 세례를 베푸니 모인 수가 삼천이요. 그들이 사도의 가르침을 받아 교제하며 떡을 떼며 기도에 힘쓰니 성도들이 가진 것을 통용하고 나누어줍니다.

**묵상시**

스승의 인품을 배우고
스승의 신앙을 따르고
스승의 행적을 이어가는 것이
제자의 도리입니다

예수께서 떠나실 때
성령께서 도울 것을 말씀하셨으니
성령께서 약한 나를 세우시며
성령께서 나의 길을 열어 주십니다

여행을 위하여 지팡이나
두 벌 옷을 준비하지 말라고 하심은
오직 성령의 도우심으로
땅 끝 복음을 전하라 하십니다

43주
253
월요일

# 사도행전 3~5장

오늘의 키워드는 **"성령"**입니다.

베드로가 나사렛 예수의 이름으로 앉은뱅이를 고치니 이는 하나님 나라를 보여주는 표적입니다. 베드로는 자신이 하나님으로부터 보냄 받은 선지자인 것을 말하며, 하나님께서 아브라함에게 약속하신 복이 모든 민족에게 적용됨을 밝힙니다.

베드로와 요한이 예수의 부활을 전하니 믿는 자가 오천 명 입니다. 부활이 없다고 말하는 사두개인들이 두 사람을 산헤드린 재판에 넘깁니다. 그러나 성령의 역사는 강하여 모인 수가 120에서 삼천으로 다시 오천으로 확장되고 있습니다.

아나니아와 삽비라의 교훈은, 사명으로 시작한 일이 염려 때문에 실패하는 것을 봅니다. 사도들이 옥에 갇히나 주의 사자가 구하고, 사두개인들이 죽이려하나 가말리엘의 권고로 위기를 면하였으니, 성령의 도우심을 받는 사도들은 가르치고 전하는 것을 그치지 않습니다.

묵상시

삼위의 성령께서
하늘로부터 급하고 강한 소리로
불의 혀처럼 임하시리니
사람들의 입에서 방언이 터지고
젊은이들은 환상을 보고
늙은이들은 꿈을 꾸리라

성령의 역사는 강하여
백이십 문도가 충만하여지고
삼천의 군중을 변화시니
모인 자들이 교제하며
떡을 떼며 기도하며
사랑으로 물들어감이라

43주
254
화요일

# 사도행전 6~9장

**오늘의 키워드는 "확산"입니다.**

일곱 집사를 세우고, 하나님의 말씀이 점점 왕성하여 제자의 수가 많아지고, 스데반은 기사와 표적을 행하며 복음의 핵심을 전합니다. 그 말을 듣고 마음에 찔림 받은 지도자들이 이를 갈며 스데반을 돌로 쳐 죽이고, 그 옆에는 사울이 서 있습니다.

사울이 스데반의 죽음을 마땅히 여기고, 기독교인들을 잡아 옥에 넘기고, 예루살렘 교회는 환난을 받아 온 땅으로 흩어지지만 복음이 확산되고 있습니다. 빌립이 예루살렘 밖에서 복음을 전하니 성령께서 인도하시고 복음의 열매를 맺게합니다.

사울이 기독교인을 박해하려고 다메섹으로 가다가 예수를 만나 회개합니다. 사울이 아나니아에게 교육 받고 전도하니 유대인들이 사울을 죽이려합니다. 그래도 사울은 예루살렘으로 들어갔으니 하나님은 사울을 향한 놀라운 계획을 가지고 계십니다.

묵상시

서릿발에 얼은 보리는
밟힐수록 잘 자라는 것처럼
예수 사랑에 빚진 자들의 복음은
고난 받을수록 더 퍼져가네

스데반의 순교로 인하여
예루살렘 성도는 세상으로 퍼져가고
사울은 바울 되어
예수의 십자가를 메고 로마로 가는도다

평양의 복음이 6.25로 인하여
남쪽으로 확산된 것처럼
고난을 기쁨으로 받아들이는 자들마다
생명의 복음을 전하여라

43주

255

수요일

# 사도행전 10~12장

오늘의 키워드는 **"이방 선교"**입니다.

유대인 우월주의가 팽배할 때 베드로가 이방인 고넬료의 청을 받아 그곳에 가서 설교하며 세례를 베푼 것은 이방인 선교의 길을 열어주는 중요한 사건입니다. 하나님이 열어주시는 곳을 성령께서 도우시나니, 모든 민족은 구원 받을 대상입니다.

베드로의 이방인 선교 보고 예루살렘교회의 선교전략에 영향을 줍니다. 스데반의 일로 각지에 흩어진 자들은 곳곳에서 복음을 전합니다. 바나바와 사울이 안디옥에서 복음을 전하며 교회를 이루었으니 안디옥교회가 이방 선교의 중심지가 됩니다.

야고보는 헤롯에게 죽임 당하고, 베드로는 투옥됩니다. 교회는 기도하고, 주의 사자는 베드로를 구출하고, 기도하던 성도들은 놀랍니다. 백성 앞에서 연설하던 헤롯은 교만하기 때문에 죽임 당하지만, 하나님의 말씀은 흥왕하여 더욱 확장되어갑니다.

묵상시

정결예식과
선민의식에 쌓인 베드로에게
보자기에 쌓인 환상을 보여주심은
전도의 개념을 바꾸심이요

고넬료의 청함을 받고
그곳에 가서 설교하게 하심은
베드로의 증언을 통하여
이방 전도의 문을 열어주심이라

모든 나라 모든 민족은
하나님의 사랑 받은 대상이니
성령의 권능을 힘입어
예수 그리스도의 증인 되리라

43주

256

목요일

# 사도행전 13~15:35절

오늘의 키워드는 **"1차 전도여행"**입니다.

안디옥 교회로부터 파송을 받은 바나바와 바울(사울)이 전도여행을 떠납니다. 마술사 바예수를 질책하였고, 안식일에 회당에서 복음을 전하니 온 시민이 모여듭니다. 유대인들은 바울을 반박하고 쫓아내지만 선교의 흐름은 이방으로 향하고 있습니다.

바울이 능력을 행하매 바울을 신으로 받드는 엉뚱한 일이 발생하지만 바울이 그것을 저지합니다. 바울의 복음을 듣고 따르는 자와 반박하는 자로 나뉘었으며, 바울은 생명의 위협을 느낍니다. 제자의 길은 환난을 겪으나 극복하는 것입니다.

유대인들 사이에서 할례 논쟁이 치열할 때, 바나바와 바울의 이방인 전도에 관한 보고가 이루어집니다. 베드로는 구원이 하나님의 은혜임을 말하고, 이방인에 대하여 능히 메지 못하는 멍에(율법과 할례)를 강요하지 말 것을 당부합니다.

묵상시

그리스도의 사랑에 빚진 바울은
세계선교의 꿈을 꾸며
안디옥교회의 파송을 받아
사명감을 가지고 전도여행을 떠납니다

구브로에서 마술사의 눈이 멀고
안디옥에서 복음을 전하고
이고니온에서 전도하고

루스드라에서 앉은 자를 일으켰다가
신으로 추대하는 황당함을 당하고
또 그들에게 돌로 맞아 죽을뻔 하였으니
복음 전파에는 실로
다양한 상황이 기다리고 있습니다

43주
257
금요일

# 사도행전 15:36~18:17절

오늘의 키워드는 **"2차 전도여행"**입니다.

바울이 실라와 전도를 나서고 디모데에게 할례를 행함은 유대인을 얻기 위함입니다. 마게도냐에서 귀신 들린 여종을 고쳐주다가 옥에 갇히게 됩니다. 기도와 찬송을 부르니 결박이 풀어지고, 옥문이 열리고, 간수는 놀라고, 바울은 그들에게 복음을 전합니다.

베뢰아 사람들은 성경을 상고하므로 신사적이어서 복음을 전할 때 많은 사람들이 모이거늘 유대인들이 쫓아 와서 무리를 움직여 소동케 합니다. 아덴 사람들은 우상을 섬기고 철학적이어서 바울의 설교를 호기심으로 듣지만 열매를 맺지 못합니다.

바울이 고린도에서 천막 만드는 일을 하며 복음을 전하는 것은 자비량 선교의 일면입니다. 유대인들에게 복음을 전하지만 대적당합니다. 바울은 그들을 떠나 하나님을 경외하는 이방인 지역에 가서 일 년 반 동안 머무르며 복음을 전파합니다.

묵상시

바울의 일행이
성령의 인도함으로 마게도냐로 가서
점치는 귀신들린 여인을 고치고
복음을 전하였네

감옥에 갇혔으나
성령이 도우시나니
문이 열리고 매인 것들 다 벗겨지고,
간수장은 자결을 결심하였으나
복음을 듣고 구원에 이름이라

데살로니가에서 전도하고
베뢰아 사람들을 방문하고
아덴에서 전도하고
고린도에서 전도하니
그곳은 우상숭배가 성행한 곳이라

43주

# 258

토요일

# 사도행전 18:18~21장

오늘의 키워드는 **"3차 전도여행"**입니다.

바울이 수리아로 갈 때 브리스길라와 아굴라가 동행합니다. 에베소에 머무르며 두란노 서원에서 2년 동안 복음을 강론하며 성령의 능력을 나타내며 최종 목적지가 '로마'라고 말합니다. 데메드리오의 소동이 있었으나 그들의 횡설수설로 끝납니다.

드로아에서 유두고를 살리고, 밀레도에서 고별설교 합니다. 나는 성령에 매여 예루살렘으로 가는데 결박과 환난이 기다리나 내가 달려갈 길과 예수께 받은 복음 전하는 사명을 마치려함에는 나의 생명조차 귀히 여기지 아니하노라.

바울의 예루살렘 이동을 제자들이 만류하지만 죽음을 각오한 바울의 의지는 확고합니다. 예루살렘에서 야고보를 방문하여 이방인 전도에 대해 말합니다. 유대인들에게 죽을 위험에 처하나 천부장의 도움으로 구출 되었으니 성령께서 그를 도우십니다.

묵상시

수리아, 겐그레아, 에베소서를 지나
가이사랴에서 교회의 안부를 묻고
안디옥으로 가서 얼마 있다가
갈라디아와 브루기아 땅을 다니며
모든 제자를 굳건히 하고
아볼로가 합류하니라

에베소에 3년을 머물면서
두란노에서 강론하고 능력을 행하고
마게도냐와 아가야를 거쳐
드로아 지방에서 유두고를 살리고
밀레도를 지나 예루살렘으로 감은
로마에 가서 복음 전하기 위함이니
사명자의 길을 누가 막으랴

44주

# 259

월요일

# 사도행전 22~26장

오늘의 키워드는 **"변명"**입니다.

바울은 백성 앞에서 자신의 과거와 현재에 대하여 변명합니다. 공회 앞에서의 부활에 대한 증언은 바리새인과 사두개인간의 다툼으로 번집니다. 바울을 살해하려는 40명의 특공대가 조직되었으나 천부장의 도움으로 예루살렘을 빠져나갑니다.

더둘로가 벨릭스 총독(가이사랴)에게 바울을 고소하나 벨릭스는 바울에게서 죄를 찾지 못합니다. 벨릭스 후임으로 베스도가 부임합니다. 유대 지도자들이 바울을 고소하지만 베스도는 아무런 죄를 찾지 못하였고, 바울은 베스도에게 로마로 갈 것을 말합니다.

아그립바 분봉왕이 베스도를 방문하고, 바울은 아그립바 앞에 불려가서 자신을 변명합니다. 자신의 성장 배경과, 예수 믿는 사람들을 핍박하던 일과, 예수를 만난 일과, 복음 전하는 일을 증거하였으니, 바울은 그 시간을 복음 전파의 기회로 삼은 것입니다.

묵상시

바울이 유대인의 공회 앞에서
성장 배경과 신앙에 대한 증언하니
부활에 대한 견해 때문에
바리새인과 사두개인 간에는 서로
분쟁이 생기고,
바울은 자신을 죽이려는
살인결사대를 피해
예루살렘을 유유히 빠져나갔네

유대인들의 고소에 의하여
바울은 벨릭스 앞에서 변명하고
베스도에게 로마로 갈 것을 말하고
아그립바 앞에서
자신이 예수 믿게 된 동기와
그리스도의 복음을 상세히 전하였으니
그의 붙잡힘은
복음 전파의 기회로구나

44주
260
화요일

# 사도행전 27~28장

오늘의 키워드는 **"하나님의 섭리"**입니다.

사명을 이루기까지는 죽을 수 없는 법, 로마로 압송되는 길에 그를 태운 배는 유라굴라 광풍을 만나 표류하다가 15일 만에 섬에 도착합니다. 바울이 불을 쪼이다가 독사에 물리지만 상하지 않음은 하나님의 도우심이요. 노인의 열병을 고침으로 항해에 필요한 물품을 공급받으셨음은 로마로 가는 길을 이루시는 하나님의 섭리입니다.

로마에 도착한 바울은 2년 동안 그를 지키는 군인과 함께 거주하게 됩니다. 그는 구속된 몸이어서 회당으로 갈 수 없어 높은 사람들을 청합니다. 찾아오는 사람이 많으매 날자를 정하고 아침부터 저녁까지 강론합니다. 자신이 온 배경과 하나님의 나라와 예수에 대하여 증언하였으니 그가 죄수의 신분이었으나 자유함은 세상으로 복음을 흘려보내는 하나님의 섭리입니다.

묵상시

로마로 가는 길은 험하도다
배는 풍랑을 만나 표류하고
열나흘 째 멜리데 섬에 도착했으니
사명을 마치기 전에 죽을 수 없음이라

바울이 독사에 물렸으나 멀쩡함은
기적을 통해 복음을 전함이요
그 섬 지도자의 열병을 고침은
로마로 가는 물품을 채워주시는
하나님의 섭리로다

바울이 로마에 도착하여
두 해 동안 감금되었으나
사람들에게 복음을 전하였으니
로마에 온 것도, 사람들을 만나는 것도
복음 확산을 위한
하나님의 섭리로다

44주
261
수요일

# 로마서 1~3장

**오늘의 키워드는 "율법"입니다.**

바울이 고린도에서 로마교회에 쓴 편지입니다. 그가 전하는 복음은 예수 그리스도요. 그가 부끄러워하지 않음은 이 복음이 모든 믿는 자에게 구원을 주시는 하나님의 능력이기 때문입니다. 오직 의인은 믿음으로 말미암아 사는 것입니다.

율법이 없어 범죄 한 자가 율법이 없어 망함은 죄를 짓는 이방인을 말함이요. 율법이 있고 범죄 한 자가 율법으로 인하여 심판받음은 알고도 죄를 짓는 유대인들을 말합니다. 율법을 듣는 자가 의인이 아니요 율법을 행하는 자가 의롭다는 것입니다.

율법의 행위로는 의롭다함을 받을 육체가 없나니 율법은 죄를 깨달음이라. 모든 사람이 죄인이지만 예수 안에 있는 속량으로 말미암아 하나님의 은혜로 의롭다함을 얻나니, 이는 구원이 율법의 행위에 있지 않고 예수 그리스도를 믿음으로 말미암음이라.

묵상시

율법의 행위로는
구원을 결정 지음이 아니요
율법의 행함은
구원 받은 자가 누리는 경건이라

율법으로는 의에 이를 수 없나니
율법으로는 죄를 깨달음이요
사람이 의롭다 하심을 얻는 것은
율법에서가 아니라 믿음에 있음이라

모든 사람이 죄를 범하였으매
하나님의 영광에 이르지 못하나
예수 안에 있는 자는 구원 받으리니
하나님의 은혜요,
그리스도의 보혈이로다

44주
262
목요일

# 로마서 4~6장

오늘의 키워드는 **"믿음으로"**입니다.

아브라함이 하나님 앞에서 의(義)로 여겨짐은 그의 선행이 아니요 그의 믿음 때문이요 행함은 의의 조건이 아니라 결과로 나타나는 것입니다. 다윗이 의(義)로 여겨짐은 그의 행위 때문이 아니요 하나님을 믿고 용서를 구함 때문입니다.

의롭다함을 받은 자의 결과는 하나님과 화평을 누리는 것입니다. 환난 중에도 즐거워함은 환난은 인내를, 인내는 연단을, 연단은 소망을 이루는 것입니다. 아담의 불순종 때문에 죄가 들어왔으나 예수 그리스도의 순종은 생명을 주십니다.

우리가 예수의 죽으심과 합하여 세례 받음으로 장사됨은 그를 죽은 자 중에서 살리심과 같이 우리를 살리려 하심이라. 죄의 종으로 사망에 이르고 순종의 종으로 의에 이르나니, 죄의 삯은 사망이요 하나님의 은사는 그리스도 안에 있는 영생이니라.

묵상시

아담의 범죄로 인하여 사망이 오고
예수로 인하여 생명이 주어졌나니
아담을 따르는 것은 죄에 속함이요
예수를 따르는 것은 생명에 속함이라

예수가 죽으심은
죄에 대하여 단번에 죽으심이요
예수가 살아 계심은
하나님께 대하여 살아 계심이라

내가 예수를 믿음으로
내 인생의 왕좌에 예수를 모심이니
이제는 내가 사는 것이 아니요
내 안에 예수가 사는 것이라

44주
263
금요일

# 로마서 7~8장

오늘의 키워드는 **"성령의 법"**입니다.

율법의 역할은 죄를 깨닫게 하는 것입니다. 결혼한 여인이 남편의 생전에는 법으로 그에게 매이지만 남편이 죽으면 남편에게서 벗어남이라. 육신에 머무르면 율법으로 말미암는 죄의 정욕이 우리로 사망의 열매를 맺으나, 그리스도와 연합하면 영의 새로운 것을 섬기며 생명의 열매를 맺는 것입니다. 그리스도와 연합한 자는 죄악을 이기고 성령의 법으로 성화되어 갑니다.

모든 사람이 죄를 범하였으매 하나님의 영광에 이르지 못합니다. 그러나 하나님께서 인류의 구원을 위하여 새 계명(렘31:31~34)을 주셨습니다. 그리스도 예수 안에 있는 자에게는 결코 정죄함이 없나니 이는 그리스도 예수 안에 있는 생명의 성령의 법이 죄와 사망의 법에서 너를 해방하였음이라. 육신의 생각은 사망이요 영의 생각은 생명과 평안이라.

묵상시

내 안에 두 법이 존재하나니
의로운 마음과 악한 마음이요
육은 나를 사망으로 누르고
성령은 나를 생명으로 인도함이라

율법은 죄를 깨닫게 하는 스승이나
세상의 어느 누구도
그 안에서는 온전할 수 없음이니
죄와 사망에서 누가 나를 건지리요

우리에게 새 언약을 주셨나니
예수 안에 있는 자는 정죄함 없도다
예수 안에 있는 생명의 성령의 법이
죄와 사망의 법에서 우리를 해방하심이라

44주

264

토요일

# 로마서 9~11장

오늘의 키워드는 **"약속의 자녀"**입니다.

"육신의 자녀가 하나님의 자녀가 아니요 오직 약속의 자녀가 씨로 여김 받음"은 하나님의 구원하심이 혈통에 의함이 아니요 믿음에 의함인 것입니다. 토기장이가 그릇을 만들고 뜻대로 사용함 같이 구원의 결정은 하나님의 주권입니다.

사람이 마음으로 믿어 의에 이르고 입으로 시인하여 구원에 이르나니, 누구든지 그를 믿는 자는 부끄러움을 당하지 아니하리라. 주여 우리가 전한 것을 누가 믿었나이까? 믿음은 들음에서 나며 들음은 그리스도의 말씀으로 말미암음이라.

이스라엘의 남은 자들이 구원 받으리니 그들이 예수를 믿음이요. 이방인도 구원 받으리니 그들이 예수 그리스도에게 접붙임 되었기 때문이라. 이방인의 충만한 수가 들어오기까지 이스라엘의 더러는 우둔하지만 예수를 믿으면 구원 받으리라.

묵상시

토기장이가 진흙 한 덩이로
귀한 그릇도 만들고
천한 그릇도 만들 수 있나니
그릇은 유대인이나 이방인을 말함이라

이스라엘의 자손의 수가 많을지라도
남은 자만이 구원 받으리니
예수 안에 있으면 구원이요
예수 밖에 있으면 심판이라

약속의 자녀는
육신의 혈육을 말함이 아니요
그리스도를 믿는 자녀를 말함이니
구원은 모든 민족에게 열려있음이라

45주
265
월요일

# 로마서 12~16장

오늘의 키워드는 **"자녀의 태도"**입니다.

하나님이 원하시는 예배는 우리의 육적인 소욕은 죽이고 변화된 삶으로 드리는 영적 예배입니다. 많은 사람이 그리스도 안에서 한 몸이 되어 서로 지체가 되었으니 각자의 받은 은사로 섬길 것이요 사랑과 존경의 본을 보이며 주를 섬기라.

권세자에게 복종하라 하심은 하나님의 통치를 위하여 권세자를 선하게도, 심판을 위하여 악하게도 사용하십니다. 하나님은 여러 계명 가운데 사랑의 계명을 강조하십니다. 형제를 비판하지 말고 거리끼게 하지 말고 덕을 세우라.

바울은 로마에 갈 것을 말합니다. 바울은 복음의 동역자들과 교회를 격려합니다. 받은 교훈을 거스르는 분쟁과 거짓 가르침과 교활한 말을 떠나기를 당부합니다. 그리고 지혜로우신 하나님께 영광이 세세무궁하기를 기도드립니다.

묵상시

깊은 밤을
홀로 걷는 자녀여
어둠의 옷을 벗고
빛을 입자

깊은 세상
위태하게 걷는 형제여
타락의 옷을 벗고
경건을 입자

하나님이 너를
기쁨으로 받으시리니
이는
너희가 드릴 영적 예배니라

45주

266

화요일

# 고린도 전서 1~4장

오늘의 키워드는 **"자라게 하시는"**입니다.

고린도는 돈이 많고 우상이 넘쳐나는 해변도시입니다. 빈부의 격차가 심하여 교회는 계층 간의 갈등이 생기고 바울파, 아볼로파, 게바파, 그리스도파로 나뉘어있습니다. 예수께서 바울을 보내심은 복음을 전하기 위함입니다.

바울이 전하는 복음은 자신의 말과 지혜가 아니요 오직 그리스도의 십자가에 못 박히신 것뿐입니다. 오직 성령님의 능력이 나타나기를 간구하고 있으니, 바울은 심었고 아볼로는 물을 주었고 자라게 하시는 분은 오직 하나님이십니다.

주님 오시는 날에 자신의 공적을 불로 태우면 나타납니다. 맡은 자에게 구할 것은 충성이니 기록된 말씀 밖으로는 넘어가지 말며, 서로 대적하여 교만을 품지 말며, 왕 노릇 하지 마라. 하나님의 나라는 말에 있지 아니하고 오직 능력에 있음이라.

묵상시

바울은 씨를 심었고
아볼로는 물을 주었으나
자라게 하시는 분은 하나님이시라

내가 전하고
내가 사랑을 주었어도
자라게 하시는 분은 하나님이시라

그런즉 형제들아
맡은 자에게 구할 것은 충성이니
교만을 품지 말며 서로 대적하지 말며

때를 얻든지 못 얻든지
복음을 담대히 전하라
자라게 하시는 분은 하나님이시라

45주
267
수요일

# 고린도 전서 5~7장

오늘의 키워드는 **"정결 하라"**입니다.

우상이 많으므로 음행이 교회까지 들어왔습니다. 음행하는 자는 사탄에게 내어주었으니 육은 멸하고 영은 주 예수의 날에 구원 받게 하려 함이라. 적은 누룩이 온 덩어리에 퍼지나니 음행과 탐욕과 우상숭배와 술 취함을 멀리하라.

교회 안에서 나쁜 짓 하는 자를 세상 법정에 송사하지 말라. 교회 안에서 음행과 탐욕과 술수를 부리는 자들이 있음은 그들이 거듭나지 못했기 때문이요 하나님의 나라를 유업으로 받지 못함이라. 너희 몸이 그리스도의 지체인 줄 생각하고 정결하게 하라.

바울은 고린도 교인들에게 결혼 생활의 충실을 위해 일부일처제를 실행하거나 분방하지 말며 원칙적으로 이혼하지 말 것을 당부하며, 과부는 주 안에서 결혼할 것이며, 독신에 대하여는 당시 임박한 종말론(로마의 공격) 속에서 홀로 살 것 권합니다.

묵상시

너희는 몸을 더럽히지 말고
손을 씻으며
육신의 정결을 유지하라

너희는 우상숭배 하지 말고
음행하지 말며
영혼의 정결을 유지하라

너희 몸은 음란을 위함이 아니요
주를 위해 존재함이니
주께서 너희를 도우심이라

너희 몸은 너희 것이 아니요
하나님을 위해 살아야 하나니
너희는 육과 영을 정결하게 하라

45주
268
목요일

# 고린도 전서 8~10장

오늘의 키워드는 **"하나님을 위하여"**입니다.

우상에게 바친 제물이 고린도 시장에 유통되고 있습니다. 만물의 주인은 하나님이시니 그것을 음식으로 알고 먹으면 아무 문제가 없으나 그것에 불편을 느끼면 먹지 말라. 그 음식으로 인하여 형제가 실족할 것 같으면 먹지 말라.

영적인 것을 뿌리고 육적인 것(물질)을 거둠은 사도의 권리입니다. 그러나 바울은 교인들의 오해를 없애기 위해 필요하다면 물질의 권리를 포기합니다. 모든 사람에게 자유로우나 모든 사람에게 종이 됨은 더 많은 사람을 얻기 위함이라.

예수님을 믿던 자가 다시 우상을 섬긴다 함을 듣고 바울은 광야에서의 징계를 예로 삼아 경고합니다. 주님도 섬기고 우상도 섬기는 영적 간음을 금합니다. 그런즉 너희가 먹든지 마시든지 무엇을 하든지 다 하나님의 영광을 위하여 하라.

묵상시

사람이 술을 마시지만
나중에는 술이 사람을 마시고
사람이 담배를 피우지만
담배가 사람을 망치게 하나니
해로운 것에 몸을 맡기지 말고
먹는 것이나 마시는 것이나
하나님의 영광을 위하여 절제하라

우상이 아름다워 보이지만
그 다음은 음행이요
이단이 진리처럼 보이지만
그 다음은 영혼의 파멸이니
악한 것에 영혼을 더럽히지 말고
오직 하나님만 섬기며
하나님의 영광을 위하여 살리라

45주
269
금요일

# 고린도 전서 11~14장

오늘의 키워드는 **"사랑"**입니다.

여자의 머리가 남자라는 것은 존재로서는 서로가 평등하나 역할에서의 차이를 말합니다. 부자들의 만찬은 가난한 자들을 부끄럽게 하고 교회를 업신여김으로 나타나기 때문에 질책합니다. 바울은 성만찬을 소개함으로 그리스도의 피와 살을 경험하게 합니다.

지체는 많으나 몸은 하나인 것처럼 모든 성령의 은사는 각기 다양성은 있어 교회를 위함이요 하나님께 영광을 드림이라. 사도로 선지자로 교사로 능력 행하는 자로 병 고치는 은사로 방언과 예언이 있나니 그중에 제일은 사랑입니다.

방언과 천사의 말을 해도 사랑이 없으면 울리는 꽹과리가 되고, 비밀스런 예언을 하고 지식을 알고 산을 옮길 믿음이 있어도 사랑이 없으면 유익 없으며, 내 몸을 희생해도 사랑이 없으면 유익이 없음이니 사랑은 모든 일의 으뜸 됨이라.

묵상시

아내를 사랑하는 자는
아내를 함부로 대하지 아니하고
교회를 사랑하는 자는
성도를 업신여기지 아니하나니
사랑은 상대방을 존중하는 것이요
교만이나 편견이나 당 짓는 것은
사랑 앞에서는 무용지물이라

모든 비밀과 모든 지식을 알고
큰일을 행할 능력이 있어도
사랑이 없으면 무익하나니
사랑은 모든 것을 참으며
하나님의 행하심을 믿으며
모든 시련을 견디고 기다리는 것으로
하나님 나라를 이루는 초석이로다

45주
270
토요일

# 고린도 전서 15~16장

오늘의 키워드는 **"승리의 나팔"**입니다.

바울이 고린도 교인들에게 그리스도의 부활의 증인을 기록함은 그들이 부활을 믿지 않기 때문입니다. 그리스도의 부활은 성도의 부활의 예표요, 죽은 자 자운데 첫 열매가 되심이니, 마지막 나팔 소리 울리면 다시 살아나고 변화되리라.

아담 안에서 모든 사람이 죽고 그리스도 안에서 모든 사람이 사나니, 첫 사람은 땅에서 낳음이요 둘째 사람은 하늘에서 오심이라. 사망의 승리는 죄요, 죄의 권능은 율법에 메임이지만, 예수 그리스도를 믿고 따름은 죄와 율법을 이기는 것입니다.

바울은 사랑하는 형제들에게 견실하여 흔들리지 말고 항상 주의 일에 힘쓰며, 어려움에 처한 예루살렘을 도우라 하였으니, 사랑하는 디모데316의 식구들이여 항상 견실하게 주의 말씀의 옷을 입고 주의 일을 위하여 승리의 나팔을 불어라.

묵상시

여리고 성벽에
백성의 함성이 울림 같이
인생의 광야를 진군하는 군사여
양각의 나팔을 불어라

죄악의 세상에
세례요한의 외침 같이
거친 세상을 진군하는 성도여
복음의 나팔을 불어라

예수 그리스도를 맞이하는
천사들의 나팔 소리 같이
말씀의 옷을 입은 군사여
천국에 이르도록
통독의 나팔을 불어라

46주
271
월요일

# 고린도 후서 1~3장

오늘의 키워드는 **"그리스도의 향기"** 입니다.

바울은 자신이 아시아에서 당한 고난을 상세하게 언급합니다. 그 이유는 하나님의 뜻을 나타내기 위함이요. 고린도 교인들이 배워 장차 당할 환난을 이길 힘을 가지라는 이유입니다. 고린도 방문을 연기한 것은 그들을 위함 때문입니다.

사랑하는 교우들을 직접 징계하기 보다는 자체적으로 해결되기를 기다립니다. 성도로 하여금 그리스도를 아는 냄새를 풍기게 하시고 그리스도의 향기로 규정한 것은 바울의 모습이요 복음 전하는 자들이 지녀야할 태도와 마음가짐입니다.

어떤 이들은 바울의 사도됨을 인정하지 않았으니 바울은 자신이 낳은 고린도 교회가 복음의 열매요 추천서인 것을 밝힙니다. 너희는 우리의 편지라 이는 먹으로 쓴 것이 아니요 하나님의 영으로 쓴 것이며 돌판에 쓴 것이 아니요 마음 판에 쓴 것이라.

묵상시

부패한 곳에는
썩은 냄새가 나서 파리가 들끓고
도적이 오는 곳에는
약탈과 죽이는 멸망의 냄새 나지만
복음이 임하는 곳에는
인내와 회복과 감사와 기쁨과
그리스도의 생명 냄새가 나나니

그리스도의 푸른 계절을 원하는 자는
주의 길을 순종으로 따름이요
지금은 내가 고난을 겪고
손해를 입는 것 같으나
결산의 날에 가려지나니
나의 순종하는 모습은
그리스도의 향기를 머금는 것이로다

46주
272
화요일

# 고린도 후서 4~7장

오늘의 키워드는 **"새로운 피조물"**입니다.

복음을 거부하는 중에도 예수의 복음을 전하는 것은 하나님의 영광의 빛을 비추기 위함이라. 고난을 당하여도 낙심하지 않는 것은 예수의 생명이 우리 안에 있기 때문이요, 보이는 것은 잠깐이요 보이지 않는 것은 영원하기 때문입니다.

예수께서 모든 사람을 위해 죽으심은 살아있는 자들이 자신들을 위해 살지 않고, 오직 우리를 위해 죽으시고 부활하신 예수를 위해 살게 하려 하심이라. 누구든지 그리스도 안에 있으면 새로운 피조물이라 이전 것은 지나갔으니 보라 새 것이 되었도다.

바울은 고린도 교인들에게 자신을 *하나님과 함께 일하는 자로서 *하나님의 일꾼으로서 *하나님의 능력을 가진 자로 소개합니다. 디도를 통하여 고린도 교인들의 변화된 삶을 전해들은 바울은 이제 그들은 신뢰의 대상이며 동역자로서의 확신을 가집니다.

묵상시

너는 두려워하지 말라
내가 너를 구속하였고
너를 지명하여 불렀나니
너는 내 것이라

주께서 모든 사람을 위하여 죽으심은
죽음과 사망과
온갖 죄의 늪에서 건져서
그들로 다시 살게 함이니

그런즉 누구든지
그리스도 안에 있으면 새로운 피조물이라
이전 것은 지나갔으니
보라 새것이 되었도다

46주

273

수요일

# 고린도 후서 8~10장

**오늘의 키워드는 "실천"입니다.**

바울은 회개하고 돌아온 그들에게 예루살렘 교회를 돕기를 권합니다. 예수께서 고와와 과부와 가난한 자를 돌보는 것이 복음 전파를 위함이라 하셨나니, 우리가 읽고 배우는 것은 구제하고 전도하며 그리스도의 영광을 위함이 목적입니다.

믿음 안에 들어오면 한 형제입니다. 돕는 일을 누구나 그 마음에 정한대로 할 것이요 인색함으로나 억지로 하지 말지니 하나님은 즐겨내는 자를 사랑하십니다. 이 직무는 성도들의 부족한 부분을 보충하고 하나님께 드리는 감사입니다.

우리의 싸우는 무기는 육에 속한 것이 아니요. 어떤 견고한 진을 무너뜨리는 하나님의 능력입니다. 모든 이론과 모든 교만과 모든 탐심을 무너뜨리고 모든 생각을 사로잡아 그리스도께 복종하게 하십니다.

묵상시

적게 심은 자는 적게 거두고
많이 심은 자는 많이 거두나니
인색함이나 억지로 하지 말고
사랑하는 마음으로 할지니라

부요하신 이가 가난하게 되심은
가난한 자를 부요케 하심이요
그리스도께서 죽으심은
죽을 수밖에 없는 우리를 살리심이니

너는 마음과 뜻과 정성을 다하여
그리스도의 길을 따르라
하늘과 땅의 모든 권세를 주셨으니
너에게 주신 모든 것을 행하여라

46주
274
목요일

# 고린도 후서 11~13장

오늘의 키워드는 **"약함의 미학"**입니다.

바울은 고린도 교인들을 유혹하는 거짓 교사를 경계합니다. 그들은 뱀과 같이 속임수에 능하고, 광명의 천사로 가장한 사탄의 앞잡이입니다. 바울은 자신의 사도직을 밝히기 위하여 출생 배경과 고난당함과 교회를 염려하는 마음을 전합니다.

바울은 주께서 보여주신 환상과 자신의 약함을 밝힙니다. 나의 약함은 나를 기도하게 만드는 토양이요, 겸손하게 만드는 말씀이요, 천국으로 안내하는 초청장입니다. 내가 그리스도를 위하여 약한 것들을 기뻐하노니 내가 약할 때 강함이라.

그리스도께서 약하심으로 십자가에 못 박히셨으나 하나님의 능력으로 살아계시니, 우리도 그리스도 안에서 약하나 하나님의 능력으로 그리스도와 함께 살리라. 복음의 진리를 세울지니 복음은 교회를 무너뜨림이 아니요 세우는 것이라.

묵상시

강한 사울이 무너짐은
연약한 자를 위하여 무너짐이요
바울의 몸에 가시가 있음은
그를 더 낮아지게 하심이라

내가 그리스도를 위하여
약함과 능욕과 궁핍과
박해와 곤고를 기뻐하노니
내가 약할 때 주께서 강하심이라

나의 능력은 약한 곳에서 나오나니
나의 약함은 주님께 겸손함이라
말씀과 기도로 다가서면
주께서 나를 높이 세우심이라

46주
275
금요일

# 갈라디아서 1~3장

오늘의 키워드는 **"이신득의"**입니다.

다른 복음은 없나니 예수 그리스도를 믿으라. 너희가 율법과 전통을 중요시하지만 오직 구원은 예수를 믿음에서 비롯됨이라. 내가 부드러운 말로 사람을 기쁘게 하지 아니하나니 내가 전하는 것은 오직 그리스도의 계시로 말미암음이라.

할례를 받는 것이 구원의 요소가 아니다. 바울이 디도를 억지로 할례 받게 하지 아니함(갈2:3)은 할례가 구원의 요소가 아님을 보여주는 것이요. 반쪽 유대인인 디모데에게 할례를 행함(행16:3)은 유대인을 얻기 위한 사역의 차원이라.

아브라함의 믿음이 의로 여김 받음 같이 구원은 할례의 유무가 아니라 믿음에 의거합니다. 그리스도께서 율법에 빠져 죽게 된 우리를 구하시려고 십자가의 다리를 놓으시고 우리를 대신하여 죽으신 것을 믿는 자는 구원에 이르는 것입니다.

묵상시

교회에서 많이 섬기고
구제 사업을 많이 하고
자신의 몸을 핍박하고
거룩한 예배를 드린다고
구원에 이를 수 있더냐

아니라
믿음 아니면 갈 수 없나니
오직 그리스도의 보혈뿐이로다

아브라함이 믿음으로 의에 이름 같이
의인은 믿음으로 살리라
율법은 행할 바를 보여주는
믿음으로 인도하는 초등교사이지만
그리스도를 믿으면 구원을 얻으리라

46주
276
토요일

# 갈라디아서 4~6장

오늘의 키워드는 **"성령의 열매"**입니다.

율법은 행위를 요구하나 복음은 믿음을 요구합니다. 아들을 여자(율법)에서 나게 하심은 여자(율법)에 속한 자들을 구원하기 위함이라. 예수 그리스도를 믿으면 구원을 받나니 이제는 종이 아니요 아들이라, 하나님 나라를 유업으로 받은 아들입니다.

할례를 따르는 자는 율법으로 돌아가는 것이요 율법 전체를 따라야 할 것입니다. 그리스도께서 육체의 정욕과 탐심을 십자가 에 못 박았으니 성도는 육체의 일(율법)을 버리고 그리스도를 믿음으로 자유함을 누리며 성령의 열매를 맺어야 합니다.

육체의 일을 심으면 썩어질 것을 거두고 성령을 위하여 심으면 영생을 거두리라. 믿음으로 구원 받은 성도는 온유함과 겸손함으로 그리스도의 법을 성취해야합니다. 내게 예수 그리스도의 십자가 외에는 결코 자랑할 것이 없음이라.

묵상시

육체의 욕심은 성령을 거스르고
성령은 육체를 거스르나니
이 둘을 서로 대적함이요
서로 화합할 수 없음이라

육체의 일은
음행과 더러운 것과 호색하는 것과
우상숭배와 구술과 분쟁과 시기와
투기와 술 취함과 방탕함이라

성령의 열매는
사랑과 희락과 화평과 오래 참음과
자비와 양선과 충성과 온유와 절제니
너희는 육체의 일을 십자가에 못 박고
성령의 열매를 맺으라

47주
277
월요일

# 에베소서 1~3장

오늘의 키워드는 **"모퉁잇돌"**입니다.

하나님이 우리를 창세전부터 택하시고, 우리는 그리스도의 대속으로 인하여 죄사함 받고, 성령으로 인치시고 보증하심은 우리를 통해 찬송 받으려 하심이라. 교회는 그리스도의 몸이요, 하나님이 그리스도를 세상의 모든 이름 위에 뛰어나게 하십니다.

우리는 하나님의 은혜로 인하여 그리스도를 믿음으로 구원을 받았으니 그 구원은 하나님이 주신 선물입니다. 그리스도는 사람과 사람을 연결하는 수평의 기능과, 하나님과 사람을 연결하는 수직의 기능을 이루는 십자가의 모형으로 모퉁잇돌 되십니다.

바울은 복음을 이방인들에게 전하기 위하여 하나님의 택함 받은 일꾼임을 고백합니다. 바울은 모든 족속에게 그리스도의 사랑을 전하고 복음의 비밀이 그들에게 충만하게 임하며 교회와 예수 안에서 영광이 임하기를 하나님께 간구합니다.

묵상시

석공의 쓰다 남은 돌
던짐 당하고 패댕이질 당하고
이리저리 뒹글다가 깨어져서
모퉁잇돌 되었는가

주께서 상하고 찢어지면서
선과 선을 연결하고
면과 면을 연결하며
구원을 여시나니
수평과 수직의 매듭이시라

주께서 남은 자들을 모으시고
수직으로 높이 올리시나니
주는
건물의 모퉁잇돌 되심이요
구원을 이루는 분이시라

47주
278
화요일

# 에베소서 4~6장

오늘의 키워드는 **"새 사람을 입으라"**입니다.

하나님이 주시는 지혜의 다양함은 서로 협력하여 그리스도의 몸을 세우며 장성한 분량까지 이르기 위함이요. 유혹의 욕심을 따른 썩어져가는 구습의 옛 사람을 벗고, 하나님을 따라 의와 진리의 거룩함으로 지으심을 받은 새 사람을 입으라 하십니다.

너희가 전에는 어둠이더니 이제는 주 안에서 빛이라. 빛의 열매는 착함과 의로움과 진실함에 있도다. 너희가 그리스도를 믿음으로 이제는 지혜 있는 자 같이 행하여야 하리니 세월을 아끼고 술 취하지 말며 오직 성령 충만을 받으라.

부모는 자녀를 주의 교훈과 훈계로 양육하고, 자녀는 주안에서 부모에게 순종하며, 종이 상전에게 순종하기를 그리스도께 하듯 하라 하심은 성도의 청지기적 자세를 말함이요, 성도는 하나님의 전신갑주를 입고 마귀를 대적하라 하십니다.

묵상시

유혹의 욕심을 따라
썩어져 가는 구습을 따르는 자를
옛 사람이라 부르나니
너희는 하나님을 따라
의와 진리의 거룩함으로 지으심을 받은
새 사람을 입으라

너희가 전에는 어둠이더니
이제는 주 안에서 빛이라
그리스도께서 자신의 몸을 버리시사
향기로운 희생 제물로 드리셨나니
너희는 시와 찬송과 감사를 드림으로
새 사람을 입으라

47주

279

수요일

# 빌립보서 1~4장

오늘의 키워드는 **"실천 신앙"**입니다.

바울이 그리스도의 심장으로 사람을 대하는 것은 그의 사랑의 척도를 나타냄이요. 살든지 죽든지 내 몸에 그리스도가 존귀하게 되려 함은 삶의 목적이요. 그를 믿을 뿐 아니라 그를 위하여 고난 받아야 함은 우리의 신앙의 실천의 요구입니다.

모든 것을 해로 여김은 예수를 아는 지식이 높기 때문이요. 모든 것을 배설물로 여김은 그리스도를 얻기 때문이요. 내가 푯대를 향하여 달려감은 부르심의 상과 시민권이 위에 있음이요. 그곳에서 그리스도께서 우리를 기다리십니다.

주 안에서 항상 기뻐하라. 염려하지 말고 모든 일에 기도와 간구로 너희 구할 것을 감사함으로 하나님께 아뢰라. 하나님이 도우시리라. 무엇을 두려워하느냐 내가 자족하기를 배웠나니 내게 능력 주시는 자 안에서 너는 모든 것을 할 수 있느니라.

묵상시

전에는 내게 유익하던 것을
이제는 모든 것을 해로 여김은
그리스도를 아는 지식으로 인하여
헛된 것을 취하지 아니함 때문이라

내가 어떠한 형편에서든지
자족하기를 배웠나니
비천에 처할 줄도 알고
궁핍에 처할 줄도 앎이라

내가 주를 위해 살기로 하였나니
내가 성경의 원리를 실천함으로
내게 능력 주시는 자 안에서
내가 모든 것을 할 수 있음이라

47주
280
목요일

# 골로새서 1~4장

오늘의 키워드는 **"이단에 대하여"**입니다.

초기 영지주의 사상이 교회에 침투하여 위협을 가합니다. 그들은 하나님의 창조를 부정하며, 육은 악하니 금욕생활을 해야 한다고 주장합니다. 바울은 그들의 사상을 논박하기 위하여 그리스도의 주권과 사역과 화해의 사건을 서술합니다.

그리스도 안에 신앙의 뿌리를 박으며 세움을 받음으로 세상의 철학과 이단과 천사숭배와 유대교의 전통과 초등학문에 넘어가지 말라. 예수 안에는 신성의 모든 충만함이 육체로 거하시고 충만해졌나니 그는 모든 통치자와 권세의 머리시라.

그리스도께서 나타나실 때 너희도 그와 함께 나타나리니 음란과 부정과 사욕과 탐심을 버리라. 너희는 하나님의 택함 받은 자이니 성령의 열매를 맺으라. 시와 찬송과 신령한 노래를 부르며 무엇을 하든지 예수의 이름으로 하고 하나님께 감사하라.

묵상시

성경 말씀을 믿는다고 말하지만
말씀의 일정 부분을 속아내어
자신의 취향에 맞게 다시 요리하여
다른 해석으로 이끌어가는 자들이라

이단의 교리를 맛들이다 보면
거짓을 진리라고 착각하나니
새가 사냥꾼의 올무에 걸림 같이
사단의 입에 먹힘 당함이라

이단의 교리가 처음에는 달콤하여
지식의 갈증을 채워주는 것 같으나
먹을수록 영혼을 마비시키며
지옥까지 끌어감이라

47주

# 281 금요일

# 데살로니가 전서 1~5장

**오늘의 키워드는 "거룩"입니다.**

유대주의자들에게 쫓겨남 당하고 그들로 인하여 혼란스럽고 부활의 소망을 잃은 교인들에게 보내는 편지입니다. 바울이 빌립보에서의 고난 중에도 데살로니가에 복음을 전함은 부모의 심정으로 하였으며 하나님을 기쁘게 하려는 것을 봅니다.

바울이 아덴에 머무르는 동안 데살로니가 교인들을 위로하기 위하여 디모데를 보냅니다. 유대인들의 박해가 심해지는 상황 아래서 성도의 믿음을 굳건히 하고 여러 환난 중에 흔들리지 않으며 피차 그리스도의 사랑이 자라기를 권고합니다.

하나님의 뜻은 거룩입니다. 하나님의 뜻이 나의 뜻이 되도록 항상 기뻐하고, 하나님과의 소통으로 쉼 없는 기도를 하고, 범사에 감사하라. 빛의 자녀인 너희는 믿음과 사랑의 호심경을 붙이고 구원의 소망의 투구를 쓰고 그리스도의 재림을 준비하라.

**묵상시**

무슨 일을 당하나
주님이 함께하니 항상 기뻐하라
플러그를 꽂고 전기를 쓰는 것처럼
쉬지 말고 기도하며
무슨 일을 당하든지
범사에 감사하는 모습은

기쁠 때 뿐만 아니라
슬플 때에도 이루어야 하리니
이것이 그리스도 예수 안에서
너를 향하신 하나님의 뜻이니라
너는 사랑의 호심경을 붙이고
하나님 앞에 올바로 서라

47주
282
토요일

# 데살로니가 후서 1~3장

**오늘의 키워드는 "경고"입니다.**

주의 날이 이미 이르렀다는 잘못 퍼진 종말론에 대한 오해를 수정하기 위하여 쓴 서신입니다. 데살로니가 교인들이 박해를 당하지만 인내와 믿음으로 견디는 모습을 칭찬합니다. 불신자들이 당할 고난과 성도들이 받을 영광을 대조합니다.

예수의 재림 소문을 퍼트리는 자들이 발생하였으나 너희는 두려워하지도 놀라지도 말아라. 그들이 사탄의 힘으로 거짓 기적을 보이지만 그것들을 믿고 따르는 자들이 발생합니다. 진리를 분별하지 못하고 미혹되는 자들에 대한 심판을 경고합니다.

종말 소문을 퍼뜨리고 다니면서 게으르며 무위도식하며 다른 사람을 간섭하는 자들을 경고하며 일하기 싫어하는 자는 먹지도 말라는 교훈을 줍니다. 주님이 오실 날을 아무도 모르기 때문에 성도는 항상 올바른 신앙생활과 태도를 가져야 합니다.

묵상시

재림의 날을 안다고 속이며
미혹하는 자들을 경계하라
그들은 거짓을 흘리고
자기의 이익을 갈취함이라

일하지 아니하고
먹기만 하는 자를 경계하라
그들의 몸은 무거우나
계산은 매우 빠른 자들이라

거짓 기적을 보이며 미혹하는
악한 자들을 경계하라
그들은 진리를 벗어난 자요
지옥으로 향하는 자들이라

48주
283
월요일

# 디모데 전서 1~6장

오늘의 키워드는 **"경건의 훈련"**입니다.

디모데가 사역하는 에베소 교회에 만연한 유대주의와 헬라 지식에 물든 거짓 교리에 대응하기 위한 서신입니다. 하나님은 한 분이시오 중보자도 한 분이시니 그리스도시라. 그가 모든 사람을 위하여 대속물로 주셨으니 그는 구원자이시도다.

감독과 집사의 직분을 맡은 자는 능력에 앞서 고귀한 신앙의 인격을 요구합니다. 육신은 악하기 때문에 혼인을 거부하는 이단을 경계합니다. 허탄한 신화를 버리고 경건의 훈련을 하며 말과 행실과 사랑과 믿음과 정절에 있어서 믿는 자의 본이 되기를 요청합니다.

노인을 공경하며, 과부를 존대하며, 장로를 예우하며, 범죄자를 꾸짖으며, 공평하게 대하라. 상전과 종은 서로 존중하며, 다른 교훈을 따르지 아니하며, 자족하는 마음을 가지며, 의와 경건과 믿음과 사랑과 인내와 온유를 따라 믿음의 선한 싸움을 싸우라.

묵상시

예배시간에 떠드는 아이를 보고도
훈계하지 않는 교사는 뉘우치라
사랑의 언어로 눈을 가리지만
아이에게 필요함은 경견의 훈련이라

주일성수를 거르는 자를 훈계하라
하나님의 방법대로 살면 해결되는데
그에게 필요한 것은
하루의 품삯이 아니라 경건의 훈련이라

달콤한 언어만을 구사하며
십자가를 외치지 않는 자를 조심하라
많은 사람이 몰려들지만
십자가를 질 사람이 없음이라

48주
284
화요일

# 디모데 후서 1~4장

오늘의 키워드는 **"경건의 능력"**입니다.

본 서신은 죽음이 임박한 바울이 쓴 서신으로 복음과 함께 고난이 수반됨을 말합니다. 바울은 전도자를 그리스도의 병사 · 경기자 · 농부로 비유하며 복음을 들을 자를 위하여 최고의 노력을 기울일 것을 당부하며 상급이 있음을 말합니다.

자신을 깨끗하게 하는 자는 귀한 그릇에 속하나니 청년의 정욕을 피하고 주의 깨끗한 마음으로 믿음과 사랑과 화평을 따르라. 돈을 사랑하며 자랑과 교만과 비방하는 자를 멀리하며, 경건의 모양은 있으나 경건의 능력이 없는 자들에게서 떠나라.

모든 성경은 하나님의 감동으로 된 것으로 교훈과 책망과 바르게 함과 의로 교육하기에 유익하니 이는 하나님의 사람으로 온전케 하려 함이라. 때를 얻든지 못 얻든지 말씀 전파에 힘쓰며 오래 참음과 가르침으로 경책하며 경계하며 권하라.

묵상시

땅과 돈과
노예를 짓밟고
황금마차 굴리는 로마 황실
죽이고
불지르고
몰아내며
기독교를 핍박하였으나

풍악을 울리며
타락의 극치를 달리는 로마 황실
썩고
무너지고
순결을 잃었으니
결국은 경건한 기독교 여인을
모시고 가는구나

48주
285
수요일

# 디도서 1~3장, 빌레몬서

오늘의 키워드는 **"그리스도의 사랑"**입니다.

이단의 거짓 교사와 유대주의의 할례파의 유혹으로부터 성도를 보호하기 위하여 신앙의 인품을 가진 장로와 감독의 역할을 요구합니다. 일부일처제와 청지기로서의 사명을 강조함은 악을 멀리하고 건전한 사회를 이루는 성도의 모범입니다.

목회의 지침에 대하여는 바른 교훈에 합당한 말을 하며, 남녀노소에 대한 가르침, 종들의 상전에 대한 자세를 말합니다. 성도의 생활에 대하여는 통치자에게 복종하며, 서로 화합하며, 모든 선한 일을 행하기에 준비되기를 권합니다.

바울이 빌레몬에게 쓴 서신은 그로부터 도망친 오네시모를 위한 간구입니다. 로마의 법으로는 도망친 종에 대한 벌칙은 사형입니다. 그러나 오네시모를 용서하고 복음의 일꾼으로 천거함에는 그리스도의 희생과 사랑이 근거입니다.

묵상시

노예였던 오네시모
주인을 배반하고 도망쳤으니
잡히면 오직 죽음 뿐 이로다

성령으로 거듭난 오네시모
바울이 그의 면책을 요구하였으니
그리스도의 사랑 때문이라

불성실을 감추고 대드는 형제를
머리로는 용서할 수 있으나
가슴에서 용서되지 않음을 어찌하랴

가슴팍에 걸쳐서 내려가지 않는 증오
그리스도의 사랑이 들어오니
주루룩 눈물 되어 흘러내리고 있네

48주

286

목요일

# 히브리서 1~4장

**오늘의 키워드는 "그리스도"입니다.**

하나님이 아들을 만유의 상속자로 세우시고, 그로 말미암아 모든 세계를 지으셨으니, 하나님의 영광의 광채시요, 죄를 정결케 하시는 분이시라. 모든 천사는 그가 사용하시는 바람이요 불꽃이며, 그는 하나님과 사람 사이의 중보자 되심이라.

예수께서 인간의 몸으로 오심은 인류 구원을 위한 자발적 순종인데 누가 그를 천사보다 못하다고 하는가? 그가 죽으심으로 말미암아 죽음의 세력을 잡은 마귀를 멸하시며 많은 이들을 구원으로 인도하심이니 그는 구원의 창시자입니다.

모세를 하나님이 높이 세우셨으나 그는 율법의 전달자요 종으로 신실합니다. 그리스도는 하나님의 집을 맡은 아들의 역할로서 자신의 죽음으로 구원을 이루십니다. 성도는 그리스도의 안식 안에 거함으로 살아있고 활력 있는 말씀을 누려야 합니다.

묵상시

태초에 땅의 기초를 세우시고
하늘을 지으신 주께서
그의 천사들을 바람으로
그의 사역자들을 불꽃으로 삼으셨네

사람이 무엇이기에
주께서 잠시 동안 고난 받으시사
죽음의 짐을 짊어지시고
사람을 구원하시나이까

우리가 그리스도의 안식에 들어가리니
우리와 똑같이 시험 받으셨으나
그는 죄가 없으신 분이시오
하나님의 아들이시도다

48주
287
금요일

# 히브리서 5~9장

오늘의 키워드는 **"영원한 대제사장"**입니다.

제사장은 자신을 위해서 매년 제사를 드리지만 예수님은 신이시기 때문에 그럴 필요가 없습니다. 제사장은 아론의 후손이지만 예수님은 하나님의 아들로서 자신을 죽음에 내어주신 분이시오 멜기세덱의 계통을 따르는 영원한 대제사장입니다.

멜기세덱은 의의 왕 살렘 왕 평강의 왕이요. 족보도 없고, 생명의 시작과 끝도 없습니다. 제사장은 죽기 때문에 수효가 많으나 예수는 영원하십니다. 구약의 제사는 계속 드리지만 예수는 자신의 몸으로 단번에 드리셨습니다.

모세의 장막은 하늘의 모형이요 짐승의 제사는 언약의 피니 피 흘림이 없은즉 사함이 없느니라. 그러나 그리스도께서는 하늘의 본체시오 많은 사람의 죄를 담당하시려고 단번에 드리신바 되었으니 그를 믿음으로 구원에 이르게 하셨습니다.

묵상시

사람에서 난 대제사장은
먼저 자기 죄를 위하고
다음에 백성의 죄를 사함 받기 위하여
날마다 제사를 드렸으나

예수 그리스도의 대제사장 되심은
죄가 없으신 분이시오
단번에 자기를 드려
인류의 죄를 해결하신 분이시도다

멜기세덱의 줄기에서 나오셨나니
그는 의의 왕이요 평강의 왕이라
레위의 계통에서 나지 않으셨으니
그리스도는 영원한 대제사장이시도다

48주
288
토요일

# 히브리서 10~13장

오늘의 키워드는 **"믿음"**입니다.

율법은 장차 올 일의 그림자이니 해마다 드려야 함은 해마다 죄를 깨닫게 함이요 염소의 피가 능히 죄를 없이할 수 없음이라. 우리가 예수의 피를 힘입어 성소에 들어갈 담력을 얻었나니 의인은 믿음으로 말미암아 살리라.

믿음은 바라는 것들의 실상이요 보이지 않는 것들의 증거이니, 하나님께 나아가는 자는 반드시 그가 계신 것과 그가 자기를 찾는 이들에게 상주시는 이심을 믿어야 할지니라. 믿음으로 모든 일을 이루었나니 믿음으로 이룬 선지들을 본받으라.

하나님이 기뻐하시는 제사는 거룩함의 제사입니다. 음행이나 돈을 사랑하지 말고, 이단의 사슬에 얽힌 다른 교훈에 끌리지 말며. 자족할 줄 알며, 선함과 형제 사랑과 기도를 힘쓰며 찬송의 제사를 드려야하니 우리의 삶의 모든 영역에서 거룩을 이루는 것입니다.

묵상시

하나님의 부르심을 받은 아브라함은
믿음으로 그 길을 거닐었고
믿음으로 이삭을 바쳤나니
아브라함을 믿음의 조상이라 부름이라

믿음 없이는 하나님을 기쁘시게 못하나니
하나님께 나아가는 자는 반드시
그가 계신 것과 자기를 찾는 자들에게
상 주시는 이심을 믿어야 하리라

믿음으로 사는 것은
음행이나 돈을 사랑하지 말고
다른 교훈에 끌리지 말며
온전케 하시는 예수를 바라보며
성경의 교훈을 실천하는 것입니다

49주
289
월요일

# 야고보서 1~5장

오늘의 키워드는 **"실천"**입니다.

야고보의 편지는 환난과 갈등 속에서 서로 상처를 입은 유대인 그리스도인들을 권면하고 있습니다. 믿음의 시련이 인내를 만드나니 오직 믿음으로 구하고 의심하지 말라. 욕심이 잉태한즉 죄를 낳고 죄가 장성한즉 사망을 낳느니라.

행함이 없는 믿음은 죽은 믿음이라 함은 믿음과 행함의 순환적 관계를 말함입니다. 아브라함이나 라합의 믿음이 행함으로 드려졌을 때 의로다 함을 받음은, 로마서의 믿음으로 구원 받는 것과 대치됨이 아니요 구원 받은 성도가 행할 삶의 실천입니다.

응답의 원리를 낮아짐에서 찾습니다. 하나님은 교만한 자를 물리치시고 겸손한 자에게 은혜 주십니다. 하나님을 가까이 하며 마음을 성결하게 하며 슬퍼하며 애통하며 오래 참음으로 본이 되며 주 앞에서 낮추면 주께서 그를 높이십니다.

묵상시

누구든지 말씀을 듣고서
행하지 아니하면
자기의 얼굴을 보고도
잊음과 같나니
행함이 없는 믿음은 죽은 것이라

참된 경건은 실천에 있나니
하나님 앞에서 정결하고
고아와 과부를 돌보며
자기 자신을 세속에서 지키는 자니라

믿음과 행함은 다른 것이 아니요
두 바퀴로 달리는 마차와 같나니
믿음으로 구원에 이르는 자가
행함으로 성화에 도달함이라

49주
290
화요일

# 베드로 전서 1~5장

**오늘의 키워드는 "고난"입니다.**

베드로서는 성도를 위로합니다. 성도의 믿음은 없어질 것들에 근거함이 아니요 그리스도의 보혈에 근거합니다. 고난 극복의 결과는 하늘의 소망입니다. 하나님은 고난을 믿음으로 극복하는 자를 통하여 그리스도의 아름다운 덕을 선포하게 하십니다.

세상은 성도를 공격하지만 베드로는 악을 선으로 갚으라는 역설의 복음을 제시합니다. 그리스도께서는 죄를 위하여 단번에 죽으사 의인으로서 불의한 자를 대신하였으니 우리를 하나님 앞으로 인도하려 하심이요 성도가 따를 사랑의 실천입니다.

주님이 고난을 통해 교회를 정결케 만드시기 때문에 성도는 그리스도의 고난에 참여하는 것을 즐거워하라 하십니다. 성도를 보살피기를 억지로 하지 말고 하나님의 뜻을 따라 자원하는 마음으로 하며 더러운 이득을 따르지 말고 겸손히 행하라 하십니다.

묵상시

항상 기뻐하고
쉬지 않고 하나님과 교통하며
범사에 감사하는 신앙생활은
고난의 날에 확인할 수 있나니
어느 정도의 고난은
신앙 성장에 유익함이라

너희 믿음의 확실함은
불로 연단하여도 없어질 금보다 귀하여
예수께서 나타나실 때
칭찬과 영광과 존귀 얻게 하려 함이라
시험 당함을 이상히 여기지 말고
주님의 고난에 참여함을 즐거워하라

49주

291

수요일

# 베드로 후서 1~3장

오늘의 키워드는 **"종말 신앙"**입니다.

베드로후서는 교회 내부 문제와 거짓 교사들에 대한 경고입니다. 이단 배척의 가장 큰 힘은 그리스도의 신성에 참여하는 영적 성숙입니다. 그리스도를 알기에 부지런하며, 믿음과 덕과 절제와 인내와 경건과 우애와 사랑으로 다듬어지는 신앙입니다.

교회에 침투한 이단들은 이성 없는 짐승 같아서, 불의하며 속임수를 쓰며 유혹하며 탐욕을 즐기는 저주의 자식입니다. 그들은 성경을 자의적으로 해석함으로 사람들을 미혹하며 선동적이며 예수의 자리를 갈취하는 사악함이 도사리고 있습니다.

재림을 기다리는 성도의 신앙은 지극히 정상적입니다. 재림의 날은 아무도 알 수 없는데 이단들은 재림을 부인하거나 긴박하게 강조합니다. 성도는 이단의 혀를 물리치며 성령 안에서 거룩한 행실과 경건함으로 하나님의 날이 임하기를 사모해야합니다.

묵상시

거짓된 자들이
성령의 도움을 받았다고 말하며
그럴듯한 해석으로 미혹하지만
하나님이 보여주신 것 이상을
넘어가면 이단이다

거짓된 자들이
예수가 언제 온다고 말하며
육체와 시간과 재산을 갈취하지만
주의 재림은 누구도 알 수 없음이라

그러므로 성도는
악한 자들을 가까이 하지 말고
종말을 준비하는 삶을 태도를 겸비하여
그리스도의 신성한 성품에 참여 하여라

49주
292
목요일

# 요한 일서 1~5장

**오늘의 키워드는 "사랑"입니다.**

요일서는 당시 '지식'에 바탕을 둔 사악한 원시 영지주의에 대응하기 위해 기록된 책입니다. 삼위 하나님은 태초부터 계시며 빛이시며 어둠이 없습니다. 우리가 회개하고 빛 가운데 행하면 예수의 피가 우리를 죄에서 깨끗하게 하십니다.

요한이 주장하는 사랑은 신앙의 많은 비중을 차지합니다. 말과 혀로만 사랑하지 말고 행함과 진실함으로 하자고 합니다. 사랑을 예수님의 계명으로 다룹니다. 그의 사랑의 근거는 하나님이 예수를 세상에 보내시고 우리를 살리신 사건에 기인합니다.

하나님이 사랑하심 같이 우리에게도 동일한 사랑을 요구하십니다. 사랑은 하나님의 계명을 지키는 것입니다. 사랑은 예수가 하나님 아들이심을 믿는 믿음에서 나옵니다. 아들이 있는 자에게는 생명이 있고 하나님의 아들이 없는 자에게는 생명이 없느니라.

묵상시

아이들아, 청년들아
육신과 안목과 이생의 정욕을 버려라
이 세상도, 정욕도 지나가되
하나님의 뜻은 영원함이라

이단의 술수를 경계하라
그들은 창조의 진리를 왜곡하며,
회개가 필요 없다 말하며,
예수 그리스도의 성육신을 부인하며,
교주의 하수인으로 전락시킴이라

아이들아, 청년들아
행함과 진실함으로 사랑하자
예수께서 화목 제물로 돌아가셨으니
주의 말씀을 바르게 익히며
사랑의 윤리를 가꾸어 가자

49주
293
금요일

# 요한 이서 · 삼서, 유다서

오늘의 키워드는 **"이단 경계"**입니다.

너희는 서로 사랑하라. 그리스도를 사랑하는 것은 그의 계명을 지키는 것이요. 그의 계명은 들은 바를 행하는 것이요. 진리에서 나오는 것입니다. 이단이 나왔으니 그들은 예수의 인성을 부인하며 사람을 미혹하는 자들로 가까이 못하게 합니다.

요한은 사랑의 계명 안에 거하기를 권합니다. 순회전도자를 돕는 가이오와 인정받는 지도자 데메드리오를 칭찬하지만 사랑을 망각하고 변질되어가는 디오드레베를 질책합니다. 악한 것을 본받지 말고 생활의 모든 영역에서 사랑의 실천을 요구합니다.

유다가 경계하는 이단은 이성 없는 짐승 같고 본능으로 살며 육체를 더럽히며 세상을 어지럽히는 자들입니다. 이런 상황에서 유다는 성도의 거룩을 주장합니다. 믿음 위에 서며 성령으로 기도하며 하나님의 사랑과 긍휼을 기다리는 것입니다.

묵상시

이단의 특징은 이러하니
'꿈에서 보여주었다'
'성령의 조명하심을 받았다' 말하며,
성경을 자의적으로 풀이하는 자들이라

인본주의 사상에서 풀어가는
영혼의 상상력은
절대진리를 부정하고
거짓진리를 생산하는도다

그들은 성경을 들고 말하지만
성경의 내용을 비틀어서 해석하고
교주를 거룩한 목자로 위장하나
양을 파멸시키는 늑대와 같도다

49주

# 294

토요일

## 요한계시록 1~3장

**오늘의 키워드는 "일곱 교회"입니다.**

일곱 교회에 편지를 쓴 이유는 그리스도의 계시를 보여주어 말씀을 지키는 자에게 복이 있음을 전하는 것입니다. 주님이 오실 때에 모든 족속이 애곡하리니 나는 알파와 오메가요 이제도 있고 전에도 있었고 장차 올 자요 전능한 자라.

각 교회마다 칭찬과 책망을 하셨으니 에베소 교회는– 첫 사랑을 버렸으니 다시 회복하라. 서머나 교회는– 박해를 이긴 그들에게 생명의 면류관을 약속. 버가모 교회는– 거짓 가르침을 회개하라. 두아디라 교회는– 이단을 용납하였으니 믿음을 지켜라. 사데 교회는– 죽은 행위를 회개하라. 빌라델비아 교회는– 인내와 믿음을 굳게 잡으라. 라오디게아 교회는– 벌거벗고 미지근함을 회개하라. 누구든지 내 음성을 듣고 문을 열면 내가 그에게 들어가 그와 함께 먹고 그는 나로 더불어 먹으리라.

묵상시

일곱 교회 이름은 이러하니
'에서버두사빌라'
앞뒤 두 번째는 칭찬 받는 교회요
나머지 다섯은 책망 받는 교회로다

에베소는, 첫 사랑을 잃었으며
서머나는, 박해를 이긴 승리자요
버가모는, 거짓으로 가르치며
두아디라는, 이단을 용납했으며
사데는, 죽은 교회요
빌라델비아는, 말씀을 지킴으로 칭찬을
라오디게아는, 영적 빈곤한 교회로다

일곱 교회를 지목함은
그들이 교회의 특징을 대표함이요
일곱 교회에 주신 말씀은
역사 속에 있는 모든 교회에 주심이라

50주
295
월요일

# 요한계시록 4~5장

오늘의 키워드는 **"어린 양"**입니다.

하늘의 열린 문에서 소리가 들리고 요한에게 보여주시니 하늘에 보좌를 베풀었고 그 보좌 위에 앉으신 이의 둘레로 이십사 장로가 앉아있습니다. 번개와 음성과 우렛소리가 나고 보좌 앞에 일곱 등불이 있으니 하나님의 일곱 영입니다. 보좌 앞에는 수정 같은 유리 바다가 있고 보좌 주위에 네 생물이 있어 하나님을 찬양하며 이십사 장로도 엎드려 경배와 찬양 드립니다.

보좌에 앉으신 분의 오른 손에 두루마리가 있는데 열 사람이 없도다. 일찍 죽임 당한 어린 양이 두루마리를 취하시매 네 생물과 이십사 장로들이 어린 양 앞에 엎드려 경배 하니라. 일찍이 죽임을 당하신 어린 양이 각 족속과 방언과 나라 가운데서 사람들을 피로 사서 하나님께 드리시고 그들로 하나님 앞에서 나라와 제사장 삼으셨으니 그들 땅에서 왕 노릇 하시리라.

묵상시

하늘 문이 열리고
어린 양이 두루마리를 취하시매
네 생물과 이십사 장로가 찬송 부르네

두루마리를 가지시고
그 인봉을 떼기에 합당하시도다
죽임을 당하신 어린 양이
각 족속과 방언과 백성과 나라 가운데서
사람들을 피로 사서 하나님께 드리고
땅에서 왕 노릇 하리로다

죽임을 당하신 어린 양이
능력과 부와 지혜와 힘과 존귀와
영광과 찬송을 받으시기에 합당하오니
엎드려 경배하나이다

50주
296
화요일

# 요한계시록 6~11장

**오늘의 키워드는 "일곱 인"입니다.**

어린 양이 일곱 인을 떼십니다. 흰 말(적그리스도), 붉은 말(전쟁), 검은 말(기근), 청황색 말(전염병), 순교자의 영혼들, 어린 양의 진노– 환난을 통과하는 십사만 사천 명, 일곱 천사와 일곱 나팔– 피 섞인 우박 불이 땅으로 떨어짐, 불 붙은 큰 산이 바다에 던져짐, 쓴 쑥이 떨어짐, 해 달 별 삼분의 일이 어두워짐, 하늘에서 떨어진 별(사탄, 천사), 마병대가– 사람의 삼분의 일을 살육, [일곱째 사이의 공백기에 힘 센 천사가 나타나 요한에게 두루마리를 먹으라 합니다. 또한 하나님의 성전과 제단과 경배하는 자들을 측량하라는 지시를 받습니다], 큰 음성이 나서 이르되 세상 나라가 우리 주와 그리스도의 나라가 되어 그리스도가 세세토록 왕 노릇 하시리로다.(참조: ESV 스터디바이블)

**묵상시**

어린 양이 두루마리의 일곱 인을 떼시니
–흰 말은 적그리스도요
–붉은 말은 전쟁이요
–검은 말은 기근이요
–청황색 말은 전염병이요
–순교자의 영혼들과
–어린 양의 진노와
–일곱 천사와 일곱 나팔이 있으니

일곱 나팔을 불매
–우박불이 땅에 떨어지고
–큰 산이 바다에 던져지고
–쓴 쑥이 떨어지고
–해달별 삼분의 일이 어두워지고
–하늘에서 별이 떨어지고
–마병대가 사람을 죽이고
–그리스도가 세세토록 왕 노릇 하시리라

# 50주 297 수요일

# 요한계시록 12~14:16절

**오늘의 키워드는 "박해"입니다.**

여자가 아이를 낳으니 장차 만국을 다스릴 남자요 하나님 보좌 앞으로 올라갑니다. 용이 삼년 반 동안 여자를 공격하지만 형제들이 어린 양의 피와 자기들이 증언하는 말씀으로 용을 물리칩니다. 이 환상은 종말의 때에 있을 박해를 나타냅니다.

용이 짐승에게 권세를 주니 어린 양의 생명책에 기록되지 못한 자들이 경배합니다. 짐승이 삼년 반 동안 다스리니 성도들을 이기고 하나님을 비방합니다. 짐승이 큰 이적을 행하니 짐승의 수는666이요, 그를 우상으로 받들고, 짐승의 표를 받으리라.

어린 양이 시온 산에 섰고 환난을 이긴 십사만 사천이 서있는데 이마에는 어린 양의 이름과 아버지의 이름을 썼더라. 입에는 거짓이 없는 순결한 그들에게는 영원한 복음이 주어지나, 음행하고 우상에게 경배하는 자들에게는 진노의 포도주가 주어짐이라.

묵상시

적그리스도가 삼년 반 동안 다스리나니
그는 신성 모독의 입을 가지고
하나님을 비방하며
각 족속과 백성과 방언과
나라를 다스리는 권세를 받으니
많은 자들이 그를 경배하며
오른 손이나 이마에 표를 받으니라

어린 양이 시온에 섰고
십사만 사천이 함께 서있는데
이마에는 어린 양의 이름과
아버지의 이름을 쓴 것이 있더라
그들은 박해를 이긴 순결한 자요
속량함을 받은 처음 익은 열매요
입에는 거짓이 없고 흠 없는 자들이라

50주
298
목요일

# 요한계시록 14:17~16장

**오늘의 키워드는 "심판"입니다.**

환난을 이긴 자들이 불이 섞인 유리 바다 가에서 하나님의 거문고와 어린 양의 노래를 부르는도다. 하늘의 문이 열리니 일곱 재앙을 가진 일곱 천 천사가 회개하지 않은 자들에게 재앙을 내립니다. 그 대접을 땅에 쏟으매 짐승의 표를 받은 자들과 우상에게 경배하는 자들에게 내리는 독한 종기요, 모든 생물이 죽고, 강과 물이 피가 되어 마시니 선지자의 흘린 피요, 회개하지 않는 자들을 불로 태우고, 하나님을 비방하던 자들에게 종기를 주고, 전능하신 이의 큰 날에 있을 전쟁을 예비하고, 큰 지진이 바벨론을 옮기리라.

하나님의 임재하심은 죄로 물든 처음 하늘과 땅은 사라지게 하시고, 하나님이 생명책에 기록된 성도들을 위하여 새 하늘과 새 땅을 준비하심이라.

묵상시

고난을 이긴 자들은
유리바다 가에서 노래 부르는데
회개하지 않은 자들에게는
천사의 낫이 그들을 거두어
하나님의 진노의 포도주 틀에 던지니라

일곱 천사가 진노의 일곱 대접을 땅에 쏟으매
– 사탄에게 굴복한 자들에게 독한 종기요
– 모든 생물의 죽음이며
– 박해하던 자들이 피를 마시게 되며
– 뜨거운 열기로 사람을 태우며
– 어둠 속에 아픔과 종기가 퍼지며
– 아마겟돈에 군대가 모이며
– 큰 지진으로 진노의 잔을 받음이라

50주
299
금요일

# 요한계시록 17~18장

오늘의 키워드는 **"바벨론을 심판"**입니다.

음녀 바벨론을 심판하시리니 땅의 임금들이 그와 음행하고 술에 취하였도다. 바벨론은 하나님을 배반하는 우상들의 나라를 말함이라. 바벨론이 올라탄 짐승은 적그리스도요. 바벨론이 귀금속과 가증한 물건들로 꾸미고 성도와 예수의 증인들의 피에 취해있구나. 열 뿔이 한동안 권세를 누리고 짐승과 연합하여 어린 양을 대적하나 어린 양과 진실한 성도가 그들을 이기리라.

큰 성 바벨론이 무너지니 그곳은 귀신의 처소와 각종 더러운 귀신이 모이는 곳이 되었도다. 그 음행의 포도주로 말미암아 만국이 무너졌으며 땅의 왕들이 그와 더불어 음행하였으니 그들이 바벨론의 멸망을 보고서 울며 가슴을 치는도다. 하늘과 성도들과 사도들과 선지자들아 그로 말미암아 즐거워하라. 하나님이 너희를 위하여 바벨론을 심판하셨도다.

### 묵상시

음녀 바벨론이 술에 취했도다
땅의 임금들이 그와 더불어 음행하고
땅에 사는 자들도 음행의 포도주에 취했도다
짐승을 탄 여인의 몸에는
하나님을 모독하는 글이 적혀있고
음행의 가증한 것들로 치장하고
성도와 예수 증인들의 피로 취해있구나

어린 양이 그와 싸워 이기시리니
큰 성 바벨론이 무너졌도다
귀신의 처소와 더러운 영이 모이는 곳이
진노의 포도주로 인하여 무너졌도다
힘 센 천사가 큰 맷돌을 던짐 같이
바벨론이 바다에 던지워졌나니
하나님이 그들을 심판하였음이라

50주
# 300 토요일

# 요한계시록 19~22장

오늘의 키워드는 **"새 하늘과 새 땅"**입니다.

백마 탄 자가 피 뿌린 옷을 입고 만국을 치리니 짐승과 거짓 선지자들을 이김이라. 사탄을 잡아 무저갱에 천 년 동안 가두고, 놓임 받은 사탄이 사람들을 모아 곡과 마곡에서 전쟁을 일으켜 성도들을 포위하리라. 하늘에서 불이 내려와 그들을 태워버리고 미혹하는 마귀는 불과 유황 못에 던질 것이요 죽은 자들도 심판을 받아 불 못에 던지리니 둘째 사망이라.

새 하늘과 새 땅이 열리고 거룩한 성 예루살렘에는 하나님의 영광이 가득함이라. 하나님이 백성의 모든 눈물을 닦아주시고, 사망이나 슬픔이 다시는 없으리라. 하나님과 어린 양의 보좌로부터 생명수가 흐르며 좌우에 열두 가지 열매를 맺되 그 잎사귀는 만국을 치료하기 위함이라. 아멘 주 예수여 어서 오시옵소서. 너희 목마른 자들아 오라, 와서 값없이 생명수를 받으라. 아멘

묵상시

백마 탄 자가 만국에서 승리하리라
사탄을 잡아 무저갱에 집어넣고
불과 유황 못에 던지리라
믿지 않는 자들이 당하는 둘째 심판이라

새 하늘과 새 땅이 펼쳐지는 곳에
하나님의 영광이 가득하니
사망이나 슬픔도 없으며
생명수가 흘러 만국을 적시리라

보라 내가 속히 오리니
나는 알파와 오메가요 시작과 마침이라
아멘 주 예수여 오시옵소서
모든 자들아 일어나 예수를 맞이하라

# 각 종교들의 특징 1

| 영지주의 | 안식일교 | 여호와증인 | 몰몬교 | 뉴에이지 | 통일교 |
|---|---|---|---|---|---|
| *시몬 마구스(1세기)<br>-행8장에 나온 마술사<br>*페르시아, 이집트, 유대교, 헬레니즘철학, 점성술의 혼합종교<br>*선한 아버지<br>-천상계(12에온)<br>*창조주(데아루고스)<br>-소피아의 타락으로 만들어진 존재<br>-우주와 인간을 창조<br>*교리의 끝없는 생성<br>*영이 육에 잡혀있음<br><br>*윤회: 4층에서 유죄 판결 받으면 쫓겨나 환생<br>*심판: 5층천<br>*구원: 7층천에서 대답을 잘하면 10층천까지 올라감(질문에 대한 답은 '그노시스')<br>*신당 성사 | *밀러(미국,1831)<br>*삼위일체 부정<br>*토요일 안식일 준수<br>*한국(1945)<br>*병역거부 집총거부<br>*삼육:지육, 덕육, 체육<br>*예수의 신성 부인<br>*성령은 하나님 아님<br>*계명 지키면 구원<br>*범하면 사망<br>*선한 행실로 구원<br><br>*재림 주장:<br>-1831~1844<br>-1844 4 18<br>-1844 10 22<br>-1845 2<br>-1845 10 22<br>-1850 말경<br>-1851<br>*구원:144000명 | *럿셀(미국,1870)<br>*시온의 파수대, 깨어라<br><br>*하나님 부정<br>*예수는 하나님의 최초 피조물이며 천사장 미가엘이 예수<br>*예수의 신성 부정<br>*성령은 인격체가 아니다.<br><br>*병역 거부, 집총 거부, 수혈 거부, 직업 포기<br>*부활: 예수의 몸이 죽고 영이 살아났다<br><br>*종말론<br>-1915<br>-1916<br><br>*구원:144000명 | *요셉 스미스(19C초)<br>*킹제임스성경. 몰몬경. 교리와 성약. 갑진진주<br>*말일성도예수그리스도교회<br><br>*하나님: 엘로힘. 육체를 가지셨다. 지상에서 살다가 승천한 분<br>*예수: 여호와. 사단의 형제<br>*예수는 결혼했다<br>*성령: 영체만 하나님.남자이다<br><br>*비밀종교인 메이슨교에서 영향 받음<br>*점성술, 강신술, 마술 혼합종교<br>*신전 결혼식<br>*대신 침례<br>*일부다처제 | *신지학협회(1875)<br>*혼합종교(바벨론, 힌두교, 불교, 영지주의, 요가)<br>*두뇌혁명 통해 정신세계 발견해야 한다.<br>*허무주의 실존주의<br>*제2의 르네상스 운동<br>*범신론(눈에 보이는 모든 것이 신이다)<br>*천국 지옥 죄의 부정<br>*목표: 세계 단일정부<br>*명상을 통해 구원<br><br>*인간의 신격화<br>*진보주의(진화론)<br>*윤회사상<br>*죽음: 껍데기인 육신을 바꾸는 것과 같다<br>*자연 소리: 평안,명상<br>*락음악: 신비주의<br>*기독교와 무관한데<br>*기독교와 비교 인용 | *문선명(1920)<br>- 유일의 구세주<br>*원리강론: 우주의 근본이 음양, 그 '도'가 말씀(요1:1~3)이다<br>*죄: 아담 하와의 성행위 결과가 선악과요 그것이 죄의 근원이다<br>*구원: 죄 씻는 행위는 죄의 반대 경로인 피갈음(성적 행위)에 의해서만 가능<br>*36가정이 복귀원리(피갈음) 대행<br>*합동결혼식: 1960년 시작했고 헌금 받는다.<br>*성경은 원리강론 완성할 때까지의 교과서<br>*예배 때 '나의 맹세', '가정 선서' 실시<br>*참부모(문선명) 이름으로 기도를 마친다 |

도표 7. 300일 성경통독. 윤 석

# 각 종교들의 특징 2

| 애천교회(JMS) | 베뢰아 | 하나님의교회 | 신천지 | 만민중앙교회 | 구원파 |
|---|---|---|---|---|---|
| *정명석(1945)<br>-재림메시야(문선명은 엘리야)<br>*통일교에서 2년 활동<br>*새진리(원리강론 요약)<br>*교리(30개): 입신 중에 받았다고 함<br><br>*중심인물론<br>-수신-재가-치국-평천하<br>*성지: 충남 대둔산 부근<br>*영계론<br>-인간의 사후에 머무르는 곳<br>*선악과먹음: 성적 타락<br>*아담: 구약의 조상<br>*예수: 신약의 조상<br>*메시야: 하나님과 심정으로 일체된 자<br>*재림<br>-예수승천-JMS재림 | *김기동(1938)<br>*체험이 말씀보다 우월<br>*자신의 설교의 시작은 하나님으로부터 시작됨<br><br>*예수는 본래 하나님 아버지의 이름이다.<br>*구약시대의 "하나님의 신"을 천사로 본다<br>*신약시대의 '권능'은 천사와 동격<br>*마가다락방의 성령은 성령을 수행한 천사<br>*우주는 타락한 천사의 감옥이다<br>*최초인간: 생물·동물적, 구원 없음, 네피림<br>*영적 최초 인간: 아담 많은 자에서 뽑힌 자(말2:15)<br>*불신자 죽으면 귀신<br>*질병의 원인-귀신 때문 | *안상홍(1918): 재림예수, 성령하나님(보혜사)<br>*장길자- 하나님 신부<br><br>*다윗: 40년 통치했는데<br>*예수: 3년 통치했으니<br>*안상홍: 37년 채워야 함<br>*지상천국- 충남 연기군 전의면 전의산<br><br>*구원<br>-성부시대(하나님, 사43:12)<br>-성자시대(예수, 행4:12)<br>-성령시대(안상홍, 벧전2:4, 계2:7)<br><br>*종말- 지구가 사라짐<br>*공중재림- 안상홍<br><br>*구원-144000명 | *이만희(1931)<br>-보혜사 성령<br>-예수의 대언자(요16장:7,25, 계2:17)<br>*양태론- 성자와 성령<br>*성자(신부)<br>*성령(신랑, 성부는 성령의 본체)<br>*다른 삼위일체 주장 (예수, 성부, 우리 안에서 성부성자성신일체)<br><br>*예수의 부활은 육이 아닌 영의 부활이다<br>*인간: 아담 전에 존재 물고기로 비유 합4:19<br>*재림장소- 경기 과천(슥14:8)<br>*부활- 윤회사상(전1:9~11, 3:15, 6:10, 행17:18,24:15)<br><br>*구원- 144000명 | *이재록(1943)<br>*직통계시론<br>*천국: 낙원과 4층천<br>*믿음 5단계와 천국<br>-믿음 없는자의 가는 곳<br>-믿음으로 면류관 받음<br>-믿음, 영광의 면류관<br>-믿음, 생명의 면류관<br>-믿음, 의의면류관 받고 새예루살렘 들어감<br>*영계 동원령 주장<br>*자신이 생명의 말씀으로 죄를 씻었다고 주장<br><br>*성경해석을 한정애를 통해 직통계시로품<br>*1998 기도할 때에 하나님이 강림하심 주장<br><br>*질병은 죄에서 온다<br>*바닷물을 안수하니 기적의 샘물이 됨을 주장 | *딕욕(1961)<br>*기독교복음침례회<br>- 권신찬,유병언,<br>*예수교 복음 침례회<br>- 이요한(이복칠)<br>*대한 예수교 침례회<br>- 박옥수<br><br>*인간 창조 이유: 하나님과 짝 될 신부가 필요<br>*구원: 영의구원, 진리를 깨달아야<br>*진리를 깨달으면 다시 범죄도 없고 회개도 필요없다<br>*죄: 율법으로 죄를 깨달음 (죄사함 받으면 구원 받음)<br>*범죄: 죄의 결과로 나타나는 현상<br><br>*십계명 부정 |

도표 8. 300일 성경통독. 윤 석

그동안 수고 많으셨습니다.
성경 통독 하시면서 변화된 것이 있습니까?

성경 읽는 순간 성령님은 당신(벗)을 돕고 계셨습니다.
1년에 1독은 충분히 할 수 있습니다.

300일 성경통독팀이 평생 통독팀으로 이어지면 좋겠습니다.
이제 당신(벗)은 성경 통독의 리더자입니다.
성령님의 능력 안에서의 자신감을 가지고
주변의 사람들과 또 다른 한 팀을 꾸려보시기를 권합니다.

하나님의 말씀이 가득 퍼지는 아름다운 세상...
하나님의 사랑에 가득 안기는 행복한 당신(벗)을 위해 기도드립니다.

**너희는 먼저 그의 나라와**

**그의 의를 구하라.**

**그리하면 이 모든 것을**

**너희에게 더하시리라. (마6:33)**

## 【 참고서적 】


개역개정큰글성경, ㈜아가페

ESV스터디바이블(부흥과 개혁사)

하이라이트 성경(넥서스 CROSS)

IVP적용주석(솔로몬)

IVP성경난제주석(한국기독학생출판부)

성경 해석학 총론(생명의 말씀사)

구약 선지서 개론(크리스찬 다이제스트)

모세오경 바로 읽기(성서 유니온)

신약 성서 신학(크리스찬 다이제스트)

바울신학(크리스찬 다이제스트)

공동서신의 신학(이레서원)

신학의 통일성(부흥과 개혁사)

기독교 인문학(부흥과 개혁사)

영지주의-그 민낯과의 만남(한남성서연구소)

이단종합연구(기독교이단문제연구소)

히브리서(홍성사)

예수 복음서 사전(요단)